金陵全書

甲編・方志類・縣志

乾隆句容縣志（一）

（清）曹襲先　纂修

南京出版傳媒集團
南京出版社

圖書在版編目（CIP）數據

乾隆句容縣志 / (清) 曹襲先纂修. -- 南京：南京出版社, 2020.10

（金陵全書）

ISBN 978-7-5533-2806-5

Ⅰ.①乾… Ⅱ.①曹… Ⅲ.①句容－地方志－清代 Ⅳ.①K295.34

中國版本圖書館CIP數據核字（2020）第018745號

書　　名　【金陵全書】（甲編·方志類·縣志）
　　　　　乾隆句容縣志

編 著 者　（清）曹襲先　纂修

出版發行　南京出版傳媒集團
　　　　　南 京 出 版 社
社址：南京市太平門街53號　　郵編：210016

網址：http://www.njcbs.cn　　電子信箱：njcbs1988@163.com

聯系電話：025-83283893、83283864（營銷）　025-83112257（編務）
出 版 人　項曉寧

出 品 人　盧海鳴

責任編輯　余世瑶　嚴行健

裝幀設計　楊曉崗

責任印製　楊福彬

製　　版　南京新華豐製版有限公司

印　　刷　南京凱德印刷有限公司

開　　本　889毫米×1194毫米　1/16

印　　張　84

版　　次　2020年10月第1版

印　　次　2020年10月第1次印刷

書　　號　ISBN 978-7-5533-2806-5

定　　價　1600.00元（全二册）

南京出版社
圖書專營店

總序

南京，古稱金陵，中國著名的四大古都之一，是國務院首批公佈的國家歷史文化名城。

南京有着六十萬年的人類活動史，近二千五百年的建城史，約四百五十年的建都史，享有『六朝古都』『十朝都會』的美譽。南京歷史的興衰起伏在某種程度上可以説是中國歷史的一個縮影。在中華民族光輝燦爛的歷史長河中，古聖先賢在南京創造了舉世矚目、富有特色的六朝文化、南唐文化、明文化和民國文化，爲中華民族文化的傳承和發展作出了不朽貢獻。然而，由於時代的遞遷、戰争的破壞以及自然的損毀等原因，歷史上南京的輝煌成就以物質文化形態留存下來的相對較少，見諸文獻典籍的則相對較多。南京文獻内涵廣博，卷帙浩繁，版本複雜。截至一九四九年中華人民共和國成立，南京文獻留存下來的有近萬種，在全國歷史文化名城中名列前茅。以六朝《世説新語》《文心雕龍》《昭明文選》，唐朝《建康實録》，宋朝《景定建康志》《六朝事迹編類》，元朝《至正金陵新志》，明朝《洪武京城圖志》《金陵古今圖考》《客座贅語》，清朝《康熙江寧府志》《白下瑣言》，民國《首都計劃》《首都志》《金陵古蹟圖考》等爲代表的南京地方文獻，不僅是南京文化的集中體現，也是中華民族優秀傳統文化的重要組成部分。這些南京文獻，積澱貯存了歷代南京人民的經驗和智慧，翔實地反映了南京地區的社會變遷，是研究南京乃至全國政治、經濟、軍事、文化、外交和民風民俗的重要資料。

歷史上的南京文化輝煌燦爛，各類圖書典籍琳琅滿目。迄今爲止，南京文獻曾經有過三次不同程度的整理。

第一次是距今六百多年前的明朝永樂年間，明朝中央政府在南京組織整理出版了《永樂大典》。《永樂大典》正文二萬二千八百七十七卷，凡例和目録六十卷，分裝成一萬一千零九十五册，總字數約三億七千萬字。書中保存了中國上自先秦、下迄明初的各種典籍資料達七八千種，是中國古代最大的類書。

第二次是民國年間，南京通志館編印了一套《南京文獻》。《南京文獻》每月一期，從一九四七年元月至一九四九年二月共刊行了二十六期，收入南京地方文獻六十七種，包括元明清到民國各個時期的著作，其中收録的部分民國文獻今天已經成爲絶版。

第三次是二〇〇六年以來，南京出版社選取部分南京珍貴文獻，整理出版了一套《南京稀見文獻叢刊》點校本，到二〇二〇年，已經出版了六十九册一百零五種，時代上起六朝，下迄民國，在學術普及方面作出了一定的貢獻。

中華人民共和國成立以來，尤其是改革開放以來，南京的政治、經濟、文化建設飛速發展，但南京文獻的全面系統整理出版工作一直没有得到應有的重視，這與南京這座國家歷史文化名城的地位頗不相稱。據調查，目前有關南京的各類文獻主要保存在南京圖書館、南京市檔案館，以及全國各地的高等院校、科研院所、圖書館、檔案館、博物館，少數流散於民間和國外。一方面，廣大讀者要查閲這些收藏在全國各地的南京文獻殊爲不便；另一方面，許多珍貴的南京文獻隨着歲月的流逝而瀕臨損毁和失傳。南京文獻的存史、資治、教化、育人功能没有得到應有的發揮。

盛世修史（志）。在中華民族和平崛起和大力弘揚民族傳統文化、全力發展民族文化事業的大背景下，在建設『文化南京』的發展思路下，中共南京市委、南京市人民政府於二〇〇九年十二月作出决定，將南京有史以來的地方文獻進行全面系統的匯集、整理和影印出版，輯爲《金陵全書》（以下簡稱《全書》），以更好地搶救和保護鄉邦文獻，傳承民族文化，推動學術研究，促進南京文化建設；同時，也更爲有效地增加南京文獻存世途徑，提昇南京文獻地位，凸顯南京文獻價值。

爲編纂出能够代表當代最高學術水平和科技成就，又經得起時間檢驗的《全書》，我們將編纂工作分成三個階段進行。第一個階段爲調研階段，主要對南京現存文獻的種類、數量、保存現狀以及收藏地點等進行深入細緻的調研，召集專家學者多次進行學術論證和可操作性論證，撰寫出可行性調查報告，爲科學決策提供依據，此項工作主要由中共南京市委宣傳部和南京出版社組織完成。第二個階段爲啓動階段，以二〇〇九年十二月二十四日召開的『《金陵全書》編纂啓動工作會』爲標志，市委主要領導親自到會動員講話，市委宣傳部對《全書》的編纂出版工作作了明確部署。在廣泛徵求專家學者意見的基礎上，確定了《全書》的總體框架設計，確定了將《全書》列爲市委宣傳部每年要實施的重大文化工程，確定了主要參編責任單位和責任人，並分解了任務。第三個階段爲編纂出版階段，主要在全國範圍内進行資料的徵集、遴選和圖書的版式設計、複製、排版及印製工作。

爲了確保《全書》編纂出版工作的順利進行，中共南京市委、南京市人民政府成立了專門的編纂出版組織機構。其中編輯工作領導小組，由中共南京市委、市政府領導以及相關成員單位主要負責人組成；《全書》的編纂出版工作由市委宣傳部總牽頭；學術指導委員會，由蔣贊初、茅家琦、梁白泉等一批全國著名的專家學者組成，負責《全書》的學術審核和把關。

《全書》分爲方志、史料、檔案和文獻四大類。自二〇一〇年起，計劃每年出版四十册左右。鑒於《全書》的整理出版工作難度較大，周期較長，在具體操作中，我們採取了分工協作的方式。市委宣傳部和南京出版社負責《全書》的總體策劃，其中方志部分，主要由南京市地方志編纂委員會辦公室和南京出版傳媒集團·南京出版社共同承擔；史料和文獻部分，主要由南京圖書館承擔；檔案部分，主要由南京市檔案局（館）承擔。《全書》的編輯出版，得到了江蘇省文化廳、江蘇省新聞出版局、江蘇省檔案局（館）、南京大學、南京圖書館、南京市文廣新局、南京市社科聯（社科院）、南京市文聯、金陵圖書館以及各區委宣傳部和地方志辦公室等單位及社會各界的熱情鼓勵和大力支持，尤其是得到了中國國家圖書館和全國各地（包括港臺地區）高等院校、科研院所、圖書館、檔案館、博物館等藏書單位的鼎力相助，在此表示深深的謝意！

我們相信，在中共南京市委、南京市人民政府的長期不懈支持下，在各部門、各單位的積極配合和衆多專家學者的共同努力下，這項功在當代、利在千秋的傳世工程一定能够圓滿完成。

《金陵全書》編輯出版委員會

凡例

一、《金陵全書》（以下簡稱《全書》）收録的南京文獻，分爲方志、史料、檔案和文獻四大類。

二、《全書》按上述四大類分爲甲、乙、丙、丁四編，以不同的封面顏色加以區分；每編酌分細類，原則上以成書時代爲序分爲若幹册，依次編列序號。

三、《全書》收録南京文獻的地域範圍，包括了清代江寧府所轄上元、江寧、句容、溧水、高淳、江浦、六合。

四、《全書》收録的南京文獻，其成書年代的下限爲一九四九年。

五、《全書》收録方志、史料和文獻，盡量選用善本爲底本。《全書》收録的檔案以學術價值和實用價值較高爲原則，一般選用延續時間較長、相對比較完整的檔案全宗。

六、《全書》收録的南京文獻底本如有殘缺、漫漶不清等情況，必要時予以配補、抽換或修描，以保證全書完整清晰；稿本、鈔本、批校本的修改、批注文字等均保留原貌。

七、《全書》收録的南京文獻，每種均撰寫提要，置於該文獻前，以便讀者了解其作者生平、主要内容、學術文化價值、編纂過程、版本源流、底本採用等情況。

八、《全書》所收文獻篇幅較大時，分爲序號相連的若幹册；篇幅較小的文獻，則將數種合編爲一册。

九、《全書》統一版式設計，大部分文獻原大影印；對於少數原版面過大或過小的文獻，適當進行縮小或放大處理，並加以説明。

十、《全書》各册除保留文獻原有頁碼外，均新編頁碼，每册頁碼自爲起訖。

提要

《乾隆句容縣志》十卷，清曹襲先纂修。

曹襲先，江西新建人（今屬江西南昌），舉人，由教習選授高淳縣，乾隆十四年任句容知縣。知本邑漕糧額重，加意寬恤，民用日舒。獎勵風化，修書院，給膏火，重輯縣志。僉謂有儒吏風，再任高淳，均有政聲。

《乾隆句容縣志》是句容現存四部舊縣志中的第三部。乾隆十四年（一七四九），兩江總督黄廷桂檄所屬修葺志乘，句容縣知縣曹襲先感『句容稱縣，治縣之志修於前令葛君。前乎此，遠莫可稽也；後乎此，抑有志而未逮』，遂主持纂修是志。乾隆十五年（一七五〇）成書，刻印刊行。由於沒有明確的文字記載，《乾隆句容縣志》的編纂過程不甚明晰。《光緒續纂句容縣志》卷九『文學人物傳』中有樊明徵小傳，云『乾隆己巳，知縣曹襲先聘修本邑縣志，鄉邦文獻實倚賴之』。同書卷十八『藝文書目』錄《樊氏家乘》，記樊明徵著作有《乾隆句容縣志稿》。可知樊明徵參與了本志的編纂。樊明徵，字聖模，一字軫亭，歲貢生。僑居金陵，詩作甚得錢塘袁枚賞異。其為學博而能精，恥為空言炫世。於古人禮樂車服皆考覈而製其器，有受教者則舉器以示之，故聞者易明。所著書四十餘種。

全書正文加卷首、卷末共設九十一目。門目設置與《弘治句容縣志》大體相當。所設門目，卷首：楊世沅《重刊乾隆句容縣志序》、句容縣志目錄；序六篇，依次為曹襲先《重修句容縣志序》，茅一桂《萬曆句容志序》，李來泰、叢大為、闞世隆、王延禧各作之《順治句容志序》四篇；弘治、萬曆、順治三志之原纂修姓氏；凡例；圖式，包括縣治四境圖、縣署圖、學宫圖、三台塔圖、學院圖和寶華山圖。卷第一上：康熙御製詩二首。卷第一下輿地志：沿革、星野、疆域、形勝、風俗、鄉里、市、鎮、街、坊、路、巷、附牌坊、進士坊、舉人坊、雜坊、物產。卷第二建置志：城池、倉庫、壇壝、公署、鋪舍、營汛、驛站。卷第三山川志：山、峰、巖、岡、谷、洞、石、湖、河、溪、澗、潭、泉、井、池、橋、閘、渡、溝瀆、堰、塘、圩岸附。卷第四古跡志：名勝、塚墓、祠廟、寺觀、宫院、殿壇、庵堂。卷第五民賦志：戶口、田賦三田附、草場、課鈔、均徭、貢輸。卷第六學校志：學宫、書院、祀典、祭器、樂器。卷第七秩官志：官制、秩官表、名宦傳。卷第八選舉志：正科表、薦辟、封廕、應例、別進。卷第九人物志上：鄉賢、忠節、政治、孝義、儒林、文學、武勛；人物志下：貞節、義行、隱逸、耆年、流寓、方技、仙釋。卷第十藝文志上：碑目，詳列宋大觀年間以來立於學校之碑目與舊志所錄及新增補之碑目；碑文，錄元代以來碑刻五十六种；藝文志下雜體，收錄疏、序、記、賦等各體文二十二篇、唐以來詩七十七首。卷末雜志：軼事，錄句容歷代奇聞異事二十則；遺書，分經、史、子、集四部，按朝代詳記漢以來句容人或關於句容之著作；祥異，記南朝齊至清乾隆間之祥異事跡。

編纂者在《句容縣志凡例》中云：『縣志之作，上以備輶軒之採，下以昭激勸之由，務在綱舉目張、明白簡當而已。誇多鬬靡，故所不取；掛一漏萬，又何敢焉。』在此宗旨指導下，編纂者對舊有的弘治、萬曆、順治諸志給予了充分參考，合理的部分襲用之，如『舊志有鄉賢附紀，洵為嚴而有法，茲一倣其規』。亦有部分做了相應調整。體例方面如：舊例每篇卷首必有小引，彼此沿襲，有雷同之嫌，此次修纂即仿《儀征陸志》，概勿用引；志中引述自他書的內容，也仿照通志的編纂體例，將所引書名一一註出，以見『述而不作』；順治志將『學校』列入『地里考』，本志單列『學校志』；順治志將明代的所有貢士不分類與進士、舉人同列於一表之內，以此導致列表長短不一，本志因將恩貢、拔貢、副貢歸為一類，歲貢為一類列於表中，以均其章次；弘治志無『祥異』，順治志將『祥異』置於『版籍』之前，本志則將『祥異』列於卷末『雜志』之中；順治志設『兵制考』，而本志『以句邑原無衛所，從未設兵也』，認為不必為其專門立目，故將『兵防』附『營汛』內。內容方面如：『田賦』為維正之供，全部以乾隆三年《賦役全書》並先後檔案為准，務使款項各歸，毫釐不紊，酌舊從新，還增補了順治五年至乾隆十一年間十一次『審增』人丁數及丁銀數；『山川』為一縣眉目，『句曲洞天福地』自古有名，『蓮界寶華』則是近今愈盛，凡都人士之紀遊，名流之題詠，擇其尤雅者附載於後；『列女』等旌表彰顯者，順治十四年以後業經旌表及訪諸輿論有實行可據者，悉為編入。正如編者所云：『彰名節以勵清操，核事蹟以防虛僞。寬嚴裁酌，頗費苦心。』值此之故，本志無論是體例編排還是內容取捨，都十分嚴謹。

本志現存最早版本為乾隆十五年（一七五〇）刻本，南京圖書館有故宮博物院藏本。由於本志在句容縣內一度亡佚，光緒二十四年（一八九八），邑人楊世沅聞杭州文淵閣有《乾隆志》舊藏本，即委託朋友傅若生攜手丁脩甫『展轉叚錄全帙』，光緒二十七年（一九〇一）重刊。一九七四年，臺北成文出版社有限公司根據光緒重刻本影印。《金陵全書》收録的《乾隆句容縣志》以南京圖書館藏乾隆十五年刻本爲底本影印出版，并據故宫出版社出版的《故宫博物院藏稀見方志叢刊》影印本校補。本書原版框尺寸横長十三點七厘米，縱高十七厘米，現調整為横長十四點二五厘米，縱高二十厘米。

翟忠華

乾隆句容縣志十弎[illegible]

邑

內閣中書前沛縣教諭拔貢生楊世沅重纂

光緒庚子年冬十月泉唐吳曾任署耑

重刊乾隆句容縣志序

吾邑專志自明宏治始至
國朝乾隆年而大備卷十有二目九十有一詳哉箸矣咸豐閒粵匪寇省垣邑當左衝被賊氛尤烈官府圖籍蕩然以盡迄光緒辛巳新甯劉公督兩江徵求文獻金陵於是有郡志之役檄所屬各以志上而吾邑俄空焉不得已强以民閒所獲乾隆志不完本及順治志雜應蕆事嗚呼天地閒號物之數有萬全與毀若相嬗全而存之與毀焉而務復之用力不同而程效亦異漢之破秦也蕭何獨先入收天下阨塞戶口多少彊弱民所疾苦之著在丞相御史者斯時項王未屠燒咸陽也及楚炬一作而周秦以來寶書鴻典零落煨滅不可僂指厥後文除挾書之律武開獻納之路山巖屋壁使者旁午一時老師宿儒樂入女

子爭以口耳所職志裒裒所握守者輸入祕府而所獲猶百不什一焉循是以思先後難易之故不章章與沅家故有乾隆志與佗書壹燬於兵火先大夫每語沅及此未嘗不盡然傷之嘗命沅以蒐訪力復故物沅謹志弗敢忘戊戌冬聞浙江文瀾閣有舊藏本亟介吾友傅君苕生交丁君脩甫展轉叚錄全帙而先大夫已於甲午冬棄養不獲一睹以慰紆鬱悲哉沅於學毫末無所闚見徒以先志所存懼放隊獲戾謹就寫本辜較大略付之剞劂經始於去年七月告成於今年三月會桐城張明府蒞治吾邑議重刊乾隆志續纂新志沅感明府惠被吾邑且幸先大夫之德爲不孤也因以全槧一歸於公俾治國聞者得先河焉沅又以舊志於金石脫略掇拾自秦以來碑記數百種仿嚴氏書例爲句容金石記先以碑目附入新志或亦典獻之一

助云光緒二十有六年歲在庚子邑人楊世沅序

句容縣志目錄

重修句容縣志序

句容稱縣治縣之志修於前令葛君前乎此遠莫可稽也後乎此抑有志而未逮恭値兩江

制府黃公以儒雅飭吏治檄所屬修葺志乘我句容重修如檄事竣縣令敬執筆而序曰於惟我

聖祖仁皇帝久道化成

鴻恩厚澤浹於里閈句容下邑山川草木承
羽儀之光聞
鸞輅之音者久矣我
皇上大德得
天纘其
祖武禮重
南巡
詔書渙汗將於句容

駐蹕焉天下大矣爲郡縣者衆矣句容以山水名區密邇江介顧得仰沐
國恩
翠華臨幸雖童孺婦女咸以生
聖人之世近
天子之光足誇耀於他郡縣也可不謂榮幸也乎假使令博通今古能爲文章如虞書禹貢所紀差足爲句容重令固爲淺

見寡聞者殊自愧也志之體例從同從異不忍或背於舊令然惟公惟愼衆口無辭下吏之拙誠執事必敬可以仰白於

制府即可對我士夫耆庶以備

盛朝圖籍云爾

文林郎知句容縣事新建曹襲先謹序

句容縣志卷首

萬歷句容志序

高皇帝定鼎南畿列爲郡十有四而都輔屹峙應天爲重應天之邑入而擁王氣於上游句容最重句容之邑起自漢其後所屬州郡凡屢易而明興改建康爲今名句遂稱巖邑某嘗莊誦天潢玉牒首述皇祖先世江東句容又嘗伏讀成祖御製孝陵碑載皇考句容大族及覽其形勝華陽地肺山水周環而流虹孕瑞發祥萬葉山若培而高川若浚而深原隰若闢而廣令追溯王業者以埒於周家沮漆之咏其重不亦彰彰較著哉當弘治之丙辰年而長興王公來令志之至嘉靖之庚子年而廬陵周公者又增輯之大較草昧創定禪諶之與世叔而已去今百餘禩而山川之所葱鬱人文之所濬發一切廨署坊館之所新

而滄桑荑鞨之所變月改盼而歲煜其華儻因仍前志罔所潤飾將芳踪奇躅憮寤於崗嵐嶂煙而不可跡甚非周官圖職方與經野體國意也先是嘉禾禮原丁公令句讀二志歎曰某志而前者核矣第懼其有遺珠也某志而後者曰新矣第懼其佚而無所采也嚴加芟訂爲卷十自地理以及祥異爲目十有二閱歲餘而帙成將屬劂氏適內轉未竟而數歲後桂幸承乏會禮原公擢今南廷尉不鄙枌榆時賜之指南曰若知良吏之治乎不達興廢之因曷酌損益不攷媺敗之蹟曷表懲勸必原本始以論事根情實以揆物而後退曖洞矚莫能儆之以所未諳譬則泗海求珍即觸鯨波探驪宮而神不悸其嚮導眞也吾試泗海之故塗於句而志役中奪其敬以屬子某得受而卒業焉華不蔓核不俚簡不漏因以窺公學識其大擘畫有源閎覽證

自無取譏於具敖籌盤錯自非揣籥而捫燭其長材異蹟句之閭閻尸祝此亦見其一斑矣桂嘗紀公德政謂毀家紓難不異楚之子文而其舉舊政爲新之告也桂竊藉手以彌縫闕軼吏無徵惠大焉敢因役竣而僭序之首簡萬歷癸卯歲知句容縣事茅一桂序

順治句容志序

句容萬歷志始於丁司空賓成於茅萬州一桂二公皆久吏茲土者見聞有徵頗稱詳洽距今六十年而舊板蕪滅事跡政役戶口登耗多所增更余奉

命江南郎首屬意志事邑令上虞葛君廼倡修之令諸生胡岳等分門彚集未期而繕寫成其書一循故法復參以郭美命江夏志例如地里考之城池改入古蹟外紀考之仙釋不攜寺觀

以坊街繫鄉都以版籍後祥異退典禮於選舉之下升官制於選舉之上固異而不害其爲同者至若兵制一考則昔所絕無而今所特創官師年表雖皆始晉劉超而益以齊周治以下五十餘人則又蒐證精博足補舊所未備近代文傳汰濫存眞約失蓋鮮他皆如故以示愼疑可謂損益適中去取不苟者乎自余下檄頗多應者賁本以來蓋不暇序而句曲諸勝近在休沐亦迫於較衡未免名山笑人之歎前後二志中披覽圖記往往得之矣序時葛君會以事罷去然後之稽斯志以論其世以攷其人亦庶乎嘉善歸安之績也是宜與前志並行不没云順治丙申臨川李來泰序

郡邑之有誌所以傳也代有更易而山川不易時有興替而人物不替以資稽考以藉鑒觀於是乎在蓋宙界者吉人貞士之

所扶而吉人貞士又鍾山川之靈氣以發以故良蹟懿矩一日不在人耳目則興起者微而前言往行一或不留之簡編則良蹟懿矩亦因之或泯言傳者時文傳者世郡邑之貴乘職以是矣句邑在前代爲興王始基邇聲漸敎民德獨湑美躅馨規篇不勝紀然取裁失當未免繁蕪前知縣事丁公重加釐緝著爲善本留藏縣笥後歸安茅君用以卒事始垂成書功綦密矣然時訖萬歷癸卯年自癸卯以後闕焉無聞更數十載其間偉節奇行闇德幽芳豈遂無有蔵渺蹟湮聲傳歇絕寖以不著夫司茲土而坐令此方之良蹟懿矩散滅無聞亦有司者之過也况今上勵神出治斟酌損益取前代流極而更定之於以作新耳目既百度咸正矣而探風問俗大吏之至斯者猶執嚮書以進於體失宜於觀未雅宸不敏所以齦齦於簿籍旁午揮汗靡遑

時思所以緒述先典發揚令模就薦紳先生而諮之進黌序老
成而訂之期於彰數十載之莨蹟懿矩以興起斯民爲奉
命而至者一新
興朝之耳目也至網羅或漏纖悉失詳則今之時爲之與茲地
之湆而樂隱其名者爲之以爲猶愈於聽其湮没而不載也宸
不敏何敢辭固陋矣順治丙申知句容縣事古虞葛翊宸撰

督學徵修郡邑志於屬內句容則前任葛公首承其事云嗣予
至適有成稿而邑中間有爲言者予懼焉既置其稿於邑庠俟
師生國人之論定復參驗於舊志之得失乃謄繕付梓受事者
胡生岳等亟以序爲問予不獲辭若古志其亡已久按舊志之
可攷者在弘治之丙辰經始於前令王公僖而杜公槃實繼之
至嘉靖之庚子周公仕乃加刪削其後丁公賓稍稍損益方繕

本存笥而茅公一桂實成之時在萬歷癸卯也凡數經作手三加損益以迄於今予及見之督學序自萬歷志示定本也其折衷於進退異同之故詳哉其言無以易之矣而葛公則有見新典之當興若人事加詳見聞易阻䚡䚡然有佚遺之憂者復一唱三歎焉亦大義之所在也予雖不獲辭亦何能一辭贊乎夫志豈非志其盛以致諸不朽者哉其盛也固適然之事即其不朽亦必有自立於不朽者而後可今特不朽於其盛若修之者之意一則曰闕略之當補一則曰繁蕪之當汰句容斷自癸卯而後迄今約六十年間其闕略安在誠不易一二比數若繁蕪為累今之視昔猶夫後之視今又烏在其不易者乎作者聚數十年之精力於典章文物之中上紬

國史下討家乘而又旁逹觸類凡耳目之所及與所未及心思

之所到與所不到無一而不見爲志者而乃取古人之良法以起今日之凡例辨理析微斟酌至當而其性之所發識之所立文筆又足以副之約而能盡簡而有辨遠引曲證而皆不悖於其說一旦應當事之求而領刪修之任其所考核如山岳之互於地遠邇指掌也其所表章如日月之經於天晦明不變也其所發明義類如炬之秉於闇而不可隱錐之畫於沙而不可紊也豈不盛哉豈不盛哉況乎人情難厭在昔已然作者之難史志相通司馬子長以一代良材而是非頗謬若陳壽爲乃公作佳傳之疑斯無論已予旣取其八圖而披覽之而又反覆於十二考之大綱小目所爲言有根柢義有辨證取裁於古昔而足爲後來之考鏡者受事者之勸誡不可沒也若以揚典章之盛而應採風者之過問則有司之事也予嘗深究於遺經之旨不

量謭陋每欲著述一書希附作者而一行作吏簿書見奪文學政事之間尙不知其所歸也何幸而茲邑之志乃適覩厥成哉則督學之盛心與葛公之著績又不可以不述云順治丙申知句容縣事文登叢大爲序

句容爲石城左臂氣之所鍾蜿蟺扶輿磅礴而鬱積往往爲元聖之所游化靈仙之所窟宅余已卯謁金楚畹老師始得遊覽其勝而人物風俗之美與沿革事蹟之詳未能覩其大凡竊致憾焉客秋以廣文就任茲土未匝月會督學李文宗下修志之檄屬邑宰葛侯倡率其事爾時闔邑薦紳先生儼然辱命曰句邑志自丁司空茅萬州兩先生成書後迄今六十餘年未加釐緝茲幸有是舉使先典重光著述不朽兩師之責也余謝不敏不敢聞命於是諸先生又儼然辱命曰兩師其擇諸庠彥中積

學老成者一二人以光兹盛典可乎余又謝不敏矧司鐸未久未稔知其人不敢聞命既而固請之不已迺與同寅參擬得胡江二生以報二生既受事卽出其緒論以商曰舊志每條數十言止以帖括伎倆敷陳腐套於修訂奚補哉予曰唯唯太史公作傳亦不必人人備著顛末嚴安徐樂一書足矣蔡澤傳亦然今日芟繁滌冗汰僞存眞是在吾子二生爰是採摭異聞網羅往史而又未敢疎略輕信謬執已見傷大道之公槖垂成値新邑宰叢侯甫下車卽留心志事又屬余輩同諸紳衿核實而詳定之務使言人人殊各得其解苟其可以相折衷處皆爲髮櫛而縉貫焉一發簡而瞭然若指掌又林然若列瓌寶於肆而探之也余不才曷敢颺言簡端第幸披圖而覽全邑之勝獲酬曩志兼喜邑乘之有成也是烏可以無言謹序順治丁酉學博闕

世隆撰序

志固彰往厲來之書也句容舊志班班乎爾曷爲修曰增之也曷爲增之曰烏兔運於上龍蛇變於下蔚起者積矣前有美登諸彝鼎後有美委諸草莽匡俗無表是使前之人燃幽炬而後之人行漆路也然則增之謂何曰君子大之曷大乎爾曰大其洞乎時也曷洞乎時云爾曰時之爲用廣矣凡如二氣舒張慘翕以彪炳化事四序開榮剝落以的鑠歲功百族早作夜息爪生髮長以恢奇物彩使其皆依坦而効能履順而結撰猶數見者耳唯有狃安怙寵之已甚而時爲流極流極之會爵祿富貴薰人心思聲色財求錮人神智君子謂生其際者如瀾斯倒而茅斯靡也求其足登紀載者宜百鮮一焉又開疆隸版之初定而時爲草昧草昧之候兵戈羽檄搖人魂魄徭役饑荒怵人營

慮君子謂生其際者如井猶渫而野方暾也求其足登紀載者亦百鮮一焉然而寵綏恆性歷刼能存靈氣間鍾試艱彌厲遂使南史氏之簡不憂寡植採風氏之詩匪歎無章由斯以觀其愈足以起末流礪鈍世也乃句容志汲汲乎增修者政繫於是考其闕略始自前朝神廟之季其時朝野享盡大甯無事之福臣子爭懷利以事君父遂至文靡武墮雖祖宗三百年培植之元氣一旦澌滅殆盡

新朝拱而有之頹風敗習疑未驟釐革也乃就一邑求之所汩沒若彼所表見若此君子樂修明之以爲希蹤令模奮起懦頑之劵功豈猶在羽經翼傳者下哉往予從同里馬文忠越倪文正兩先生所討論今古謂外史足與風雅之敎相表裏者郡邑志稱焉以其指歸忠孝而興觀羣怨併動植之道備焉也地肺

雖徧小靈與傑會誰云小乘有殊大乘也耶刻成紀盛有當道
如椽亦不及余胡江諸生以余漫與經始且許爲終畝者因不
諱其臆而示諸梓順治十四年學博王延禧序

句容縣志
卷首
七

原纂修姓氏

明弘治句容縣志

文林郎知句容縣事　王僖修

修職佐郎句容縣儒學訓導　程文同修

奉政大夫前知府同知事邑人　王韶編輯

明萬歷句容縣志十一卷

光祿大夫工部尚書前知句容縣事　丁賓刪定

文林郎知句容縣事　茅一桂補修

國朝順治句容縣志

文林郎知句容縣事上虞　葛翊宸
文林郎知句容縣事文登　叢大爲　仝修

修職郎儒學教諭無爲州　關世隆攷訂

修職佐郎儒學訓導無錫　王延禧攷訂

儒學生員　胡　岳

儒學生員　江五岳　編輯

儒學生員　胡虞肖

儒學生員　江慎修　較正

句容縣志

凡例

一縣志之作上以備輶軒之採下以昭激勸之由務在綱舉目張明白簡當而已誇多鬬靡固所不取掛一漏萬又何敢焉茲具義例數條於左

一志卷第一恭錄
聖祖仁皇帝臨幸
御製篇章輝煌簡端所以明有尊也

一活套不必相沿志略舊例每卷篇首必有小引彼此沿襲殊涉雷同今仿儀徵陸志概勿用引

一引証不可不實志中一彷通志體援引書名以見述而不作

一沿革一門省府志暨州縣志有用表者蓋幅幀既廣因革不同作表以便觀覽若夫一邑之地稽其原委瞭如指掌故不列表

一山川爲一邑眉目刹句曲洞天福地自古所稱蓮界寶華近今愈盛凡都人士之紀遊名流之題詠擇其尤雅者附載於後

一田賦爲維正之供稍與舊志互異者稽諸乾隆三年賦役全書並先後檔案務使欵項各歸毫釐不紊酌舊從新庶免罣漏

一物產係疆土所出故附載輿地之末非敢妄參已見列民賦之先也

一祠廟寺觀遺勝猶存斷碣殘碑可資搜訪者一一悉依舊

志載入古蹟其前朝巡檢驛丞廢址今歸公署後

一舊志載義塜於祀典下今併入邱墓

一學校祀典廣爲搜緝凡學宮碑記及新　頒典禮悉爲編入至禮儀爲風教所自出故各廟祀典亦附於後

一設官歷代不同在唐有赤緊畿望之別在宋有上中下次之差因地設官隨時須爵今特備載

一名宦傳其年代久遠績銘旂常固班班可考至近今一二賢長吏有功地方者宦成論定庶免頌德之嫌

一鄉賢爲人物統宗舊志有鄉賢附紀洵爲嚴而有法茲一倣其規其有別見他類者則誌明載見某條蓋全材必歸所主所以廣勸善而勵品節苟有建樹賢者同科立志何居各當取法

一選舉必載首匪特便於查核抑見累朝得人之盛

一舊志將前明貢士並列唐宋甲科下今仍本前朝科第之次按年分敘然三行排列恐致長短不均因將恩拔副爲一類歲貢爲一類所以均其章次也

一薦辟一途與科甲並重茲既倣照舊志列薦辟門其生平卓然有所表見者復散見於各項之下亦如鄉賢註詳見某條云

一列女爲風化所關原志已載者一仍其舊若順治十四年以後業經　旌表及訪諸輿論有實行可據者悉爲編入彰名節以勵清操核事蹟以防虛僞寛嚴裁酌頗具苦心

一藝文舊志卷帙頗繁其潤色名勝有關利弊者皆依類附於各卷之後至於名人傳文舊志已登及近今採入卽歸

本人列傳以便攷覽

一舊志列祥異於版籍之前附學校於建置之內今爲改正

一兵防附營汛內不另標出以句邑原無衛所從未設兵也

句容縣志　卷首　三

圖式
卷首 圖紀
一

縣治四

河口昔有今坍至句容七十里
倉頭
高山庙
下蜀街
橋
御道
句容至丹徒界五十里至丹徒縣一百里
炭渚
丹徒交界
丹徒進省大路
武岐山
青空山
來巷
焰岡
竹絲岡
白石山
青山
丹徒界
柘溪
茅庄
洛陽观
徐村
行香
丹陽交界
白兔
東至白兔交丹陽界四十五里
下隍村
先農坛
急流庙
句容
何庄庙
良常山
三茅山
方山
王庄
大西村
金壇界
離句容五十里

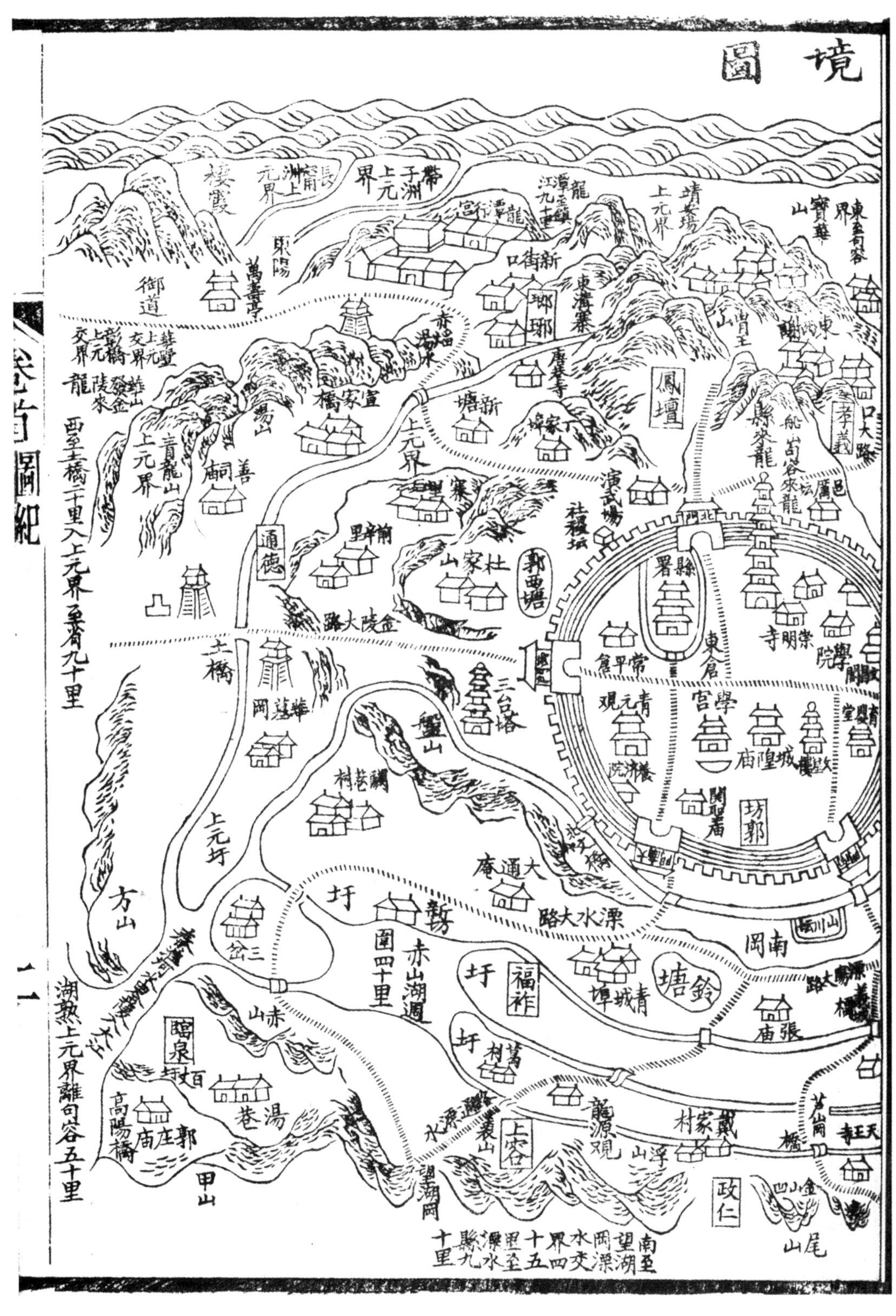
境圖
句容圖紀
二

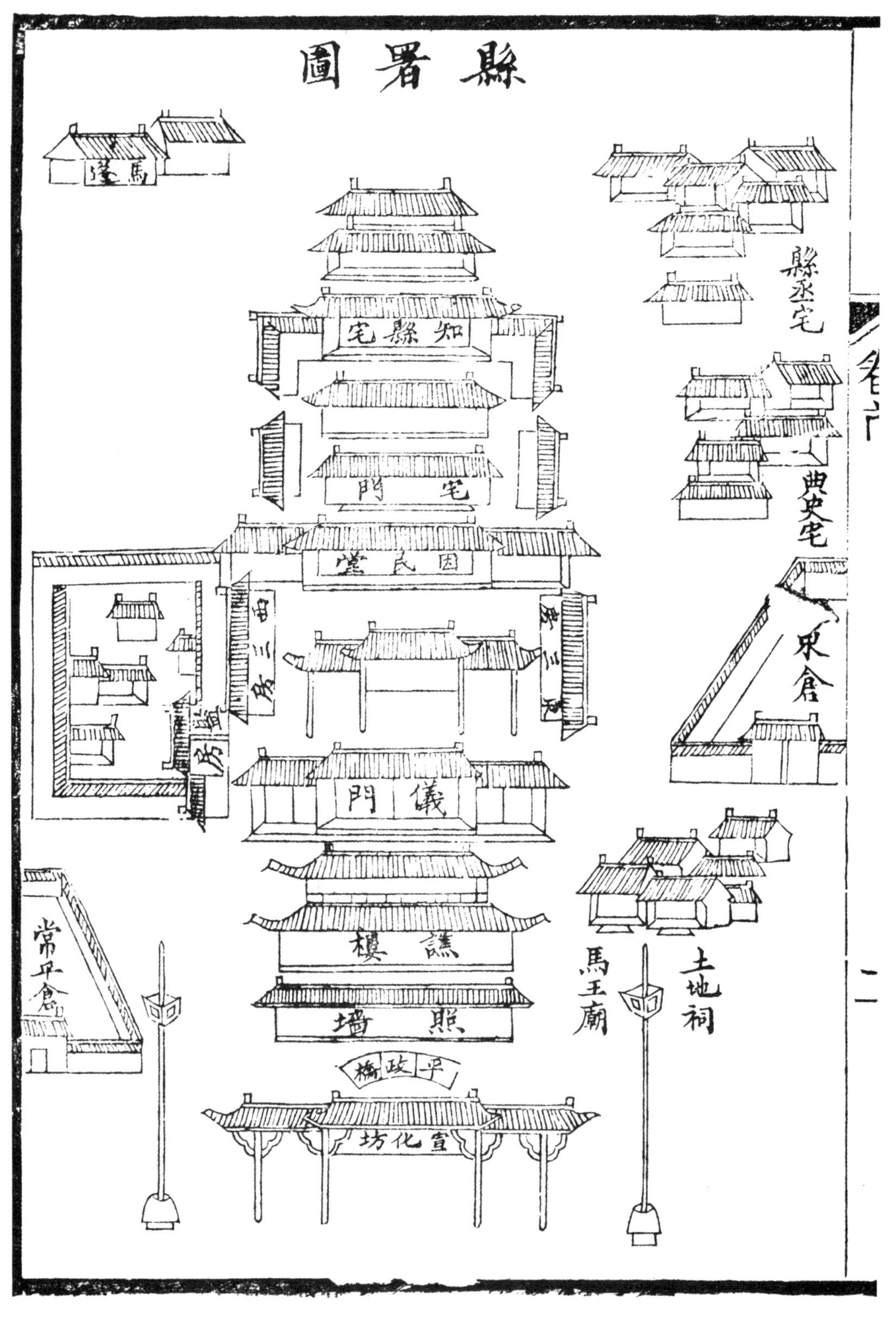
縣署圖
知縣宅
宅門
因民堂
儀門
譙樓
照墻
平政橋
宣化坊
縣丞宅
典史宅
馬王廟
土地祠
常平倉

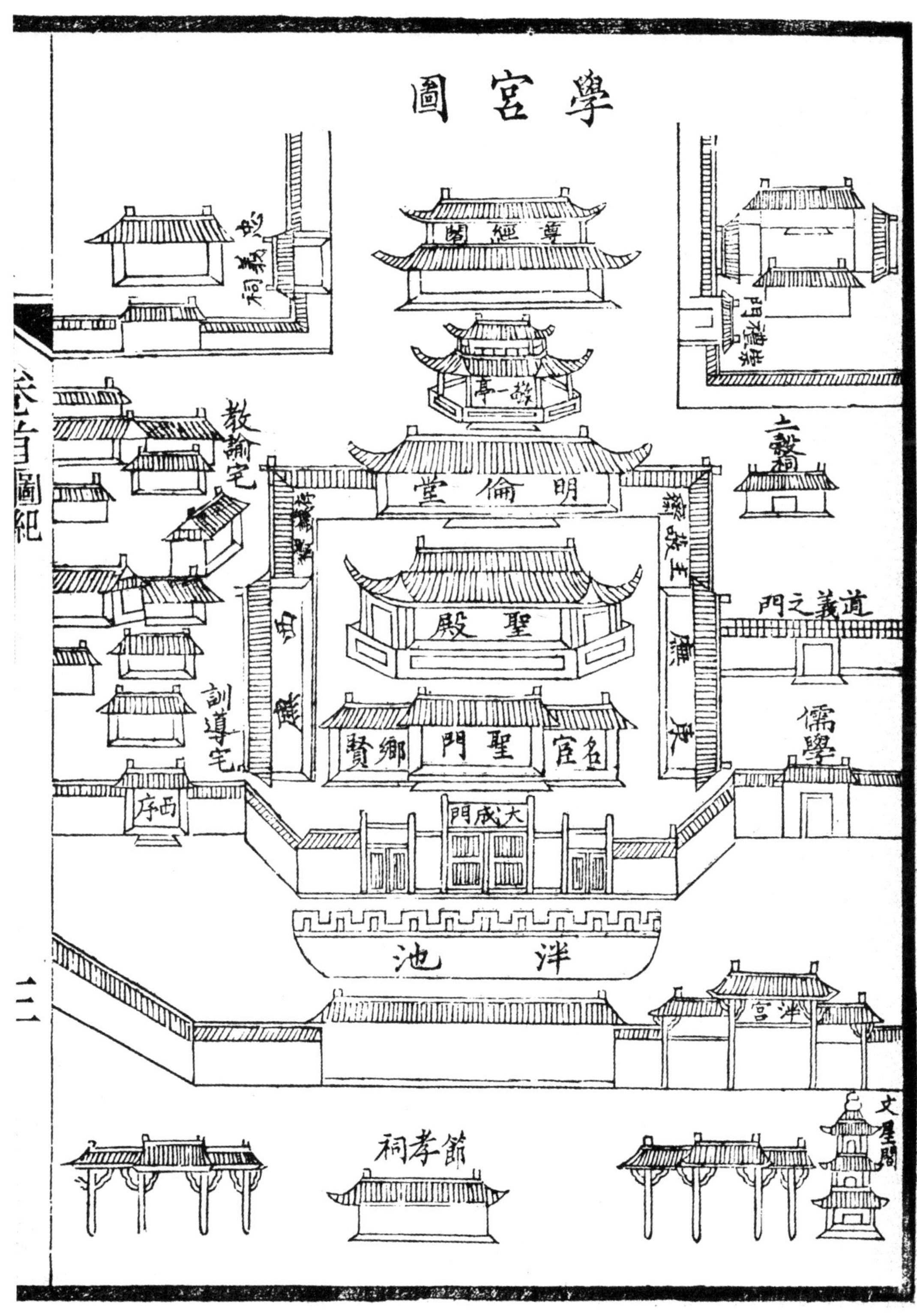
學宮圖
尊經閣
敬一亭
明倫堂
聖殿
鄉賢
聖門
名宦
大成門
泮池
泮宮
儒學
道義之門
教諭宅
訓導宅
西序
節孝祠
文星閣
卷首 圖紀
三

三台塔圖

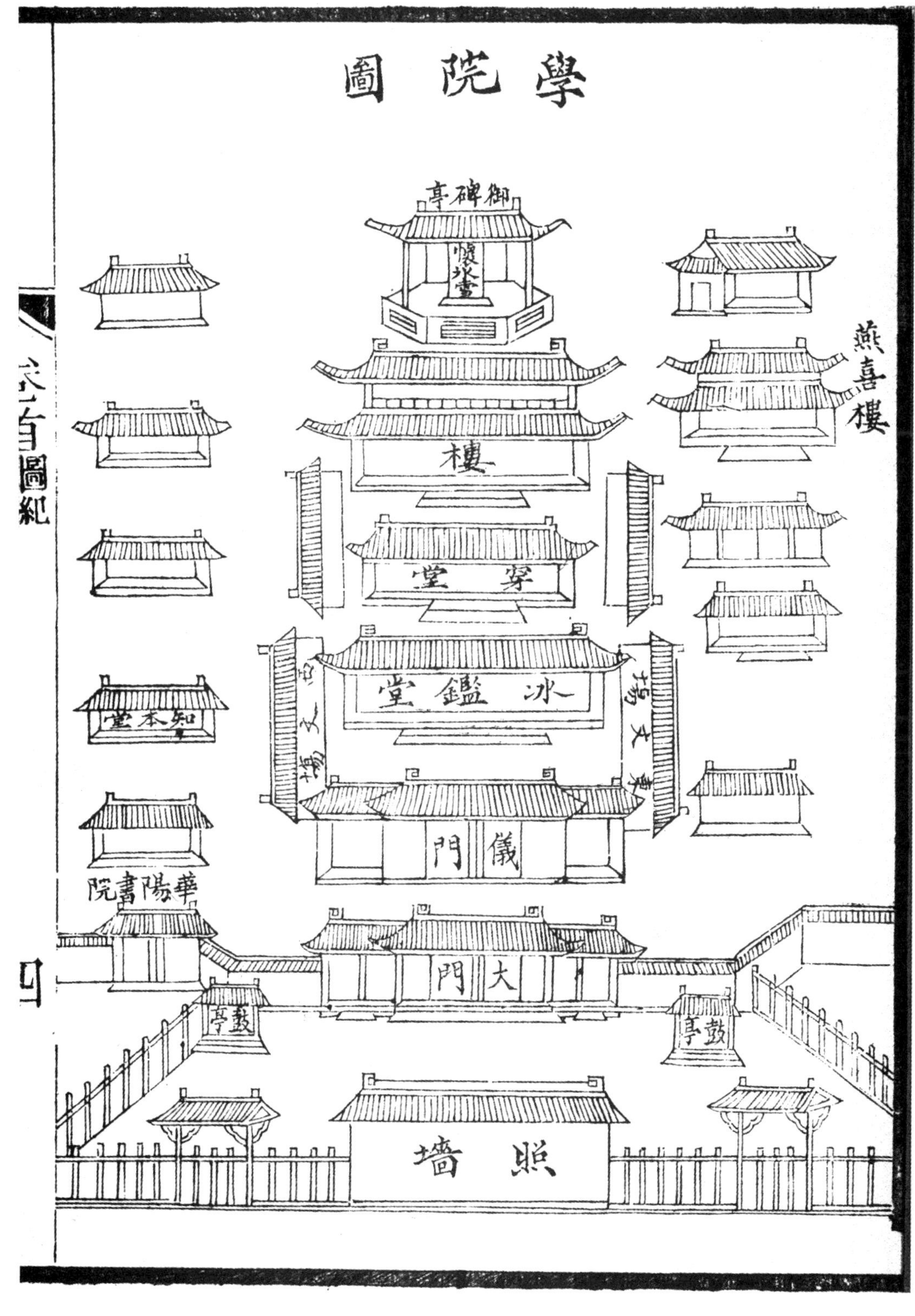
學院圖
御碑亭
懷冰臺
樓
燕喜樓
穿堂
冰鑑堂
西文場
東文場
知本堂
儀門
華陽書院
大門
鼓亭
鼓亭
照墻

寶華山圖
寶華山
勅賜慧居寺圖
行宮
大雄寶殿
大悲樓
青龍井
貢峰

銅殿
文殊殿
普賢殿
香亭
山門
天平山
蓮華域
環翠樓
池

大茅峰
元符
蓬壺洞
玉柱洞
華陽洞
老君堂
卷首
五

二茅峰
三茅峰
宫
清真觀
乾元觀
五晨觀
崇禧宫
下泊宫

句容縣志卷首終

句容縣志卷第一上

御製詩

康熙二十三年

聖祖仁皇帝南巡過句容道上

漸入茅山境來當農暇時但看初日上未覺朔風吹碧斂寒塘水紅垂野樹枝江南經幾郡民俗欲周知

康熙二十八年

聖祖仁皇帝南巡句容雨望

山行逐高低四望多松樹雨裏萬人家還看隔雲霧

句容縣志卷第一下

輿地志　沿革　星野　疆域　形勝　風俗　鄉里　市鎮　街坊　路巷　牌坊　物產

沿革

禹貢揚州之域春秋屬吳戰國屬越楚并越遂屬楚秦屬鄣郡

漢屬丹陽郡一統志

漢武帝封長沙定王子黨爲句容侯漢書

漢元朔元年遂爲縣屬丹陽郡漢書志

因界內茅山本名句曲山遂名續通典

三國屬吳赤烏八年使校尉陳勳將屯兵三萬人鑿句容中道

自小其至雲陽西城以通吳會船艦作邸閣仍屬丹陽郡吳志

晉仍舊制隋改屬揚州隋地理志

唐武德二年以句容延陵二州縣置茅州七年廢隸蔣州九年

因延陵屬茅山地并隸潤州會昌四年陞爲望縣乾元元年屬昇州上元二年州廢隸潤州光啟三年復置昇州縣隸焉唐書志

宋天禧三年改爲江甯府句容爲次畿四年改句容爲常甯尋復舊建炎三年改爲建康府縣隸焉宋書志

至元十四年改爲建康路至順元年改爲集慶路隸如舊元史志

明洪武建都金陵改爲應天府

國朝易應天爲江甯府縣屬焉初隸江南布政使司康熙六年隸江南江蘇布政使司縣治去府九十里轄二百一十里通志

按國史補遺曰周古公長子泰伯採藥來句曲山中乃建國號曰勾吳注曰吳大言也識不忘句曲隱居放言之初耳舊郡縣志俱未詳其說今附採以備考

星野

春官保章氏以星土辨九州鄭氏注曰星土星所主土也星紀吳越也 周禮

句容在春秋屬吳越地野應星紀

吳地斗分野也今之會稽九江丹陽等郡盡吳分也 漢書志

句容在漢地屬丹陽當應斗次

自南斗十二度至須女七度爲星紀於辰在丑吳越之分野也又曰丹陽入牛十度 晉書天文志

句容在晉屬丹陽地應在牛女之間

斗牽牛星紀也初南斗九度中南斗二十四度終女四度至東海又逾南河得漢丹陽 唐書天文志

句容在唐仍屬丹陽應亦如之

南斗六星南星者魁星也石申曰魁星第一主吳二會稽三丹陽宋史天文志

句容在宋屬建康路應在魁星之三

斗三度至女一度星紀之次也直隸所屬之應天太平等府明史天文志

句容在明隸應天星應斗女之墟

東垣南第六星主揚州之域以五巳日候之乙巳爲豫章辛巳爲丹陽星經玉衡

句容爲丹陽舊地應辛巳

北極高度句容應三十一度五十九分一十杪劉茂吉北極高度表

按星野所分之域甚廣一邑之地上應列星豈能不差錙黍故誌分躔即於所屬按部測之已得地應乎天之

妙舊志僅載數語未免太略今特詳考備載

疆域

東西相距七十里南北相距一百四十里　東五十里至白兔鎮鎮江府丹陽縣界　西二十里至土橋鎮上元縣界　南五十里至望湖岡溧水縣界　北七十里至儀徵縣大江中流爲界　東到鎮江府丹陽縣一百里　東南到鎮江府金壇縣一百二十里　南到本府溧水縣九十里　西南到本府江甯縣一百里　西到本府上元縣九十里　西北至本府江浦縣一百四十里　北到揚州府儀徵縣一百三十里　東北到鎮江府丹徒縣一百一十里舊縣志

形勝

句容縣有句曲山山形如巳字勾曲而有所容又名曰句曲句

容皆以此也其邑鐵甕東南金陵西北箕踞三茅絳嶺襟帶九曲秦淮縣治四面山水環抱若城池焉萬歷縣志

東覘則連峯入海南眺則重嶂切雲西臨江滸北接駒驪梁陶弘景撰葛仙翁碑

是邑也據華陽地肺之勝因山容句曲之名南揖絳巖北帶長江東達吳會西隸建康宋元豐二年葉表題孔子廟記

長江千里險過湯池南唐書

宋葉適創瓜步堡屏蔽東陽下蜀二鎮疆理記

句容有華陽地脈號爲名山當郡東鄙扼丹陽京口之路而下蜀龍潭俱大江津濟之所江南通志圖説

康熙甲子

聖駕南巡於三月初一日由丹陽縣陸行過句容曰蜿蜒石堤數十

里　南巡筆記

風俗

丹陽舊都所在人物繁盛人雜五方俗頗相類　隋書地理志

永嘉之後衣冠萃止藝文儒術斯其爲盛　通典

南方水土柔和其音清舉　顔介之

君子勤禮恭謹小人盡力耕殖　祥符圖經

俗英且毅士清以邁地大而才傑　宋楊萬里

風流文物冠映今古　宋汪藻

建業自六代爲都邑民物浩繁人材輩出寔士林之淵藪　宋楊演

山川渾深土壤平厚華而不佻淳而不俚　戚氏志

江東婦女略無交遊其婚姻之家有數十年間未相識者惟以

信問贈遺致慇懃焉民性愿慤尚禮義恥爭訟鄉鄰婚喪貧乏

互相周濟因地窄人夥於勤農之外商賈工藝尤衆家多富饒而文物頗盛人皆以京畿首邑稱之士崇儉素雖世家子知耽詩書疾浮靡縉紳家居出入里閈必徒行不異韋布　顔氏家訓

縣在江南卑濕之地火耕水耨民食魚稻以漁獵山伐爲業果蓏蠃蛤食物常足故呰窳偷生亡千金之家　金陵舊志

句容人秉性愿慤習尚禮義鄉鄰婚喪貧乏者互相周濟以地窄人稠自勤農之外列肆而居者若鱗次然其貿易於外者尤衆以故家多富饒而文物頗盛與舊志所稱相符然善自生殖析利至秋毫而豪右之族婚娶競以奢侈相尚視諸縣爲特異也　江甯府志

句邑俗例除夕新年如桃符爆竹春對門神等類與他邑相等元宵舉神會所祀之神則祠山張大帝傳聞爲邑之張廟人佐

神禹治水有功實可爲桑梓保障者也此外則喜供白衣大士三家村中無有無觀音會者士祀文昌帝君及關夫子農祀土神賈祀財神其禮皆極簡燈節出會倣周禮方相氏遺意然亦無喧闐惡習過此則氓在田商在市士在學舍業以嬉者蓋亦罕矣清明拜掃先期治塋墓公墳值年輪辦祭品不過三牲婦女新墳必往哭三年而止舊墳或往拜或不往拜一拜即歸從無有借祭掃之名爲秉蕳贈芍之樂者四月八日相傳爲古先生誕辰必治靑精飯供佛靑精者即南燭也其子釀爲酒頗甘美麥秋至村婦組麥稈爲冠冠可遮日蘇常諸郡及浙西皆取資焉近更精巧工緻亦女工之一也端午節張靈官符於庭小兒負艾虎於背飲菖蒲酒焚茅山蒼朮所以祓除不祥也夏至插秧謂之三蒔小暑後割雞椎豕擊鼓鳴金以迎雨師風伯大

約倣祈年故事中元燒紙錢洒水飯於山畔謂之盂蘭會演劇祀田祖謂之青苗戲又謂之平安戲弭蟲災也農事粗就以薪以蒸謂之上山樵事竣彼此互相乘負而歸謂之堆柴會是日必設酒肉祀先人謂之進柴乃以祭餘犒彊以歌呼於道車聲轟轟然頗用爲樂中秋夜拜月以青豆芋苗糖餅作供重九節殊寂寥好事者拉兄弟友朋登高阜一瞻眺而已亦不飲茱萸酒霜既降矣虜乃錢鏄奄觀銍艾士女欣欣然納稼之日攜酒肉祭於田畔謂之燒標豈郎所謂報賽者耶場工既畢日夜礱粳稻輸之官乃炒秫米釀白酒爲改歲入室之計矣臘八日設粥供如來廿四夜送竈除夕迎之亦大約與鄰邑等也婚禮嫁娶頗爲及時先期問名臨娶納幣聘金妝奩亦不計厚薄而親迎之典則久廢矣喪事衾棺必勉力從厚其文公家禮所載一

切儀文或闕而未備倘所謂與易甯戚者乎雖是薦紳士夫之家惑於堪輿之說以致因循久淹者頗有之亦未有議其非者宴客味不過魚肉飲不過村醪唯祝賀大典或稍豐焉卜晝卜夜側弁屢舞之風亦不多見也歲時贈遺交錯於門時物之外無他焉其餘瑣悉之事亦不能盡記記其大概如此約而言之他邑多迎神賽會之風而句無淫祀也鄰境如壇溧荆宜諸邑燒紙酬神宰殺雞豕鵝鴨以千萬計而句無牲牢惡愿也江南財賦甲天下催科撫字頗費周章句邑亦在中中之列而輸將恥居人後也南郡素號繁華海錯山珍綺羅錦繡所在多有而句邑士民布衣無斁蔬食不厭也至若敬官長恥健訟守本業謹門戶宦族鮮呼盧之習儒生無奔競之風則容民殆眞所謂湻民歟所未盡者逐末者多務農者少婦女雖無遊蕩而蠶織

之工不備焉故歲秋之穫尚未足以接新登而所收棉麻之屬皆售於他郡則農未必有餘粟女未必有餘布而衣食之源或幾乎薄矣有司牧之責者將廣敎化移風俗當必有進焉而紳士之爲民望者宜何如率先也雍正己酉選拔俞顯祖

鄉里

通德鄉乾道志云舊名同德在縣西二十里一都二都其始宋有侯學士仗義樂施嘗分俸以濟鄉鄰人皆德之故名卽明高祖祖鄉也內有十三里二十村

興化　巖墟　史亭　豐亭　思齊　抱樸　建禮　秦溪　秦直　布寨　懷德　新安　納義以上俱里名

新里　市干　樊巷　言墅　磨店　巖墟　瓜渚　史莊　祝簹　朱巷　杜渚　許村　姚夏　烏塘　周吳　張灣　戎岡　沈岡　花岸以上俱村名

按明世德碑記先系出句容至洎祖始渡淮後家泗州盱眙具載舊錄今考朱家巷故地及相傳有龍爪樹一株尙存旁有井西去有古塚相傳爲臥龍岡朱家塚百

姓至今不敢樵牧皆呼爲皇陵至嘉靖十六年邑人王暐時任江西廵撫都御史奏請特建陵廟以追崇祖德疏上命南京禮部侍郎崔銑廵撫都御史夏邦謨廵按御史劉艮卿提學御史馮天馭會勘諸臣覆有異議事遂寢

福祚鄉在縣西南二十里三都四都其地古有張王廟食此方捍災禦患祈晴禱雨無不感應一鄉賴其福祚也故名內有一十四里一十五村

佑善　義城　政新　坎戴　南陽　大通　安信　清城　思善　永慶　許瀆　玄武　文武以上俱里名

黄堰　三汊　南岡　青城埠　李墟　下魯　鈐塘　前柏　奇干　白陽　城上　葛澤　周戴　解里　思善以上

名俱村

臨泉鄉在縣西南五十里五都六都其地卑濕人皆依岡隴臨泉水築室居焉故名內有一十五里二十九村

澗下　廣德　章亭　楊亭　承慶　山安　仁愛　永村

延壽　豐安　布政　輔政　吉陽　宣賓　太平以上里名

石湫　丁墟　甲山　花塘　長嶺　東釋　葛橋　方村

謝橋　戴圩　杜澤　斗門　西釋　湯巷　黃連墅

東宣　李村　石村　潘村　雍村　郭莊　濮村　端莊

望湖　吳鞠　俞墟　花墓　望青　蔡魏村以上俱村名

上容鄉在縣治南四十里七都八都按舊志云列大茅之峯於其左走上容之水於其右故名有一十二里二十四村

寬仁　葛亭葛玄煉丹於此　高平　湯亭　升仙據葛玄成仙言　崇信

陳莊（乾道志作敦信） 育德 開恩 延德 南亭 祥慶 開元（以上里名）

陳莊 五渚 張莊 蘆蔭 望湖岡 崦北 西岡 錢村 蔣社 孫莊 檀培 葛村 後白橋 蔣村 西地

朱莊 趙村 承符 南亭 下黃場 高平 北墅

經村 堰村 許家村 山前村（以上俱村名）

承仙鄉在縣治南七十里九都十都地近三茅世有相繼而登仙者故名內有一十里二十七村

得道 魯亭 白陽 靈峯 南亭 浮山 懷仁 積金

永植 望仙（以上俱里名）

浮山 天王 趙巷（藝祖七世孫伯珪襲封金陵郡王因南渡於紹定間卜居趙巷至今子孫蕃衍）

潦塘 蒲里 張巷 新豐 西岡 魯墓 澗南 澗

北柏社 唐陵 湯塘 荷塘 墓西 石巷 靈山

黄連　倪壠　成莊　朱巷　成村　北周　栢岡　北莊

徐家以上俱村名

政仁鄉在縣治南九十里十二都地僻民悍行政者率先以仁化之故名内有八里二十九村

化裕　周亭　安亭　靈洞據浮山朝陽洞言　萬年　轂成　靈隱

靈感以上俱里名

朱墟　轂成　朱莊　子游橋　上千　西周　靑千　栢

市　白沙　呂家店　繞龍　石岡　董墟　於墟　蔡巷

潘巷　李岡　斗門　上社　盛家濶　後周　韋村

胡村　董灣　袁巷　談村　周墟　吳史　衛莊以上俱村名

茅山鄉在縣東南五十里十三都其地乃茅山真君修道之處故名内有七里二十二村

仙居　朱陽　水南　金陵　紫陽　甘泉　嘉瑞以上俱里名

成村　黃莊　步塘　虞池塘　石頭岡　謝母巷　太陽

吳墟　陳莊　前潘　後潘　朱陽　上莊　胡莊　開

泰　北陽　胡巷　西馮　水南　甘塘　胡村　張墟以上俱村名

崇德鄉在縣治南四十里十四都十五都其地崇尚禮義敦行孝弟故名內有一十一里二十七村

温恭　徐亭　解亭　永樂　於鄉　修文　洞靈　義城

唐昌　崇德　旌善以上俱里名

於鄉　西城　觀莊　孔莊　楊店　花岡　蘆岡　夏莊

劉巷　後村　前岡　梅林　遁遜　陰橋　水南　朱

墟　孔岡　水北　王步　奇干　斛里　懷道　紀莊

義城　亭子　胡莊　殷湯以上俱村名

句容鄉在縣治東南三十里十六都十七都因句曲山形如句字其地相近故名內有一十五里二十五村

祥符　畢墟　黄干　直道　冠蓋　隆敬　清化　觀政

多福　南谷　成和　慕善　歸善　柳谷　常城以上里名

曹莊　呂坊　黄干　蔡墓　小其　何莊　常城　潘莊

盧干　畢墟　前林　郭干　澗西　墓東　觀莊　紀

墟　任巷　南塘　丁莊　後塘　淩莊　徐巷　蓮陂

急流　成墟以上俱村名

來蘇鄉在縣治東三十里十八都因唐會昌之亂兵戈至此乃定民得安業故名內有一十三里三十三村

康熙甲子年

聖祖南巡過句容東門外長巷村遇雨卽就村東鄒姓民家駐蹕其宅因賜其地名曰太平莊

得仁　秦亭　東鎖　西鎖　齊禮　同墟　興仁　福陽　永豐　來蘇　崇慶　咸和　務善以上俱里名

太平莊　黃莊　秋千　蕭亭　行香　畢塔灣　王婆店　徐村　前馬　後馬　下隍　秦干　戴巷　寺莊　唐莊　柘溪　西陽　謝巷　麋墅　北姚　後顏　倪塘　蔣莊　北常　韋巷　謝培　鄒巷　譚家橋　許莊　斜橋　左巷　周莊　鎖山以上俱村名

望仙鄉在縣治東北四十里十九都二十都地近茅山因陶弘景學道往來人皆瞻仰故名內有一十七里三十四村

豐義　降眞　新興　守信　欢榮　雲陽　興教　東昌

祐地　擇善　洞仙　靜俗　景福　豐樂　福陽　京塘　豐登以上俱里名

奉聖　荆塘　官莊　蔣岡　鳳塘　史巷　江莊　聖澤

柳堰　茅莊　彭莊　朱墓　潘巷　包巷　玄莊　營莊　姜墟　靑山　喬莊　中茅　侯莊　孟莊　秀華

上蘭　聶巷　習巷　張巷　唐莊　西莊　孟墓　土祥

笪巷　豐義　東昌以上俱村名

移風鄉在縣治東北三十里二十一都宋有張友孝行化於一方民俗日變故名至今墓存內有一十五里三十六村

楊塘　戴亭　安陽　行化舊名行香乾道志作行化　鳳來　資善　烏山　太平　智水　休眞　懷義　湻化　光村　西光按乾道志舊有長年里以上俱里名

掘河　小干　柏莊　楊塘　官莊　楊家莊　高家社

陳衙　蘆塘　孔聖　烏山　杜墅　長年　祿城　馬里

東光　平塋　趙塘　笪莊　蕊山　華山　陳武莊

綠楊館　陸墟　楊巷　陳光塘　光里　本湖　朱塘

戴村　上陽　北城上　黃岡　義姑莊　孫莊　孫塘以上俱村名

孝義鄉在縣治北三十里二十三都其地古有行孝仗義之士可以敦風勵俗故名內有九里三十二村

上應　下應　王亭　鳳來　按岡　孝義　來鳳　懷德

懷湇以上俱里名

佴墅　和草　穀香　王窠　余墓　白麋峴　崙山　朱岡　十八石　賀莊　前譚巷　後譚巷　練城　滿干

木瓜園　北鄉　咸墅衝　范巷　丁村　朱巷　廟後

老鸛窠　北灣頭　大村裏　柳橋　上丁莊　于家山

居家邊　吳家岡　朱家莊　仇家邊　華家邊以上俱村名

仁信鄉在縣治北五十里二十四都舊名履仁沈慶之武勇剛直生爲忠義死福一方民懷其仁靡不崇信故乾道志改名仁信内有八里二十四村

愛仁　亭子　石橋　延福　亭山　竹里　環澗　佳城以上俱里名

亭子　迸風　六里店　雲塘　上丁莊　解巷　李巷

石山　鋪頭　張培　徐村　項村　東陶　范巷　嚴巷

受墅　上解　蓮塘　西蔡巷　坎壇　磻石鋪　朱巷

直岸　東解以上俱村名

鳳壇鄉在縣治東北四十里二十五都二十六都二十七都其地巖石高聳曾有鳳凰棲止其上故名內有一十二里二十九村

祥甯　韓亭　黄行　鵲巢　浮石　黄菊　鎮城　禮義　慈惠　鳳臺　道義　歸善以上俱里名

陳莊　山口　銅山　赤峴　倉頭　銅冶　營田　柴溝　張衝　南營　石家岡　韓墅　戎墅　陳埝　華橋　石壘　皐墅　古塘　北陳巷　石澗　朱巷　唐巷　馮岡　潘埝　巫墅　花墓　張巷　經干　謝墅以上俱村名

瑯琊鄉在縣治西北五十里二十八都二十九都晉瑯琊王築城屯兵於此故名內有一十四里二十五村

僑居　鮑亭　洛亭　西亭　昇平　泉教　鎮城　瑯琊

崇節　證俗　漸倪　新塘　東干　西干以上俱里名

西干　鮑亭　黄墅　羅家莊　何衝　楊柳泉　華山

薛衝　賈衝　劉干　湖下　上坊　下坊　茅塘　黄岡

葛墟　三城　儲岡　北墟　北井　澗西　石溪　赤岡　冑寨　舊澤以上俱村名

坊郭鄉居城者爲坊輔城者爲郭其名創於宋元之間已詳街坊路巷都里不著

沛新莊在小南門外屬坊郭

按舊志只載十六鄉不書坊郭今補入至各鄉新創村墅俗名不及槩錄以其無關輕重也

句容縣志　卷一
十三

市

大市在縣前大街民居櫛比交易紛紜故云　倉頭市在仁信鄉七十里　柴溝市在鳳壇鄉七十里　靖安市在仁信鄉六十里　湖熟市在臨泉鄉五十里與上元縣人民雜處客商貿易頗盛　米市在城隍廟東

鎭

龍潭鎭在縣北瑯琊鄉七十里臨大江有本縣驛丞兼巡檢司署上接金陵朝陽門下通鎭江炭渚驛本邑倉廒收糧兌運在此官弁往來商賈絡繹爲北境之大鎭乾隆十五年因

聖駕南巡塡築

御道重修

行宮　常甯鎭在縣治東南四十里茅山鄉崇禧宮西宋天聖間

朱觀妙請於朝爲遊人行佔憩息之所　北鎮去常甯鎮十里
許玉晨觀西天禧元年設有巡檢鎮司稅課局今廢　白土鎮
在望仙鄉四十里　土橋鎮在縣西二十里與上元縣接界
東陽鎮在縣治西北瑯琊鄉六十里郡國志改秣陵爲東陽鎮
因名舊有館驛稅務巡檢司今廢　河口鎮舊名斜溝在縣治
北仁信鄉七十里

街

大街在縣前大市東西通衢　寺街在崇明寺前　義臺街在
南門卽旌表孝子張常洧處　觀街在南門西通青元觀　常
甯街在茅山鄉四十里　南鎮街在茅山鄉大茅峯西　北鎮
街在茅山鄉小茅峯西　新塘街在瑯琊鄉二十五里　下蜀
街在仁信鄉七十里　青山街在望仙鄉五十里　東昌街在

望仙鄉四十里

坊

鄽禮坊在縣治東南隅石井巷内分多福崇善二里　躍鱗坊在縣治東置製里以江賓王登第名　句曲坊在縣治西北隅輔郭里　宣化坊在縣前南陽里以承流宣化名　僊賓坊在縣治東馬草巷東南相傳謂茅君每年十二月二十日駕白鶴於此坊南三里許會集諸僊故名　金陵坊在縣治大街南陽里以其路接金陵故名　禮教坊在縣治西門裏大街以其相鄰泮宮故名　延賓坊在縣治街東置製里　興化坊在縣治東　東諫臣坊在縣治南門内青元觀側　西諫臣坊在縣治西門内葛仙庵　東林教坊在縣治南門外　西林教坊在縣治南門外　泮宮科第二坊在儒學前　毓英坊在縣治正南

十字街口儒學西北俱成化十三年知縣濮壽建今廢　迎恩坊在縣治西雲亭驛前弘治三年知縣王僖建今廢　平政澄清二坊在縣治前弘治元年知縣王僖改建　駐節坊在龍潭水馬驛前弘治三年知縣王僖建　四面牌坊南曰承流宣化北曰節用愛人東曰正本清源西曰奉法循理今東匾曰狀元宰相爲丁未殿元李春芳西匾曰天官冢宰爲吏部尚書曹義南匾曰地官司徒爲戶部尚書王暐北匾曰殿中執法爲御史湯鼐立

宋縣令張棨自縣河至十字街達於東門立坊共十一柱

升俊坊　製錦坊　市南坊　大市坊　東市坊　舊市坊

市北坊　市橋坊　和豐坊　朝京坊　鍾山坊今俱廢

路

竹里路在縣北六十里倉頭市東有竹里橋南近山北濱大江父老云昔時路行山間西接東陽遶攝山之北由江乘羅落以至建康宋武帝時討桓元其路經此今城東佘婆岡至東陽路乃後世所開非古路也　姜巴路在小茅山後通延陵秦時有士周太賓及巴陵侯姜叔茂者來往句曲山下秦孝王時封侯故以姜巴名其路　上容路在縣南三十五里上容鄉梁鑿上容瀆東通雲陽以達吳會西通秣陵以抵建康故有上容路徐陵上容碑有云濤如白馬旣礙廣陵之江山曰金牛用險梅湖之路莫不欣兹利涉玩此修渠　集慶路古邑名自上元界土橋至縣西門二十里自縣東門至白土鎮丹陽界四十五里前令周美修西路徐九思修東路皆廢壞東路原止一石相接又年久十無半存三十年間知縣茅一桂遵奉御史曹府丞徐檄

自縣東門外起至白土鎮丈計一萬二千六百九十九弓計程四十五里二分七釐五毫排大石三行乾隆五年本府張奉督院那飭修省城至丹陽一帶馬路句容自西門起至土橋止委學博徐堂督率修理自東門起至白兔止委署丞湯廷鳳督率修理

巷

劉明府君巷在縣治東晉縣令劉超有功德於民後人立廟祀之後令張佋移醋庫於巷東至今廟存醋庫廢　周家巷在三思橋北　寺巷在祟明寺西南　新樓南北二巷俱在句曲坊

柏家巷在大街北　丁香巷在大街南　江家巷在大街北

馬草巷在仙賓坊北　柴巷在大街東南　竹巷在東林教坊　廢巷在大街南今名轎巷　劉匠巷在南門　經家巷在

城隍廟東　方巷在大街東北　白塔巷在新樓南　小車門巷在城隍廟東南　彭家巷在寺巷北　彩帛巷在大街南　鮮魚巷在大街北　鯽魚巷在府君巷東寺街西　十井巷在集仙里　南堂巷在昇仙里　北堂巷在寺街西　夫子巷在大街東南　王府巷在昇仙里東　車盤巷在魁星樓西　諸昌巷在彩帛巷東　扇子巷在縣治東　樊家巷在寺街東

附牌坊

狀元坊在縣治廢巷口爲大學士李春芳立

同胞大魁坊爲翰林院檢討孔貞時文淵閣大學士孔貞運建

晝錦坊在縣治東南隅爲吏部尚書曹義立

大宗伯坊在縣治南爲太常卿王暐立

大中丞坊在縣治南爲都御史王暐立

總憲坊在縣治東南爲廉使楊洿立
都憲坊在縣治西門内爲都御史王敬民立
父子恩榮坊爲提督四省都御史王敬民立
繡衣坊在縣治東南承仙鄉爲御史曹鏜立
繡衣坊在縣前大街口爲成化十一年進士御史湯鼐立
繡衣坊在縣治寺街口爲參議許彦忠立
節孝坊在縣治中街爲太僕卿張明熙母徐氏建

進士坊

一在縣治東南隅爲永樂七年進士劉濬立
一在縣治東南隅爲永樂十六年進士張銘立
一在縣治西南隅儒學西爲正統四年進士張諫立
一在縣治北門内爲永樂二十二年進士徐晉立

一在縣治東北觀音堂巷爲成化五年進士許昺立
一在縣治東北移風鄉爲永樂十三年進士高志立
一在縣治東北鳳壇鄉爲永樂十三年進士謝璘立
一在縣治南崇德鄉爲正統十年進士張紳立
一在縣治東南承仙鄉爲景泰二年進士曹景立
一在縣治南承仙鄉爲成化十一年進士曹瀾立
一在縣治西南上容鄉爲永樂十六年進士周禮立
一在縣治北龍潭鎮爲弘治三年進士趙欽立
一在縣治北龍潭鎮爲弘治三年進士楊鉞立
會魁坊在縣治南承仙鄉爲成化二十年進士倪綱立

舉人坊

青雲坊在縣治大街爲宣德元年舉人劉能立

登雲坊在縣治鹽巷東爲永樂十八年舉人胡諒立

步雲坊在縣治東寺街口爲景泰元年舉人王韶立

雲梯坊在縣治南城隍廟東爲天順三年舉人石堅立

世科坊在縣治南儒學西爲成化元年舉人張恪立

登科坊在縣治石井街爲天順六年舉人胡漢立

四桂坊在縣治西門內爲天順六年舉人戴仁胡漢曹瀾李澄立

登瀛坊在縣治西北隅爲永樂十五年舉人曹暹立

觀光坊在縣治大街東爲永樂九年舉人陳遜立

文魁坊在縣治北八字橋東爲正統十二年舉人居輔立

棣蕚聯芳坊在縣治北八字橋東爲成化十九年舉人居軫居輔立

淩雲坊在縣治三思橋東爲景泰元年舉人華禎立
雄飛坊在縣治南承仙鄉白雲里爲成化元年舉人王璿立
經魁坊在縣治南政仁鄉爲成化二十二年舉人徐欽立
登科坊在縣治南福祚鄉爲弘治二年舉人魯鉞立
桂籍流芳坊在縣治南崇德鄉爲成化七年舉人淩傅立
步雲坊在縣治北龍潭鎮爲景泰七年舉人蘇潤立
飛騰坊在縣治北龍潭鎮爲天順六年舉人李澄立
梯雲坊在縣治北龍潭鎮爲宣德元年舉人朱璣立
經魁坊在縣治北鳳壇鄉爲宣德元年舉人潘延立

雜坊

市中街牌坊在縣治大街新樓巷口
昇仙街牌坊在縣治大街馬草巷口

崇義街牌坊在縣治大街寺橋口以上俱知縣浦洪立

三思橋牌坊在縣治大街稅課局西

句容橋牌坊在縣治北八字橋上以上俱知縣劉義立

爲善最樂坊在縣治崇明寺前僧會心豫立

蓬萊眞境坊在縣治青元觀前道會侯太古立

集慶街坊在縣治東門內

按舊志以上諸坊今廢者十之六今距順治丙申又九十餘年矣其更替毀廢愈不可稽姑仍舊以備考但向無序次今分晰安置一仕宦次進士次登科最次雜坊先城後鄉一望瞭然不致復見疊出云

物產

金　出句曲山

漢靈帝詔採句曲之金以充武庫

銅鐵　出銅山一曰出赤山銅山有銅冶今廢

古銅器

唐天寶至南唐後主時於昇州句容縣置官場鼓鑄器物上多有鹽官花押今學宮祭樂器品尚有古鑄

茅山石　次玉而堅潤南畿志曰即禹貢瑤琨

石墨

漢費長房學道茅山書符滌硯澗石悉爲墨色至今其石似墨

石門蒼朮　出鬱岡山巔係茅君修持服朮之處故以其地產者爲佳

一名紫薇朮山志曰紫薇夫人以茅白蔣三山之朮爲勝常

佩之以稱益

石腦　出方山北穴下

繁陽子姜伯眞昔常取服北貯山中亦有石腦故如石但小斑色而軟服之身熱不渴

石鍾乳　出茅山因土石相雜色稍黑滑潤微寒

禹餘糧　出茅山

陶眞人夜夢神禹賜食旦而鑿地得此極精好狀如牛黃紫花嚼之如麪今山中甚有好者但重重甲錯其佳處紫色泯泯須細研淘於水澄其砂土方得其益

何首烏

唐元和七年僧文象遇茅山老人傳服何首烏之益李翺因著方錄

黃精　出茅山

天寶七年五月唐玄宗正晝假寐若見梁貞白先生陶宏景持黃精至謂曰是謂仙經所貴根葉花實皆可餌服服之駐顔帝方覺適報李元静進茅山黃精帝喜曰貞白先生寔保朕躬於是冊贈太保

芝草　出茅山有五種

一曰龍芝似交龍相負根如蟠伏以葉爲鱗

二曰參成色朱而光奕奕扣其柯葉如金石聲折而續之如故

三曰燕胎如葵葉色紫上有燕形如欲飛舉

四曰夜光洞草色青葉似柏實正白如李高三四尺夜視其實如月光洞照一室一株九實墮地須臾轉大如牛目動盼

視人圓如鏡徑七寸厚一二寸許

五曰白蒴玉芝

又有熒火芝出艮常山狀如熒火紫花大如豆夜視有光得

食之心孔明可夜書

按周氏元通記曰尚有九莖紫菌琅葛丹芝玉漿以上

諸芝雖間産句曲諸山然土人云芝靈物可遇而不可

求

溪蓀草　生茅山東溪紫色花生淺水中相傳女仙人錢妙眞

所種

唐李德裕詠茅山溪蓀詩楚客重蘭蓀遺芳今未歇葉抽清

淺水花照暄妍節紫豔映渠鮮輕香含露潔離居若有贈暫

與幽人折

菖蒲　生茅山九曲澗旁一寸十二節

九枝松　產丁山西一名鶴頂相傳茅君任赤城時昇舉其上

白李

昔高辛時展上公居於茅山溪上植白李食之登仙

山桃　側柏

李衛公平泉草木記曰並出茅山

大韭　出石龍山

姜叔茂種五辛菜得此

木耳　一名樹雞

韓愈有詩軟濕青紅肰可猜欲烹還喚木盤迴想君直入華陽洞割取乖龍左耳來

天南燭　產四平山樹大子如茱萸八九月熟酸美可食葉不

相對似茗而圓厚味小酢冬夏常青枝莖微紫高者亦四五丈甚脆易摧折

相公李　來禽　大杏　以上俱産句容境内爲佳

福鄉柰

相傳梁昭明太子所植今在福鄉井邊者更佳似來禽而小可去疾癘

孩兒參　出茅山

百合

有二種一村民所種瓣大微苦一係山間自生瓣小清香煮易柔爛食之稱益

山藥

有二種一係縣治南鄉天王寺前者爲佳肥嫩而白村民皆

種殖售市一係縣治北鄉山間石上自生體堅細色微黄甘香味美食之稱益

乾茶　出乾元觀

蔴　土人織布售市

黄連香　出茅山

礬　産花碌山

雉　兔　鹿　獐　麂　貍　虎

句容多山野物常有

按舊志所載物産大地皆同何足表異兹特仿通志取句邑專産者志之正見土之珍也

句容縣志卷一終

句容縣志　卷一

句容縣志卷第二

建置志

城池　倉庫　壇壝　公署　鋪舍　營汛　驛站

城池

漢丹陽郡十六城其一曰句容後漢書郡國志吳赤烏二年詔諸郡縣治城郭起譙樓穿塹發渠以防盜賊嘗築治子城周迴三百九十丈上闊九尺下闊一丈三尺東西長九十丈南北長八十五丈

唐天祐八年縣令邵全邁修築有東西南北白羊上羊六門

宋湻祐六年令張榘重築後圮

明洪武永樂宣德正統皆設牌杉爲防護計景泰間令浦洪劉義始相繼建門樓嚴鐍鑰成化間令張蕙重新修理濮壽增置門樓弘治三年令王僖砌以石四門各建樓三間嘉靖三

十三年令樊垣因倭警始築磚城周七里一千三百一十丈有奇高二丈有六雉堞二千有奇警舍二十有四敵樓一城外浚池蓄水設關六門四小南門一

大學士李春芳記曰吾容在萬山中崇岡疊嶂蜿蜒盤踞屹若屏翰郎梟騎勁卒不易逞其間故自開闢以來不假城郭而安閒者倭寇擾吳越狙詐百出而內奸逋逃實爲向導雖崇岡僻壤罔不猱升豕突其不得逞者必城爲之限也松坪樊侯至惻然曰容留都襟要而三吳之會安可恃岨嶮爲固不之戒乎萬一海氛操矛緣嶺下其何以禦之吾欲城容第民勞耳邑之士民聞而曰侯我勞我全也惟侯命侯乃請諸當道出公儲若干緡自捐俸若干緡僚佐所捐若干緡於是四境之民翕然嚮從富者輸緡錢壯者荷畚鍤蟻升鱗次釜

而衡從均灌而燥濕匀侯日偕諸僚佐往勸慰於其上若父兄率子弟閔閔然恤其勤而恩之勤也故民自相勸督經始甲寅初夏甲午越明年中夏壬戌功即告成費金不盈二萬蓋侯之區畫周而用費當也尋陟南曹去合邑士民曰是侯有大造於我容也烏可以無紀僉屬予友文學王君志道走都下請予紀其事夫令之於邑猶人之有家也保家者必崇其垣墉謹其扃鑰而後家之蓋藏家之筍篋可得全焉否則鮮不與盜共之矣矧一邑赤子乎是故重門擊柝以待暴客先王之所不廢也今之令者率徇目前而忘遠慮城郭不繕士伍不飭寇至則搶攘罔措寇退則晏安忘戒又或曰營退其地以遠不測理邑如家創開闢以向所未有之基貽一邑無窮之利如侯者可易得哉斯役方興而寇果由姑孰直薄

留都轉掠溧陽而東虜傷甚衆去容才數十里然則斯役也烏可已哉人以是服邑侯之有遠見也侯名垣字伯師蜀宜賓人癸丑進士郎侯之名姓有維城之義焉天之俾侯令容其有意乎侯居容踰三載廉静愷悌多惠政去之日民爲立祠生祀云其時與侯協心贊理者前署儒學教諭事今舉進士胡君直少尹劉君克己三尹曹君鏜

萬歷四年巡撫宋公儀望視南門形勢不利堪輿家言移之稍左建飛樓於上翼然爲一邑偉觀復於門内建廳三間列禦倭戎器舊志

大清康熙十三年令林寬重修題東門曰太平西曰致遠南曰登瀛北曰廣運小南門曰華陽敵樓猶存警舍全廢乾隆五年縣丞湯廷鳳重修先是乾隆二年丞署邑篆見城垣傾圮

亟於通行各省等事案內力詳請修隨委江甯縣丞田深猷來邑估勘府廳覆估共需工料叁千壹百貳兩壹錢有奇上臺知湯丞廉幹卽委其監修承辦後殫竭心力拮据勤勞自行節省叁百貳拾伍兩肆錢又奉部核減壹百壹拾玖兩伍錢實准銷公帑貳千陸百伍拾柒兩貳錢

倉庫

預備倉在縣治西一里許正統十年令韓鼎始建六間景泰三年丞劉義增置十間成化十九年令李澄因其窄隘增地改建弘治二十年令王儁建廳三間廒三十六間門樓三間至萬歷二十九年令茅一桂增置倉房十二間每間置穀五百石嗣後屢修屢圮至雍正年間令施廷瓚重建面南官廳三間東西合面倉廒各十六間門樓一間周圍繚以土垣

東西南北四倉在茅山瑯琊上容移風四鄉洪武三十五年令朱彤建久廢舊志

縣倉在縣治淸明堂西永樂元年令朱彤重建景泰元年令浦洪改建儀門之東官廳一間倉廒六間門樓六間嘉靖六年令周仕重建尋廢至雍正年間屢奉

上諭軫念民瘼積貯備荒因縣東察院廢署久成曠土令魯弘瑜見其地形高阜可免潮濕之虞請以其地改建面南官廳三間東西合面倉廒各七間又南面倉廒五間東西合面倉廒各十五間嗣因收捐監穀益多又於東北首添建倉廒十間門樓一間週圍亦繚以土垣

歲積倉在縣治西北七十里瑯琊鄉龍潭鎭南倉舊在下蜀正統二年巡撫工部侍郎周忱檄縣令張昇移置今處景泰五

年令浦洪丞劉義重修成化間令張蕙徐廣相繼修理弘治三年令王僖簿薛任增修倉廒百間正廳三間後堂三間左右廂房各三間門樓三間典史梁澤增立警舍六所尋廢嘉靖二十五年令徐九思修葺倉廒按坊鄉分十七區各識以匾隆慶四年令張道充建亭正廳之左匾曰平兌萬歷四年令丁賓於正廳之前累基建亭其中曰瞭斛前曰粒粒脂膏亭之右建亭三間重修門樓匾曰催科撫字緣倉隙地建官房八十間甑釜器具悉備中為鑿井覆井以亭使糧長業居之按區懸十七匾匾曰照得本縣去本倉七十餘里糧長到縣倉未免兩處賃房比之別縣省費絕不相同為此議造官房幾間冀省糧長分毫之費省糧長則可絕加耗絕加耗則小民不敢拖延而插和是惜糧長所以惜小民也惜小民所

以便領運也亦苦心矣自今之後止令各鄉排甲糧長輪年居住衙役不許生事需索居民不許狡謀侵占其通縣糧長兌完之日自具本房見今修好並無損漏傾頹結狀到官以便稽查使本圖各排常年到倉便可進宿庶幾不負建立官房之意仍仰各區頭糧長回日一同稟官照倉厫封鎖官房南北總門不得私開取罪其本鄉糧長但不許出鄉亂住以撓官法一鄉之中情願同房同爨者任其自爲一所不得拘定挨圖之說以拂人情如此體諒仍有不肯守住官房者查出究治枷號不恕又爲空房六間止糧車暮至無逆旅者繚以崇垣對闢二門區其南曰糧舍南關北曰糧舍北關丁公可謂盡力於民矣

社倉句容舊無社倉隆慶二年巡撫都御史林檄飭郡邑各置

社倉儲稻備凶年賑濟并頒示散斂規則每歲夏放本稻一石冬收一石二斗遇小荒年蠲息一分遇中荒年蠲息一分五釐遇大荒年盡蠲其息是年令周美積本稻一萬三千三百八十三石嗣後令張道充洎於丁賓通計積稻三萬七千四百八十七石七斗五升一合三勺五抄四圭隨坊鄉分十七社擇民居或寺觀塏爽寬大者貯之卽名社倉放散有條式丁賓去任後隨廢至萬歷二十七年令茅一桂復行議請仍貯稻於各寺觀命住持管守歲給工食穀十石每至春散一半餘一半存倉以備非常議息加二共積稻　萬六千百　十石有奇拾餘補葺僅得三公所積五分之一雖然亦待其人耳若後之爲令者盡效三公之相計相成何慮充盈之不漸臻也萬歷舊志

按社倉之設係朱子舊法萬世之良規也句邑於康熙年間初行積穀備荒法每秋收後按畝歲捐穀二合於各里中舉一老成殷實者爲堆戶年終造具管收除在四柱清冊加一結狀投縣縣令於二三年中間一盤查自官有盤查之令吏胥遂得因緣爲奸逐年稟委佐雜盤查騷擾已不可支延至康熙四十六七兩年江南旱潦頻仍奉文撥賑鄰邑卽令堆戶自備脚價運送水次交卸略一稽延籤差絡繹是積穀毫無益於桑梓反大累於善良嗣

上諭直省督撫社倉之設原以備荒歉不時之需用意良厚然往往行之不善致滋煩擾官民俱受其累朕意以爲奉行之道宜緩不宜急宜勸諭百姓聽民便自爲之而不

當以官法繩之也近聞各省漸行社倉之法貯蓄於豐年取貧於儉歲俾民食有賴而荒歉無憂朕心深為嘉悅但因地制宜須從民便在有司善為倡導於前留心照應於後使地□□□□□□□倉之害此則爾督撫所當加意體察者也欽此奉部咨院行司到府行縣始將堆戶社長等名色嚴行禁革將民間積穀盡數追繳入官官復延請鄉城紳士分領經理令四鄉窮民春借秋還取息一分無如循謹者虞其受累豪强者借以營私行之數年弊難悉數安得如朱子所謂聰明仁愛之令忠信明察之士并力一心守此良法耶

官鹽倉在縣北七十里河口鎮本縣原食石灰關小包引鹽水陸險阻民稱未便當道聞之許從儀徵順便過江至縣發賣

後爲牙行計阻價高民害萬歷三年令丁賓僉點本縣殷實良民協同遠商給文領引照例儀徵架下支買官鹽復視河口地濱大江正對儀徵因創鹽倉二十餘間且崇基址以防水患凡本商過江不僦民居盡使入倉以便稽查舊志今官倉久廢而河口鎮已全坍入江居民就近移住下蜀街復成大鎮其行銷句鹽之引商亦自置旅館一所於下蜀接運儀徵引鹽仍於句邑城內另置館寓一所接貯引鹽分發鋪戶鄉城稱便

縣庫舊庫歷代相因權爲之計嘉靖十六年令周仕鼎建後堂左右各一間襲之舊志今老庫在後堂東右一間

壇壝

社稷壇在縣治西一里許舊在子城北宋令葉表以縣多盜改

置青元觀西南而盗止今養濟基是也大德間移於葛仙翁
庵西後監邑丑閭敦武以其地卑隘置民地去舊壇西約百
步重立洪武元年主簿麥德茂改移於此九年令夏常增築
之增置高三尺闊二丈五尺周垣六十一丈四尺東西南北
四門神牌二座宰牲房三間庫房厨房各三間舊志
元樊仲式記曰自天子達於庶人得以通祀者社稷而已社
祭土稷祭穀所以重民命也壇而不宇所以霜露風雨之也
禮曰王社曰侯社曰置社曰州社曰里社均之祀土也自天
子諸侯而下以夫家多寡之數而爲之隆殺耳余稽諸經傳
有曰民爲貴社稷次之又曰重社稷故愛百姓先王勤禮於
社以神地道不曰所重民食乎夫長令民人社稷之所寄也
苟不致謹於是不幾慢神病民哉按邑舊志土瘠民窶是宜

尤加謹賢邑長以啟以承前後輝映其誠之所要重矣既又繫之詩俾邑人歌以祀神其詞曰我思勾龍繼社之宗亦有田祖曰棄曰農神之來矣說與我里有壝有壇陟降孔邇靈鼓淵淵靈旂有煇以報以祈神其忻忻春有獻禽秋有稻粱曰殺犧羊神其洋洋神既醉止錫我多祉雨暘以時疫癘不起我穀穰穰樂我壽康以翼以匡邦家之慶府志今制仍西門外北首土牆方高五尺長　丈七尺濶三丈二尺內磚砌祭臺一方長二丈二尺寬亦如之雍正　年令　建

風雲雷雨山川壇在縣治東南二里許洪武九年令夏常重建洪武十六年始以城隍配祭壇制高三尺闊二丈五尺圍垣四十八丈五尺舊志今制仍小南門外西首土牆圍高廣丈尺同社稷壇

邑厲壇在縣治東北興教寺東洪武九年知縣夏常重建壇制高三尺闊二丈周圍牆垣四十一丈二尺門樓一座神牌一面宰牲房三間庫房三間廚房三間舊志雍正四年令施廷瓚重建正廳三間兩廊各三間門房三間

鄉厲壇一十六所在句容等各鄉俱洪武九年知縣夏常立今廢

先農壇在縣治東門外春牛廠東首坐北朝南正房三間

公署

縣治在縣城正北按金陵志唐天祐六年令邵全邁建宋元豐二年令葉表修嘉靖十七年令王通重建縣之廳堂譙樓紹定四年令吳淇復修淳祐丙午令張椝重加修飾及築城創樓大德十年監縣塔塔兒縣尹趙靖因前令田郁舊規改創

縣治匾廳曰敬簡至元末毀明洪武二年令黄守正因舊基重建匾曰公生明洪武辛丑令陳俊德撤譙樓之舊而新之景泰五年令浦洪縣丞劉義開拓舊規重建嘉靖戊戌令周仕修正廳三間名曰親民穿堂三間名曰退思左耳房名曰皎日右耳房名曰甘露儀門三間譙樓三間幙廳一間東西司房各六間監房十間獄神祠一間土地祠六間井亭二座架閣庫六間知縣宅十間縣丞宅八間管糧主簿宅七間典史宅六間吏舍四十間申明亭改在縣治前西向旌善亭改在縣治前東向又建來賓館六間在察院東三友書院九間在察院西今皆廢嘉靖二十五年令徐九思於縣治東隙地建仕優亭三間環以石池今廢又於縣前建石屏畫蔬菜鐫之復題其上曰爲民父母不可不知此味爲吾赤子不可令

有此色傍曰方丈石牆爲戶屏一蔡畫棻輔官箴隆慶五年令張道充建寅賓館三楹於儀門之左匾曰以敬作所萬歷四年令丁賓修飾縣治土地祠平理坊側左右二池匾其左曰洗心右曰浴德圍以土牆匾其門曰地肺西關增修三友書院爲官廳二所共二十一間又因裁省管馬主簿廢宅墾園種蔬匾曰味長今三友書院廢舊志

順治八年縣令姜輔周建後堂五間

康熙三十年縣令白良琯建内宅東廳三間顔曰慶雲堂因是年句邑見慶雲故名別記祥異

康熙五十六年典史汪金聲重修贊政廳並建典史衙署

康熙六十一年縣令施廷瓚等並通縣紳衿里民公立缸窑禁碑於縣治大堂

附缸窑禁碑

江甯府句容縣爲大害已蒙憲恩察奸棍陽奉陰違叩憲賞勘攤窑以全闔邑民命事案於康熙五十九年十月二十三日奉本府正堂帶理句容縣事加二級紀錄八次吳詳據本縣紳士張廷超等里民嚴國泰等公呈前事請禁燒窑取土將原窑攤毁情由據此該攝縣查看得句邑头桃山等處地處東北爲邑上流乃來龍發脉之區前因附近居民挖土燒窑鑿石燒灰戕傷龍脉害及邑民五十四年紳士朱鉉等鄉民嚴國泰等僉訴前情原任方令通詳請禁批司府查議歷奉各憲批飭毁徙取具遵依在案今卑攝縣帶理縣務親到縣治凡邑士民童叟無不環輿泣稟離城十里有缸窑數座不遵永禁等語卑攝縣細加訪

察句邑燒窑之戶頗多而闔邑士民獨以此區區數窑爲寒心蓋以地屬縣北逼近縣城誠恐山形摧而地脈壞地脈壞而民生蹙是以痛逼切膚急逾救火卑攝縣又復弔閱原卷則各憲飭禁之案如山而張王孔之違抗如故卑攝縣又恐其無以爲生或只藉燒窑活命及查張王孔等皆係耕農之人燒窑原非其本業不過於農隙之餘藉此以射餘利數家飽煖合邑咨嗟利害輕重邈若天淵若不俯順輿情及今將各窑攤毁眼見平原大陸卽日爲坑爲塹且查從前檄禁張王孔等曾出具不致再犯遵依只因原窑未毁以致陽奉陰違今欲爲抽薪止沸之計非一切攤毁不可理合據情叙案詳請憲台俯賜轉詳批飭攤毁合邑士民皆沐洪慈於無既矣等因於康熙五十九年十

二月十二日通詳各憲在案俱奉批飭查議攤毀奉本府正堂吳檄委本府經歷史本縣典史俞帶領夫役前往燒窑處所將新舊各窑於十二月二十日盡行攤毀滅跡具報各憲在案續據原呈紳士張廷超等具以條陳永禁等事條陳四則一禁碑宜嚴一遵依甘結宜取一龍脈之山宜清丈一龍脈宜培等情到縣經本縣施履任隨卽親往挖土各山丈量畝數共三百八十八畝五分七釐八絲三忽算該平米八斗零四合八勺銀四兩四錢四分三釐於鳳壇鄉六圖十一圖里書編差冊内另立紳士戶名代爲完納取具該山業主推糧清冊各紳士認糧甘結在案外該卑縣看得尖桃山一帶乃省會與句邑來脈難容鑿石挖土燒窑傷殘元氣歷奉憲禁在案今據紳士條議前來

卑縣於九月初七日登山踏看其來脉被掘如綫觸目心傷今欲絶奸棍復行開鑿之患當如輿議將來脉龍脊之處丈出既不侵民間之田畝又不妨民間之樹藝其糧紳士代輸山中草木仍聽業主採取但不許業主將山上之土賣與窑户燒窑其掘傷之處聽紳士民人捐工塡補用培龍脉以復元氣似爲妥便糧經紳士代納則業主不輸糧而坐獲草木之利紳士任輸而龍脉不致傷殘既爲將來彙進之徵復爲民物康阜之盛是一舉而三善備焉但恐既禁之後奸徒以紳士遠隔復萌燒窑竊土之念除取具業主鄉保遵依並着該里遞里書稽查按季具結猶恐事久奸徒將石碑移遠作近推仆拋滅應行再立大石於縣將所立各碑鐫入以垂久遠至於黄花郎岡等處皆係

闕

的五十四弓八分五釐七毫共積九萬三千二百五十六弓九分通共田地山場三百八十八畝五分七釐八絲三忽該平米八斗零四合八勺該銀四兩四錢四分三釐每年代納銀米二項公議於撫租花紅項下開銷

按北門外尖桃山等處乃縣治來龍切近要區前明暨國初民物原極殷阜科名亦稱繁盛而官斯土者多陟顯宦自康熙四十年後遭射利奸民張王孔等燒造缸罈築窑取土赤類丹砂黏同膏血蓋窑器非此不能成胚胎而來龍遂由是爲坑塹日掘日深不絕如綫以致歷任令長輕則罣誤以去重則繫之囹圄甚有慘罹極刑如辛卯科場一案之王令曰俞者而民物凋敝科名淪落猶其小焉者矣康熙六十年間郡守吳公應鳳來

攝縣事紳士痛哭陳情力請勒石永禁方幸鐵案如山萬難移動豈料乾隆五年冬復有隣近大伏村奸民張萬侯李公德文惠先等死灰復燃揑詞控府架稱該村距禁地七里而遙妄冀復行開造批縣查議又蒙縣令宋楚望履勘剴詳得以再邀永禁培護二十餘年元氣始漸恢復邑令則調陞數任科目亦館選一人地方庶幾日有起色因關縣治第一要害特詳志之以祈後之賢侯時加防察焉

雍正十二年縣令魯弘瑜修飾兩廊吏舍

乾隆二年署縣事邑丞湯廷鳳重建縣丞公署

十一年縣令趙天爵重建譙樓

十四年州同署縣丞唐瀛重修縣丞公署

唐瀛記曰句邑偏僻小民質樸不喜訟稱純良焉有令治之已勝其任安用丞丞之設事何事曰水利軍糧是其事問其水則非大江支河問其軍則非儲糧輸粮名何屬曰有圩埝數十處屏江滸恐潮汐灌注境內多山山水間發決斷圩埂田受淹沒歲督堅修防護內外衝突以爲利軍糧則有籍而無丁沿舊名也乾隆元年各制撫因句邑食鹽有淮浙之别其西北隅屆於淮東南隅鄰於浙私梟匿跡塞礙磋綱議設巡緝責成於丞益薪俸焉而丞不飢由是事始專職稍重問何在聽政何在退食曰有官廨設於邑治之左偏隙地甚廣屋宇墜廢惟一堂巋然餘皆風雨蝕侵鼪鼠出沒榱檐瓴桷强以木楮予始至愁焉傷之再進吏而問曰前之丞於斯者將不事其事而廢斯堂乎曰否前之丞因廨宇陋甚僑寓蕭

寺參政得失視爲傳舍不事修葺日漸傾欹遂至於廢而斯堂之幸獨存者仙源湯廷鳳於乾隆二年莅事於茲喟然念廢棄之不可捐貲重建斯堂力不贍不能繼湯後十餘年無能踵相增美廢者仍廢甚至爲倉吏磨礱銀匠鑄銷之所吁可慨也戊辰秋邑令孫公循徽欲詳請改爲營弁署以爲邑庫藩衛文稿具矣予慨然曰無丞署是無丞也署由今日而毁丞自我爲虛位也力爭不可事遂寢因減膳節費捐俸百餘金又撥邑令處閒項二十金重搆後房五楹旁廡二檐廚房五間大堂前書吏房三間皁役房三間復爲補置二堂窗槅板扉西隅向有書舍前後兩楹歷爲縣令借居久假不歸亦力請恢復其舊於乾隆十三年十月鳩工庀材措置頭㕑三閱月始竣庭植二松補栽一柏以合舊樹取古人槐棘之

意焉今也有聞政之堂有退食之所有棲息眷屬之地有晉接賓僚之軒書吏得以赴公輿皁得以班立前後之位相配左右之布合宜一新耳目輪奐可歌所以前繼湯公之志而後之丞於斯者坐斯堂以參政退斯堂以憩止人賴以甯毋籌三匝官得其廨勿借一枝予亦可告無罪矣然興廢者時維持者人後之君子不惜捐貲助俸時加整飾不致再毀予有厚望焉因不揣蕪陋援筆以敘其始末是爲記

都察院舊在縣治東一百步洪武五年令黃文蔚建宣德三年令許聰重建景泰間令浦洪劉義革舊更新成化間令張蕙李澄暨弘治二年令王僖屢加修飾嘉靖十六年令周仕重修萬歷二年督撫宋公奏拓其基改建都察院按往時中丞開府金陵已移鎮姑蘇姑蘇瀕海去甯徽較遠江上之警非

浹旬不達宋公至迺始遷句容其地於所部甚近若臂之運指且得專其精神於號令聲教自萬歷二年宋公始舊志

國朝以江甯府改隸蘇州巡撫遂廢今東倉即其遺址

督學察院往駐金陵萬歷乙未豫章懷雲陳公閒至太平或句容按試各府諸生以奔走爲勞酌其地無如句容便且舊有書院可建乃復購地大拓其規而成之至萬歷四十年芝岡熊公因舊基重建規模益大督學每駐節焉舊志

余孟麟記曰自昔建序作人周制爲備至漢西京以六籍之門戶起則遺吏循行觀其文辭以定高下葢弘獎化原之盛軌可攷鏡已我國家崇學厲才之制大抵悉昉周官正統間置憲臣以董之省方設教猶漢時行部之遺意也迺近則特詔御史有學行焯然者奉璽書以行豈非以首善之地尤加

重哉萬歷乙未豫章懷雲陳公提督南畿學校至則矩矱虔
毖科指詳明風紀所張諸士子洒然易慮既而謂應天爲皇
跡所始實作陪京生儒一遇校臨輙從他郡受簪徵逐奔走
爲勞亦非所以重天府也迺謀之大京兆桂林約齋張公如
指率邑令而僉議之酌其地宜無如句容便刱舊有書院一
區可改而建乎乃檄所司圖視殫慮以計永久爰爲摹畫白
於督學公報可然後下教庀材諏工大起興作舊制故儉而
隘復爲之構地以拓其規凡因之工三拓之工七易朽以堅
易圮以阜肇自大堂達於内寢廡廨庖庋罔弗整飭迺衞以
繚垣文以赬堊言言仡仡赫然偉觀矣既訖工大京兆狀列
其事屬余爲記余觀宋儒有言先王之教化欲人易入也創
務備制郁乎聲名物采之盛先以聳其耳目然後發其聰明

庶幾轉移不勞而有功審是則堂構之修繕實政體所關立均陳表風以動之於教有深資焉督學察院所以彈壓百司綜覈庶政而懸鑑衡以蒐拔章縫之士尤有專責焉者也借有卓犖之才欲樹名檢階顯融匪出茲塗亦罔以競列纓緌之林則察院之設獨云繫體統參具瞻而已哉是故由門以歷其階阤翼然有序登堂以睨其宇舍廓然有容隱隱乎見御史之憲度矣諸士子躡蹥而至踊躍觀光以沐浴維新之化則弓旌至意蓬藋夙心各愜然滌其舊習而上下交相成德故曰於教化有深資也抑又聞之古者經營建置必取道里適均人情和惠而後卽事書稱相宅尤先達觀是度地測景之義也今句容在肘腋環上都而拱之若瀍澗左右輶軒至止士且翕然負笈從之不復疲於歧路盡地利協士心視

往者憚於改作視若贅疣此其度量相越較然著矣法制以更始而備文教以待人而興詎不謂甚盛隆際矣哉嗚呼後之君子踵其位居其堂葺守之允迪無斁則斯文之幸而於諸公鼎捌之懿舉亦不負斯役也貲出於羨耗而上不知費工徵於顧募而下不知勞倡其議者陳公決其策者張公肩其勞者主簿陳指南典史鄭謹而始終有全力者則句容縣令陳君也經始於五月而以十一月竣事少京兆西蜀淇竹公莅任適至樂觀厥成余次第其語歸之俾勒諸石

康熙五十年辛卯由督撫大收中式監臨疏請嗣後遺才盡由學政收錄督撫不得干預在省三學諸生乘機捐建錄遺考棚而甲午科試學使胡潤亦遂按臨在省雍正十二年間前任魯令揩開地方利弊列有考棚修費每歲考派銀二百兩

一條前督憲趙恐致累民將歲考併歸省城遂致乾隆元年以後歷次歲考竟不在句此句邑考棚所由廢也

附試院舊案

雍正十二年令魯宏瑜摺開地方利弊列有考棚修費每歲考派銀二百兩一條總督趙遂將歲考併歸省城闔邑紳士以分考成案已定未便紛更情願公捐修費呈請仍復分考舊制經署縣事李鏻繼任知縣宋楚望斟酌地宜剴切詳請歷憲各憲批府秉公確議經知府張華年查得句邑考棚誌載萬歷乙未年間以按試諸生奔走為勞酌地無如句容便乃拓其規而成之此該縣試署之所由興並與蘇常鎮揚之考棚設在偏邑不附郡城之舊制相同也康熙五十二年奉文鄉試錄遺悉由學政衙門考送當憲各憲倡捐并有紳士

樂輸另建考棚在省以免通省士子赴句之煩繼因前學憲胡科試亦於省棚士稱不便先經溧水等學詳奉學院余以句曲試院建已有年又供有

御製碑文且居一府之中八邑生童赴試甚便但省城新建考棚若不按臨恐負盛舉批令歲試按臨句容科考錄遺按臨省城等因續於五十四年據溧陽等六邑生員狄世泰等呈司請循舊制行據上江二縣請議仍照學院余批定歲科兩處分試以免紛爭經前憲李詳明省城考棚止爲通省士子錄遺起見非爲八邑諸生歲科兩考而創縣議分考似爲兩便隨奉各院憲批允勒石遵守雍正十二年奉前督憲趙以知府赴句提調事務不無貽誤該邑并藉考棚什物派累里民行令將江甯歲科兩考統歸府城并經勒石省棚近年兩

次歲考遵行在案今據句邑士民公籲請復歲考在句之制并據紳士情願捐貲千兩寄典生息以供修費現今修理以及置備桌櫈什物之需生童另行捐備以杜派累由縣詳蒙各憲批飭查議轉行下府復據上江二邑會詳可否仍照近案統歸省棚考試抑或念句邑捐項有貲不致累民俯將歲試歸句前來職府悉心酌核歲科試士鉅典攸關各邑遠近不齊本難適均勞逸江甯考棚前明即設在句　本朝因之亦復七十餘載祇因康熙五十二年省城另建錄遺考棚遂滋紛更之議前學院余斟酌調劑定爲歲科兩試分莅兩棚亦以二者不可偏廢利害不什不輕易法之至意也前督憲趙體恤民艱權衡輕重不肯因試累民改爲統一之舉并出大公至正在省在句原無可分彼此惟是句邑考棚兩逢

駐蹕
宸翰昭存遇有各憲經臨藉爲公所三年一試可以葺頹整圮此署永垂不朽若不臨考必將歸於廢棄於公有損於地非宜況兩考之歸併省城憲心重於杜派今得千金之息彙三年爲一歲之用似可辦理寬裕不致復有累民現在所需又有公捐無煩動帑此並可坐收成效事循舊轍原與創制不同因時制宜似屬可行應否俯如所請嗣後江甯歲試復歸句邑科試錄遺仍在省棚務飭該縣嚴禁滋擾絲毫不許派累里下並將捐銀生息永充修費各緣由勒石句棚用臻久遠職府未敢擅便理合詳請憲臺鑒核轉詳批示遵行云云

府詳出後三學諸生自揑溧高江六等學人名架稱句邑考棚原係李春芳當萬歷壞法亂政之時始改建句邑私庇一

鄉毒流一郡受害咒咀已非一日三學博據此袒詳藩司覆批府再加確查妥議另詳核奪無徇一邑浮言釀六邑生童苦累以此暫寢

按李春芳生於正德五年庚午隆慶五年以少師致仕歸養於興化卒於萬歷十二年甲申國史家乘班班可考萬歷二十三年乙未始建句容督學察院距文定去世時已將一紀果其私庇鄉人何不改建於現爲師相之時而改建於身後十餘年之久以是誣及前賢復何論於近事志此以見三學妄談浮言之聳聽而容之試院尚望酌復於來茲云爾

察院在縣治西原三皇廟舊址宣德八年令張昇改建公館以駐使客正統二年巡撫工部侍郎周忱改爲句曲書院成化

二十年府丞龔綺督委縣令王僖建爲府館嘉靖十六年令周仕重修後爲巡道駐劄今僅存大門三間照壁一座餘俱廢

雲亭驛在縣治西會經裁革成化二十三年巡撫都御史李嗣府尹楊守隨具本奏立委縣令王僖丞安慶督工起造嘉靖十六年令周仕重修萬歷三年令丁賓改爲察院因於察院之右創建正廳三間廳前樓一間扁曰雲亭公館門一座官舍六間小樓一間馬房六間監房三間今西倉卽其遺址

按雲亭驛站今歸知縣管理馬號卽在縣治西驛丞印記歷交典史收貯

水馬驛在縣北七十里瑯琊鄉龍潭鎮宋湻熙十二年令錢艮臣建永樂十三年令徐大安重建尋爲江濤衝駁成化十一

年驛丞劉謙度地舊基之南重爲營造驛丞林輯繼之始畢其工即今龍潭驛也

望仙驛舊在縣南大街即今儒學地

稅課局在縣大街三思橋東洪武二十五年令黃守正重建景泰五年大使談新重修弘治四年令王信因其卑隘不足以儲課稅改造東門內百步許門廳廨庫共房十間今廢

茅山巡檢司在茅山鄉常甯街　下蜀巡檢司在仁信鄉下蜀街　東陽巡檢司在瑯琊鄉東陽鎮　東陽稅務在瑯琊鄉東陽鎮　常甯稅務在茅山鄉常甯街　白土稅務在望仙鄉白土市　昭華驛在縣大街東或云望仙鄉驛是也　竹里驛在仁信鄉倉頭市　青陽驛在移風鄉即青陽館　下蜀驛在仁信鄉下蜀街　柴溝驛在鳳壇鄉柴溝市　老鸛

嘴馬站在鳳壇鄉老鸛嘴去縣北七十里　下蜀馬站在仁信鄉下蜀街去縣北七十里　東陽水站在瑯琊鄉東陽鎮去縣西北七十里今爲民居　以上皆裁革衙門僅存遺址

陰陽學嘉靖十六年令周仕改眞武廟爲之在縣治東北隅

醫學周仕改建於府館東房三間今廢

僧會司在縣治東北隅崇明寺

道會司在縣治西南靑元觀

養濟院舊志在縣治西南靑元觀前洪武四年始建房屋五間成化五年知縣張蕙李澄相繼增修房屋二十四間弘治元年府丞冀綺因見鰥寡男婦數多督委知縣王信買地增建房屋二十二間前後共計五十一間周圍牆砌今廢僅存遺址乾隆十三年知縣孫循徽改建崇明寺東官廳三間平房

二進共二十二間門一座

育嬰堂邑原未設雍正年間知縣施廷瓚胡爲籀相繼營建於邑東馬槽巷內昇仙里旁乾隆十三年知縣孫循徽改建邑小南門尼庵雇養乳婦費頗不貲歷皆鄉城各典商每歲各捐銀五兩濟用乾隆十三年紳士黄普朱垣王道行等復以從前平糶捐剩生息置買田畝捐入堂内添濟養贍呈縣如議永爲遵行

申明亭在縣治前西洪武八年知縣柴恭建正統十年知縣韓鼎成化年間知縣張蕙徐廣相繼修理今廢

旌善亭在縣治前東洪武八年知縣柴恭建正統十年知縣韓鼎成化十九年知縣李澄弘治三年知縣王僖相繼修理後改爲所今廢

本縣十六鄉俱有旌善申明二亭今俱廢舊志

三台閣在縣西郊雍正十二年邑人士建石塔其上

按三台閣舊在縣治西二里許句曲大水西流下砂卑隘以故邑中貴顯時有盛衰形家少之崇禎己卯督學侍御金公加意振起博采羣議卜邑之庚方有鳴鶴山當衆流會歸之地鼎建高閣三層上奉文昌帝君中祀關聖帝君命名三台兆巍科也是科庚辰春榜楊公瓊芳果以第一人獲售嗣後兩榜繩繩相繼士民感德肖像祀金公於閣下一層康熙五十五年間閣漸傾圮且羣言閣像火庚屬金以火尅金於邑不利兼以重建維艱乃以上中二層文武二帝移供儒學尊經閣金像移供青元觀白令生祠左閣內香火田畝議歸儒學收租

辦賦祀神閣遂廢自是文運日陵民風益鹥邑紳士始
議建立石塔永鎭焉餘詳四賢祠志

鋪舍

總鋪在縣治前平里橋南洪武三年令黄守正立正統十一年令韓鼎修弘治三年令王僖修嘉靖十九年令周仕重建正屋三間後屋三間郵亭一座東西屋六間門一座舊志

額設鋪兵六十名全書編載不等工食銀五百二十九兩二錢內於雍正四年奉文裁減二名工食銀一十九兩二錢八分外實在編設鋪兵五十八名分遞一十九鋪實支給工食銀五百九兩九錢二分遇閏加給內

縣前鋪兵六名每名歲支工食銀九兩六錢四分共銀五十七兩八錢四分散居縣前民房鋪舍基址全廢

按縣前平里橋南康熙五十年前猶存有鋪凡犯該城旦及他屬發配到驛者皆寄鋪非軍流以上重罪不收

禁又縣治大門外東另有一所與西首申明亭相對凡枷犯皆繫於所今亭所雖廢基址猶存何鋪基竟無可考耶

縣東十里爲十里鋪舊志載正屋三間東西屋二間門一座今僅存空房基地一間東至宋宅園西至嚴宅場南至大路北至嚴宅場

又東去十里爲謝培鋪舊志載正屋三間郵亭一座東西屋二間門一座今僅存空房基地一間東至和尚山西至尹宅房南至大路北至和尚山

又東去十里爲行香鋪舊志載正屋三間東西屋二間門一座今僅存空房基地一間東至張宅基地西至張宅田南至大路北至張宅塘

又東去十里爲上蘭鋪舊志載正屋三間郵亭一座東西屋二間門一座今僅存空房基地三間東至大路西至荒山東至荒地北至廟再東去二十里則爲丹徒縣陶家鋪　以上邑東四鋪每鋪鋪司兵三名每名歲支工食銀九兩六錢四分十二名共支銀一百一十五兩六錢八分

縣西十里爲新里鋪舊志載正屋三間東西屋二間郵亭一座僅存瓦房一間草房一間東至張宅房西至戴宅房南至大路北至湯宅地

又西去十里爲土橋鋪舊志載正屋三間郵亭一座東西屋二間門一座今僅存空房基地三間東至呂宅房西至張宅房南至官街北至呂宅房再西去十五里則爲上元縣索墅鋪

以上縣西二鋪每鋪鋪司兵三名每名歲支工食銀九兩

六錢四分六名共支銀五十七兩八錢四分

縣南十里爲新坊鋪舊志載正屋三間東西屋二間門一座今僅存空房基地三間東至胡宅地西至李宅基南至大路北至李宅場

又南去十里爲時淸鋪舊志載正屋三間郵亭一座東西房二間門一座今僅存空房基地三間東至闞宅田西至大路南至闞宅房北至闞宅田

又南去十里爲趙鄉鋪舊志載正屋三間東西屋二間門一座今僅存空房基地一間東至大路西至趙宅田南至趙宅田北至胡宅田

又南去十里爲南甯鋪舊志載正屋三間郵亭一座東西屋二間門一座今僅存空房基地三間東至江宅場西至大路南

至張宅田北至王宅房再南又去十里則爲溧水縣望湖南鋪　以上縣南四鋪每鋪鋪司兵三名每名歲支工食銀八兩四錢六分三釐五毫十二名共支銀一百一兩五錢六分二釐

縣北二十五里爲潤西鋪舊志載正屋三間郵亭一座東西屋二間門一座今僅存空房基地一間東至王宅地西至王宅地南至王宅地北至大路

又北去三十里爲鮑亭鋪舊志載正屋三間郵亭一座東西屋二間門一座今僅存空房基地二間東至大路西至馬宅地南至馬宅房北至倪宅房　以上縣北二鋪每鋪鋪司兵二名每名歲支工食銀六兩一錢六分三釐七毫五絲四名共支銀二十四兩六錢五分五釐

又北去十五里爲東陽鋪舊志載正屋三間郵亭一座東西屋二間門一座今僅存空房基地二間東至場邊西至大路南至錢宅房北至巷口

又西去十里爲龍潭鋪舊志載正屋三間郵亭一座東西屋二間門一座今僅存空房基地二間東至官路西至鄭宅房南至空地北至大街

又東去十里爲鳳壇鋪舊志載正屋三間郵亭一座東西屋二間門一座今僅存空房基地三間東至王宅田西至和尚地南至石宅田北至大路

又西去十里爲廟林鋪舊志載正屋三間郵亭一座東西屋二間門一座今僅存空房基地三間東至和尚地西至王宅地南至和尚地北至官街

又西去十里爲仁信鋪舊志載正屋三間郵亭一座東西屋二間門一座

又西去十里爲坎橋鋪舊志載正屋三間郵亭一座東西屋二間門一座今僅存空房基地一間再西去十里則爲丹徒縣炭渚鋪　以上北門外沿江六鋪每鋪鋪司兵三名每名歲支工食銀八兩四錢六分三釐五毫十八名共支銀一百五十二兩三錢四分三釐

按舊志尚有東廠鋪在縣東北四十里又有淤鄉鋪在縣東南二十里今二鋪俱廢考東南至茅山金壇界五十里故有淤鄉一鋪東北至鎮江府丹徒界六十里故有東廠一鋪鋪兵工食原量道里遠近文移勞逸以爲差等今二鋪既無文移往來是以二鋪俱廢

本府派給鋪兵二名每名工食銀七兩二錢共銀一十四兩四錢遇閏照加解府驗給

營汛

明萬歷年間倭警當事以邑之龍潭達河口地四十里皆濱大江恐江中有叵測出没因於沿江一帶設立煙墪八座以兵壯或二名或四名看守瞭望編字號八曰國泰民安河清海晏一字爲一座今猶有事增修但兵無工食罷去而里甲撥夫供役一時其平日則無事置之矣此耑爲江防也

前明本邑原無駐防官兵

國初尚有分巡兵備道駐劄句容道標外有分防官兵四十員散寓民舍闔閭頗稱不便順治六年庚寅縣令姜輔周請於巡道曹轉請督按兩臺查城内東北隙地入官者一區廣二

十一弓直四十四弓計三畝二分九釐一毫於溧陽左哨分把總官一員統馬步兵六十名分防句容建把總汛署八間兵房四十六間每月本省布政司給銀八十七兩戸部給米料三十二石四斗撥兵二十名看守五城門旦晚啟閉今現存汛署十四間兵房僅存七間餘俱坍廢兵丁仍散處民舍現設分防經制把總一員外委把總一員額外外委龍潭把總一員馬兵十名步戰兵十二名守糧五十八名

雍正元年奉

旨設立墩汛本縣東門外十五里爲太平莊汛又東去十五里爲行香汛再東去十五里爲白兎汛西門外十里爲華墓岡汛又西去十里爲土橋汛北門外龍潭汛倉頭汛橋頭汛皆離城七十里每汛派撥兵丁五名巡防俱借居各地方僧房

廟宇至雍正五年知縣施廷瓚始於每汛建營房三間煙墩三座牌房一座瞭樓一座給兵棲巡至乾隆元年部議令於每處添建營房三間俾兵丁得以挈眷常川居住縣令張秉仁巳於東西二門外添建四汛營房各三間二年又奉

上諭以兵丁常川居住與居民情熟易於作奸奉文巳添者成功不毀未添者概行停止乾隆十四年因

翠華南幸經由北路督提咨商龍潭倉頭橋頭三汛墩臺營房卑小不足壯觀令於縣境

御道旁每十里改建墩汛一處今橋頭汛仍舊將倉頭汛移至竹里廟山口村添設一汛龍潭汛仍舊廣福庵添設一汛每汛改建正房三間左首官廳一間牌坊一座瞭樓一座煙墩五座每汛相離十里俱離城七十里其東西二路等汛向後

如有坍塌處所悉照北汛樣式增修今東西北三門陸路共有十汛此外北路沿江縣境尙有坎潭橋天甯洲螺螄溝水路三汛亦係句容縣建造每汛草房三間望樓一座牌房一座煙墩三座派撥奇兵營水師兵丁巡防至於陸路東關遞送公文二名望湖岡遞送公文一名三岔遞送公文一名存城防守城池倉庫監獄兵丁實在無幾遇有銀鞘逃盜軍流徒犯以及解憲審擬雜犯過往每犯派撥二名護送鄰縣接解守領回批

演武場在縣正北一里許舊爲馬廠計二十三畝五分二釐有馬神廟一所後改爲演武場廟廢惟存正廳三間隆慶四年令張道充扁曰克詰戎兵增建後廳三間左右耳房各三間轅門二座前此督學校試江屬武生童騎射於此今全廢

驛站

龍江遞運所　座船水夫二十四名各編銀七兩二錢　紅船水夫一十六名各編銀七兩二錢　所夫二十四名各編銀七兩二錢　加添夫二十二名各編銀七兩二錢　防夫二十名各編銀七兩二錢

龍江水馬驛　站船水夫二十二名各編銀七兩二錢　支應銀一百四十二兩八錢六分　庫子一名編銀五兩　斗級一名編銀四兩

江東馬驛　中馬七分五釐銀二十八兩五錢　驢五頭每頭銀二十一兩　庫子一名編銀五兩　斗級一名編銀四兩

大勝驛　站船水夫一十八名各編銀七兩二錢　支應銀四十兩

江甯驛　驢二頭每頭銀二十一兩

棠邑驛　上馬一匹銀四十二兩　下馬一匹銀三十五兩三錢三分　驢三頭每頭銀二十一兩

雲亭驛　上馬三匹每匹銀四十二兩　中馬四匹每匹銀三十八兩　下馬四匹每匹銀三十五兩三錢三分　驢二十三頭每頭銀二十一兩　庫子一名編銀四兩　斗級一名編銀四兩　步夫五十名各編銀五兩　支應銀三百八十九兩

龍潭水馬驛　上馬二匹每匹銀四十二兩　中馬三匹每匹銀三十八兩　下馬一匹銀三十五兩三錢三分　驢五頭每頭銀二十一兩　庫子一名編銀四兩　斗級一名編銀四兩　步夫五十名各編銀四兩　支應銀二百兩

南京兵部會同館　驢二頭每頭銀二十一兩以上萬歷舊志

龍江遞運所座紅船夫二十四名每名銀七兩二錢外每名修船銀二兩共銀二百二十兩八錢

紅船水夫一十六名每名銀七兩二錢共銀一百一十五兩二錢　接遞水夫二十四名每名銀七兩二錢共銀一百七十二兩八錢

龍江水馬驛站船水夫二十二名每名銀七兩二錢共銀一百五十八兩四錢

龍江水馬驛支應銀一百二十兩八錢六分　龍江驛斗級一名銀七兩二錢　庫子一名銀八兩共銀一十五兩二錢

江東驛　中馬七分五釐銀二十八兩五錢　驢五頭每頭銀二十一兩共銀一百三十三兩五錢　又海防內抵給銀二

百四十一兩三錢三分共銀三百七十四兩八錢三分

江東驛　斗級一名銀一十兩　庫子一名銀六兩六錢改作

轎傘人役工食二項共銀十六兩六錢

江淮驛　驢三頭每頭銀二十一兩共銀六十三兩

大勝驛支應銀四十兩

大勝驛站船水夫十八名每名銀七兩二錢共銀一百二十九

兩六錢

雲亭驛　上馬三匹每匹銀四十二兩　中馬四匹每匹銀三

十八兩　下馬四匹每匹銀三十五兩三錢三分　驢二十

三頭每頭銀二十一兩共銀九百二兩三錢二分　又海防

內抵給馬價銀一百九十兩二共銀一千九十二兩三錢二

分

雲亭驛　庫子一名銀三兩六錢

雲亭驛　步夫六十三名每名銀七兩二錢共銀四百五十三兩六錢

雲亭驛支應銀三百八十九兩二錢

龍潭驛　上馬二匹每匹銀四十二兩　中馬三匹每匹銀三十八兩　下馬一匹銀三十五兩三錢三分　驢五頭每頭銀二十一兩通共銀三百三十八兩三錢三分

龍潭驛　步夫四十五名每名銀七兩二錢共銀三百二十四兩

龍潭驛支應銀二百兩

龍潭驛　庫斗各一名銀七兩二錢

崇邑驛　上馬一匹銀四十二兩　下馬一匹銀三十五兩三

錢三分　驢三頭每頭銀二十一兩通共銀一百四十兩三錢三分

東葛驛　驢一頭半每頭銀二十一兩共銀三十一兩五錢

又海防內抵給馬價銀一千六十六兩九錢九分二共銀一千九十八兩四錢九分

江南兵部會同館今改金陵驛驢價銀四十二兩　又海防抵解銀六百四兩三錢二分又改編操馬銀六百三十兩涼樓什物銀一百九兩七錢七分一釐六毫蜜糖銀二十五兩九錢五分通共銀一千四百一十二兩二錢四分一釐六毫

全書原載江南兵部會同館驢二頭每頭銀二十一兩該銀四十二兩於順治三年奉　內院洪　改編金陵驛馬價又海防抵解銀六百四兩三錢三分又改撥光祿寺涼樓什物

銀一百九兩九錢七分一釐六毫蜜糖銀二十五兩九錢五分江南兵部本色馬二十一匹每匹銀二十四兩該銀五百四兩又於順治二年奉　太僕寺劉題俵馬無論本折每匹編銀三十兩該加操馬銀一百二十六兩原額并改抵加增通共銀一千四百一十二兩二錢四分一釐六毫

江甯驛　驢二頭每頭銀二十一兩共銀四十二兩以上順治舊志

雲亭驛原設馬五十匹馬夫四十名轎損夫六十五名後於題明請將等事案內裁減馬十五匹馬夫十二名轎損夫四十五名又於雍正四年增添旱夫二十名雍正六年增設馬十四馬夫八名雍正九年裁減馬夫九名今現設馬四十五匹草料銀一千二百九十六兩馬夫二十七名工食銀三百八十八兩八錢轎損夫二十名旱夫二十名工食銀五百七

十六兩馬價銀四百一十兩鞍轡等項銀六十七兩五錢歲共支銀二千七百三十八兩三錢內在於地丁徵給銀二千二百八十八兩九錢撥補銀四百四十九兩四錢雍正十年核減草料等銀歲共二百七十八兩三錢三分二釐

龍潭驛原設馬四十匹馬夫三十二名後於　題明請將等事案內裁減馬五匹馬夫四名雍正十年增設旱夫二十名裁減馬夫七名今現設馬三十五匹草料銀一千八兩馬夫二十一名工食銀三百二兩四錢旱夫二十名工食銀二百八十八兩馬價銀三百五十兩鞍轡等銀五十二兩五錢歲共支銀二千兩九錢內在於地丁徵給銀一千七百一十二兩九錢撥補銀二百八十八兩雍正十二年核減草料等銀歲共二百七十八兩八錢三分一釐以上江南通志

乾隆六年署江南總督楊　江蘇巡撫陳　准據邑令宋楚望通詳會　題詳籌酌盈濟虛等事疏稱驛站夫馬船隻必須酌量地方之沖僻差務之繁簡安設得宜庶無偏累茲查句容縣雲亭一驛爲江蘇要道上至金陵江東下至雲陽計程一百九十里道路既長差務絡繹原設額馬四十五匹承應不敷現在江甯府之江甯驛設馬四十匹六合縣設馬三十匹句容縣龍潭驛設馬三十五匹差使尚不甚繁應各裁馬五匹馬夫三名撥入雲亭驛以足六十匹之數令該縣於涫化白兔二處各撥馬十五匹分立腰站餘存馬三十匹留驛應差其六合江甯龍潭三縣驛現裁額支工料馬價等項銀兩改入起運項下另於句容縣地丁內支給再龍潭驛東送儀徵差使有長江阻隔並未設有站船並請於江甯府屬之大

勝驛現設站船一十五隻內酌撥船二隻並水手六名在於龍潭驛應差其應支工食仍照舊例支給等因奉部覆准今於乾隆七年奉撥龍潭來馬五匹江甯縣江甯驛來馬五匹六合縣棠邑驛來馬五匹共馬六十匹在雲亭驛辦差每匹馬價銀一十三兩九錢七分額共馬價銀八百三十八兩二錢又每年例應四分倒馬二十四匹馬價銀三百三十五兩二錢八分遇閏不加每匹每日草料銀六分每年額該草料銀一千二百九十六兩遇閏照加馬夫三十名翼書六名每名每日工食銀四分每年工食銀五百一十八兩四錢遇閏照加每年額該修葺棚廠置備鞍轡等項共銀八十五兩二錢遇閏不加旱夫四十名每年工食銀五百七十六兩遇閏照加額該每年走遞皁銀二百八十八兩留爲旱夫不敷應

差支銷添雇民夫通融酌辦應募開支報銷每年支剩各項
小建並走遞餘剩銀兩分别起解
龍潭驛於乾隆七年詳奉撥出馬五匹入本縣雲亭驛辦差
外實存馬三十匹每匹馬價銀一十三兩九錢七分額共馬
價銀四百一十九兩一錢又每年例應四分倒馬一十二匹
馬價銀一百六十七兩六錢四分遇閏不加每匹每日草料
銀六分每年額該草料銀六百四十八兩遇閏照加馬夫十
四名翼書四名每名每日工食銀四分每年工食銀二百五
十九兩二錢遇閏照加每年額該修葺棚廠置備鞍轡等項
共銀四十二兩六錢遇閏不加旱夫二十名每年工食銀二
百八十八兩遇閏照加每年支剩各項小建並倒馬扣存皮
張銀兩分别起解

句容縣志卷二終

句容縣志卷第三

山川志

山 峰 巖 岡 谷 洞 石 湖 河 溪 澗 潭 泉 井 池 橋 閘 渡 溝瀆 堰 塘 圩岸

山

茅山在縣治東南四十五里茅山鄉周百五十里高三十里舊志初名句曲山形如巳故以句曲名又名巳山西漢茅氏兄弟三人自咸陽來得道於此遂名茅山山聳三峰三君往乘白鵠各集一峰爰有大茅中茅小茅之別眞誥稽神樞禹巡天下登茅山以朝羣臣曰會稽其山逶迤磅礴同出而異名者曰艮常秦望海江仙韭之屬凡二十有六實一山也吳越春秋大天之內有地中之洞天三十六所華陽其第八也秦時名爲句金之臺古人謂金壇之虛臺天后之便闕清虛之東窗

林屋之隔沓道書

王莽地皇三年遣使張邑賚黃金白玉銅鐘贈三茅君漢光武建武七年遣使吳倫賚玉帛黃金獻三茅君俱瘞絕頂有聚石壓之山志

唐玄宗降敕稱爲嶽乃昇潤之鎮山也山頂有埋金處又有丹砂鎮此山山泉皆赤色飲之延年幽奇瑰偉絕異羣山許邁以爲潛通五嶽允爲江南之鎮梁陶宏景隱居於此江南通志

國朝康熙四十四年

聖祖南巡

御書第八洞天四字懸之

三茅山舊存有玉璽文曰九老仙都君印乃李斯小篆也玉色光潤隨四時遞變舊傳能自吐辰砂又有玉硯玉劒欄趙

子昂親筆手卷皆隨道會司藏守以爲永鎮之寶舊縣志

唐權德輿春游茅山詩喜得賞心處春山豈計程連溪芳草合半嶺白雲晴絕澗飲冰碧仙壇挹灝清懷君在人境不共此時情

李商隱茅山詩諫獵歸來綺里歌大茅峰影薄秋波山齋畱客掃紅葉野逕送僧披綠莎長覆舊圖碁勢盡偏添新品藥名多雲中黃鵠日千里自宿自飛無網羅一笛迎風萬葉飛强攜刀筆換征衣潮寒水國秋砧早月暗山城曉漏遲巖響遠催行客過浦深遙送釣船歸中年未識從軍樂應近三茅望少微

杜荀鶴遊茅山詩步步入山門仙家鳥逕分漁樵不到處麋鹿自成羣石面迸出水松頭穿破雲道人星月下相次禮茅

君

宋范仲淹將赴南徐任遊茅山詩丹陽太守意何如先謁茅卿始下車展節事君三黜後收心奉道五旬餘因尋靈藥逢芝圃欲叩眞關借玉書不用從人問通塞天敎吏隱接仙居

王安石登茅峰三首一峰高出衆峰巔疑隔塵沙路幾千俯視烟雲來不極仰攀蘿蔦去無前人間已換嘉平帝地下誰通句曲天陳迹是非今草莽紛紛流俗尙師傳脩然杖履出塵囂雞犬無聲到泬寥欲見五芝莖葉老尙攀三鵠羽翰遙容溪影轉迷橫徑仙几風來得墮樵興罷日斜歸亦懶更磨蒼蘚認前朝捫蘿路到半天窮下視茅州杳靄中物外眞游來几席人間榮願付苓通白雲坐處龍池杳明月歸來鶴馭空回首三君誰更似子房家此有高風

明王守仁游茅山詩山霧沾衣潤溪風灑面涼蘚花凝雨碧
松粉落春黃古劒時聞吼遺丹尚有光短才慙宋玉何敢賦
高唐靈峭九千丈窮躋亦未難江山無遯景天地此奇觀海
月迎峰白溪風振葉寒夜深淩絶嶠翹首望長安
王鏊登茅峰絶頂詩大峰小峰聯中峰當天削出青芙蓉一
朝忽立九霄迴百丈已度千巖重思昔飈輪同駕鶴祇今雲
氣猶成龍遙遙長史復何處欲向華陽洞裏逢
祝允明茅山道中詩老去誰憐晝錦明春來聊得客襟清宵
依星斗宮壇臥曉傍神仙宅舍行眼看山多城郭少肩隨詩
重簿書輕何時總入烟霞去不見人間寵辱驚
國朝王士禎茅山進香曲家住茱萸灣復灣年年三月上茅山
白沙江邊吹笛去赤山湖上賽神還遙指三峰次第青五雲

深處擁雲軿猿啼日暮神靈雨知是茅君欲現形雷平峰前雲氣開池中隱約起風雷何人戲取華陽劒眞割乖龍左耳來江淮兒女愛孤篷水宿烟餐西復東但祝茅君賜安穩年年不怕石尤風

四平山在承仙鄉去縣治南七十里又謂之方山其下有洞屋名方臺又名曰幽館

六朝都建康吳會漕輸皆自雲陽西城水道徑至都下故梁朝四時遣公卿行陵陸乘舴艋自方山至雲陽景定建康志

艮常山在小茅峰北舊名北垂山秦始皇三十七年東遊會稽刻石頌德而還遂登句曲北垂山埋白璧一雙於是會饗羣臣歎曰巡狩之樂莫過山海自今以往艮爲常也羣臣拜舞稱壽曰艮爲常矣又伐鼓考鐘萬聲齊唱大小咸善乃改句

曲北垂山曰艮常金陵志

華姥山在茅山祟禧觀前昔吳大帝孫女寒華於此修道昇空而去故名

按山志曰昔有女仙孫寒華修道於此有廟久廢此山夜多景光居人望見謂之丹芝靈氣一稱吳帝孫女一稱孫姓二說未詳孰是

鬱岡山在小茅峰東北林木蔽翳望之鬱然故名又俗呼爲大橫山名山記所謂岡山即是昔李明於此煉丹

明張天逸詩三茅蜿蜒巍且雄綿亙疊疊相流通眞人煉眞潛其中大抵冥形林麓東鬱葱萬古靑濛濛白雲杳靄怪石巃獅子幽窟隱穹窿仙人危橋臥飛虹幽光斷碑來神工洗心勺水難終窮我憶精舍近陶公相將追及玄洲蹤

易震古遊欝岡山詩孤清枕半壑絶巘敞玄天路入山腰轉亭超鳥背懸陰崖常宿雨慳壁忽流烟尙冀君遊日同留石上眠

龍尾山在大茅峰東隱然狀如龍尾故名舊志大茅一嶺直至山東接延陵之境宛如臥龍以峰頂爲首故稱尾耳山志

東方山在縣治東南四十里周廻一百五十里高四十二丈東連仙几山

伏龍山在中茅峰狀如伏龍故名其上產金昔人嘗採之

雷平山在伏龍山東周時有雷氏豢龍往來此山與長史營宅相對其山北有柳汧水或名曰田公泉昔田公嘗居此

唐皮日休送潤卿歸雷平山詩借問山中許道士此迴歸去

復何如竹屏風扇抄遺事柘步輿竿繫隱書綷樹實多分紫鹿丹砂泉淺種紅魚東卿旄節看看至靜啟茅齋慎掃除

陸龜蒙和詩朝市山林隱一般卻歸那滅臥雲權墮階紅葉誰收得半盎清醪客酹乾玉笈詩成吟處曉金沙泉落夢中寒眞仙若降如相問曾步星罡繞醮壇

方隅山在雷平山東北下有洞室名曰方源館舊志

雷平之東北艮常之東南其間有燕口三小山相對名方隅古人常合九鼎丹於此許幽人在世時心常樂居焉眞誥稽神樞

秦望山在艮常洞東始皇常駐此望邱阜故名

按名山記所稱秦望山則在越州始皇登以望南海者也其高七里懸磴孤危扳蘿捫葛然後能升則此地秦望之名有相同耶抑有錯誤耶

丁公山卽積金峰西麓相傳漢初丁令威仙舉其上

仙韭山在崇禧觀西山志曰姜叔茂種五辛菜以易丹砂今山多大韭卽其種也又俗呼石龍山舊志

仙姑山在縣東四十里茅山側周迴五里高一十里

仙几山連仙姑山周迴三里一步高八丈

丫頭山在縣東南七十五里周迴十五里高四十二丈東連仙几山以兩峰相竝故名山麓之南有石硬與溧陽分界山志稱帢幘山

竈石山在良常山東南其間有累石如竈形中一寄生樹如曲蓋府志

銜珠山在雷平山南俗呼爲獨女山舊志

青山在縣北六十里鬱岡山西周迴一十里高一十二丈北臨

江旁有兩山名東靑山西靑山舊志

岡山古名北山福地記曰岡山之間有伏龍之鄉可以避病舊志

靑龍山一名洞山在縣治南七十里高三十八丈周迴五里北距茅山三十里山半有洞曰靑龍洞前多怪石奇秀森列流泉歷旱不竭山旁有峴曰牧門其中堂臺簾竈及仙人掌之屬俱因石狀以名江南通志

山有洞穴祈禱卽應洞口纔二尺餘僅可容人傴僂而入其中平廣深不可測土人相傳與金壇句曲諸洞相通洞口大石上有四五窪處狀如人迹俗呼爲仙人迹乾道志

麻姑山在鬱岡山西

海江山在慶雲洞

獨公山在小茅峰北

小竹山在小茅峰東

稻堆山在皇甫谷南

按山志曰皇甫谷南則雲堆山此名稻堆恐誤

道祖山在積金峰陰

大靈山　小靈山　鼈足山　吳山　方山

以上五山俱在仙韭山西陶隱君曰自大茅南復韭山竹山吳山方山從此疊嶂層巒達乎吳興天目諸山厎乎羅浮而窮乎海南也

金菌山在茅山積金東有金可採入土不過一二尺耳

句曲之支菌山最佳陶隱君曰此山形當如菌孤立人不復知或亦囷倉之囷也定錄君授言

大茅山後長阿積金東凹地有一小山子獨秀如博山鑪即

是山志

元趙子昻與張嗣眞題茵山倡和各一首靈芝肰三秀紫雲覆其顛易我朝生質閱彼大椿年張結茅依茵山焚香候芝蓋眞靈幸憫我冠珮時來會趙

虎爪山在丁公山西宋置禁採樵碑其上

奔笪吉山在鬱岡山東昔沖隱眞人趺坐斯山遇獵者逐鹿鹿奔伏眞人側得無害故名

絳巖山一名赭山在縣治西南三十里臨泉鄉周迴二十四里高一百二十五丈有龍穴祠壇舊志

漢丹陽縣西有赭山其山丹赤因以名郡輿地志

寰宇記曰本名赤山唐天寶中改爲絳巖又名曰丹山丹陽之義蓋出於此山極險峻臨平湖山之巓頗坦夷惟隻路可

通五季之亂居民避兵於上後劚山者嘗於其地獲銅錠劒器之屬建炎兵起鄉民依之得免江南通志

按漢丹陽縣治在今江甯府西南五十里俗謂之小丹陽非今句容縣境晉書志丹陽縣丹楊山有赤柳在西也項安世家說曰丹楊以多赤柳在丹陽山晉書南史並用楊字與句容之絳巖懸隔援引之誤也

姜石山在縣治西北二十五里有梁南康簡王墓

射烏山在縣西北四十五里瑯琊鄉周迴一十五里高一十七丈湯水二泉其源皆出於此

五棋山在縣北五十里鳳壇鄉周迴二十里高二十五丈下有石穴入丈許豁然中設石榻元元統元年崩於大水金陵志

空青山即西連五棋山下有洞穴又名空心

銅山在縣北六十里鳳壇鄉周迴二十里高八十七丈以舊產銅故名相傳有銅冶今廢下有銅山寺所謂東連鐵甕西接金陵居萬山之中横大江之上此山之形勢也金陵新志

宋鮑照過銅山掘黃精詩土肪閟中經水芝韜內策寶餌緩童年命藥駐衰歷矧蓄終古情重拾烟霧迹羊角棲斷雲榼口流隘石銅溪晝森沈乳竇夜涓滴既類風門磴復像天井壁蹀蹀寒葉離瀧瀧秋水積松色隨野深月露依草白空守江海思豈愧梁鄭客得仁古無怨順道今何惜

按江甯東南七十里亦有銅山恐卽此因舊志與華山志俱載句容境內亦存

戍山在縣北六十里仁信鄉周迴一十一里高一十五丈北臨大江相傳南宋沈慶之防戍於此

竹里山在縣北六十里仁信鄉山間有長澗高下深阻元和郡國志

山途欹險號曰翻車峴方輿記

舊說似洛陽金谷昔晉劉牢之至竹里擒王恭帳下督顔延以降還襲恭宋武帝起兵自京口至建康江乘破桓玄將吳甫之於竹里皆取道於此舊志

宋鮑照翻車峴詩高上絶雲霓深谷斷無光晝夜淪霧雨冬夏結寒霜淖坂既馬嶺蹟路又羊腸畏途疑旅人忌轍覆行箱升岑望原陸四眺極川梁游子思故居離客遲新鄉新知有客慰追故游子傷

花祿山在縣北五十里瑯琊鄉周迴一十七里高二十六丈舊有礬坑

周山在縣南三十里上容鄉周迴一十七里高一十丈

秦山在縣南三十里福祚鄉有明月灣通秦淮謝安月夜乘舟垂釣於此今釣臺迹尚存張鉉新志

崙山在縣東北五十里移風鄉周迴一十五里高一十七丈東連駒驪山四十二福地也唐肅宗時謁者五達靈在此山得道丹成之後記於絕壁石頂今尚存髣髴可辨山下有五達靈潭金陵新志

駒驪山在縣東北六十里移風鄉周迴二十五里高三十九丈吳諸葛恪獵見一小兒眾莫識恪引白澤圖曰兩山間其精如小兒名曰傒囊舊志

按神仙傳蕭靜之掘得人手潤澤而白烹而食之曰肉芝也又抱朴子曰行山中見小人或乘車馬長七八寸者肉芝也捉而食之卽仙矣諸葛恪所見應卽肉芝之

類

浮山在縣南七十五里政仁鄉周迴一十里高一十二丈西接周里上有朝陽洞洞有流泉灌漑之利甚溥

胄山在縣北三十五里瑯琊鄉周迴一十二里高一十八丈爲縣治來龍主山其水源由山澗爲石溪入絳湖會東廬山水繞方山達秦淮昔有隱士張用敬結廬其下探釣吟咏三十年不入城市 華山志

其山高聳如介胄故名俗訛呼爲紂山上祀妲己春時祭賽甚非 江南通志

國朝王槩序曰胄山土人誤以胄爲紂且立妲己廟花時祭賽甚熾遂紀以詩胄王山下樹蔽日謬祀妲己恆血食花時高几供神羊酒血腥聞污白日古來賢后名盡湮妖狐偏是邀

豆陳想爲貫盈陰有助祀者自是殷遺民
亭山在縣北三十里瑯琊鄉周迴一十五里高二十丈
龍山在縣東三十里
虎耳山在縣東三十里來蘇鄉舊名苦耳山有井聞人聲則沸
名沸井丹陽記曰沸龍潭
竹山在茅山疊玉峰南山上多篠
驤首山在縣東四十里
撥雲山在縣東四十里望仙鄉上有龍祠舊有崇眞道院今廢
仇山在縣南四十里上容鄉峰巒盤曲土壤宜松
瓦屋山在縣南七十五里政仁鄉山形連亙兩崖稍起狀如瓦
屋李白曾登此山望長蕩湖
唐李太白詩朝登北湖亭遥望瓦屋山天清白露下始覺秋

風還游子託主人仰觀眉睫間目色送飛鴻邈然不可攀長吁相勸勉何事來吳關聞有貞義女振窮溧水灣清光了在眼白日如披顏高墳五六墩崒兀棲猛虎遺迹翳九泉芳名動千古子胥昔乞食此女傾壺漿運開展宿憤入楚鞭平王凜冽天地間聞名若懷霜壯夫或未達十步九太行與君拂衣去萬里同翺翔

按太白集曰游溧陽北望湖瓦屋山懷古贈同旅則謂孟浩然舊志爲登瓦屋望長蕩湖訛也今改正并附詩以作證

彭山在縣南七里福祚鄉峰巒秀聳泉水環流白崖古刹佳木異卉參差掩映邑人遊覽勝地也

石鹿山在縣南七十里承仙鄉石形如鹿故名

白和山在縣北七十里仁信鄉仙人白和得道於此故名上有白和仙人廟事見抱朴子篇俗呼白婆山誤也舊志

甲山在縣西南五十里臨泉鄉宋景定間僧行昱愛其崇峰競秀甲於左右諸山遂名

塗山在縣東四十里移風鄉上有龍池

嚴山在縣西北五十里瑯琊鄉華麓山西

石屋山在縣南六十里吳王使歐冶鑄劒於此西有鑄劒坑江南通志

牛頭山　七星山　石幢山　官峴山

以上四山俱在縣西北鳳壇鄉

磊石山　白馬山　棠黎山　白砂山　石角山

以上五山俱在縣南七十里政仁鄉

華山在縣北六十里鳳壇鄉峰巒起伏爲縣外護中結寺基翠微環擁紺宇窩藏儼如華之含萼蓮之有房又名寶華金陵舊志梁武帝登此山問華山何如蔣山高薛對曰華山高九里似與蔣山等泉水倍多秦淮源本此方輿記

舊有寶公庵明萬歴三十二年李太后忽夢一山皆蓮因下部遍搜名山有蓮華其名者禮部以此山對后卽敕建銅殿一座崇奉大士高二十丈縱横並十尺許極工麗光彩耀目與武當山金殿同額曰聖化隆昌寺賜上人妙峰紫衣玉帶銅殿落成之日峰巒皆有寳光遠近皆見至今御筆緣册欽頒藏經具存李太后神宗母也舊志

唐顧況遊華山西岡詩羣峰鬱初霽潑黛若鬟沐眞風鼓唅呀揺撼千灌木木葉微墮黃石泉淨渟緑危磴蘿薜韋迴步

入幽谷我心寄青霞世事慚蒼鹿遂令巢許輩於焉謝塵俗
想是悠悠雲可契去留躅
唐賈島寄華山僧詩遥知白石室松柏隱朦朧月落看心次
雲生閉目中五更鐘隔嶽萬尺水懸空苔蘚嵌巖所依稀有
徑通
李商隱華山題王母祠詩蓮華峰下鎖雕梁此去瑶池地共
長好爲麻姑到東海勸栽黃竹莫栽桑
皮日休過華山詩麻姑古貌上仙才謫向蓮峰管玉臺瑞氣
染衣金液啟香烟映面紫文開孤雲盡日方離洞雙鶴移時
只有苔深夜寂寥存想歇月天時下草堂來
明鍾惺華山雨宿詩有約愧頻止猶賢竟不行冬方云久霽
月許到更深風雨臨時事江山一歲情從來遊者理貴勿預

期程

周汝弼入華山詩明湖看欲盡遠寺即聞鐘不識青蓮界芙蓉第幾重行披三徑草坐對萬株松雲際傳清梵天香落碧峰開徑依山麓清風滿竹林蒼松閱世古啼鳥隔雲深掃榻眠花影攤經上石陰翛然塵慮遠珍重法王心

國朝王士禛雨中往華山坐紫峰閣詩寂歷山中雨僧房晝掩門還來紫峰閣解帶共清言花溜千巖落中峰一澗喧誰知江令宅今是給孤園

邑人孔貞運過華山詩山居淸靜不聞譁律院優曇向日斜

慧雨香風遍法界菩提樹上自開花

邑人笪重光詩最愛山居養性靈空山為几翠為屏亂峰雨過雲猶合小洞春深草更青

邑人張效齡華山詩偶入華山境風光淨法筵龍吟松澗底兎化石屏前過月虛中接披雲象外連明心憑一指何用杖頭燃

大華山在山之東雙峰聳立獨高衆山

王槩大華山頂詩徑封榛莽已齊腰盡畏高寒罷採樵人若飛鳶盤洞壑潮看奔馬上金焦晴雲袖拂隨開合巨石風吹欲動搖擬捫井參游碧落茅盈許邁總堪招

劉芳登大華山詩一杖淩虛兩屐輕疑乘鼇背上蓬瀛身招碧漢雲霞氣耳斷紅塵雞犬聲海勢東連吳地盡江流西衍

楚天平眼横空翠看形勝河嶽風清草木榮

小華山在寺後大華山之下亦猶太華之有少華也

西華山在寺西勢嶙峋而東顧

東華山在大華山東巑岏突出勢迴旋而西顧

蟠龍山在華山北濱大江

許彦忠龍潭驛記云蟠龍之陽山川環抱前臨大江後負巨

麓

蔣主忠故居在焉有詩不到故園久甯辭歸路遥山光自今

昔人物歎蕭條古鎮東西市長江旦暮潮何當尋舊業來此

伴漁樵

馬鞍山濱江在蟠龍山右

長旛山在胄山北山長而形飛揚故名

觀音山在綿山之東兩山間爲華山路地名寺凹

罩龍山　楊柳山　東鴉山　西鴉山　偏頭山　西培

東培　麃山　龍山　虎山　走馬山　八仙山　陳彭山

伏牛山　綿山

以上十五山俱在寶華左右因地肖形無甚著蹟悉存其名

峰

大茅峰在元符宮南卽司命大茅君所居按山志玄帝命東海神埋銅鼎於獨高處入土八尺上有磐石鎮之峰頂常現神光謂之曰丹光一曰天燈舊有石壇石屋今爲茅君祠祠左有龍池禱雨卽應舊志

唐陸龜蒙朝眞詞九華磬答寒泉急十絕幡搖翠微濕司命旆旌未下來焚香抱簡凝神立殘星下照霓襟冷缺月纔分

鶴輪影空洞靈章發一聲春來萬壑煙花醒紫雲鳳髻飄然解玉鉞玄竿儼先邁朝真弟子悄無言再拜碧杯添沆瀣火鈴跳躑龍毛蓋腦髮青青鬅綷綷萬象銷沈一瞬間空餘月外聞殘佩

元王復元題第一峰詩五雲金紫湧仙宮十八灣尖第一峰水石陰陰風颯颯方池掬看小神龍

明夏言大峰詩大茅峰高淩紫氛仙人騎鵠下天門手持玉字長生籙乞得歸來獻至尊

中茅峰在積金峰北即定錄二茅君所居上有陶公醉石舊志司命君埋西胡玉門丹砂深二丈上有磐石鎮之石上有徐鍇篆字山下有泉色赤真誥曰飲之可以延年山志

元王復元題第二峰詩江浙東西指顧間古鑪重爇鷓鴣斑

自憐白髮猶凡骨千里來登第二山

明夏言中峰詩二茅峰頭籠赤霞舉頭便是玉皇家洞門沈沈白日靜開遍碧桃千歲花

小茅峰在中茅峰北卽保命三茅君所居上有臥龍松左紐檜舊志

元王復元題三茅峰詩曾授靈丹二卯君至今春臘火燒雲人傳隨後昇空去仙鶴飛吟月下聞

明夏言三茅峰詩三茅峰前多白雲石壇紫氣流氤氳山頭鶴飛不知處仙翁騎訪玉宸君

抱朴峰在大茅峰北相連一高峯有葛洪煉丹處

白雲峰在中茅峰曲

五雲峰在小茅峰側華陽洞上其峰甚峻昔三茅君各乘飛雲

現於斯峰藩鎭上聞有詔曰卿雲煥爛仙相分明能均五色之光偏覆三茅之頂山志

積金峰在大茅峯中茅峰之間二峰相連其長阿中有連石古謂之積金峰陶弘景所居東有横壟上有石形甚瓌奇多穴有大石裂開成洞入數丈漸狹不復容人乃飃飃有風聲金陵謂古伏龍之地金陵志

漢靈帝詔採句曲之金以充武庫又孫權遣宿衛人採金屯伏龍之地故句曲山秦時爲句金之壇以產金故名積金眞誥

明顧起元詩上宮東望積金峰拔地捫天路幾重許掾田池縈蔓草楚王清澗隔疏松八天赤韭秋堪採九海丹霞晚自春寒破繩床清夢後曉風吹送玉晨鐘

錢謙益詩便闕虛臺已字文仙山終古屬三君秦王自改人

閒臘梁代空餘嶺上雲芝月有光期獨采松風無價許平分積金連石遺封在笑殺紛紛蟻子羣

劉淮詩地肺山樓恰曉鐘龍池飛雨洒疏松此峰亂石巉無數雲弄芙蓉十二重

疊玉峰在大茅峰東南山多疊石其色類玉故名又呼三角山去葛仙壇甚邇者昔宋眞宗嘗遣左璫詣茅山祈嗣遇異人言王眞人已降生當爲趙宋第四帝璫復詳問名號則曰古燧人氏章懿李后亦夢羽衣數百擁仙官自霄而下宮中火光燭天遂生仁宗其始行步每持槐柳諸木以筯鑽之曰試鑽火耳章聖喜曰洵燧人耶山靈不我欺也遂刻石其上金陵志

華蓋峰在宗禧觀東南形如華蓋舊載沖隱笪先生瘞劍斯峯

飈輪峰在大茅東連峰昔東海青童君乘獨飈輪之車按行有

洞臺之山隱居云今大茅嶺上向東行有路傍山平治狀如人功足通軌轍相傳此爲飈輪迹夫眞人常御九龍左驂名飈右服名欻旣履山頂故指其左驂山志

明顧起元詩捫蘿遙叩玉京扉回望天門入紫微芝蓋幾聞乘鶴去雲車會覲御龍歸春鐘九乳迎霜動夜琯雙成雜雨飛欲跨飈輪窮八極峰頭同振六銖衣

錢謙益詩飈輪迹在大茅東逋客依然識舊宮近岫過雲如設色遙山湧浪欲排空暮蟬乍歇千林雨秋笛先催一葉風回首南朝塵霧裡徒聞宰相在山中

五龍峰在華山寺南後鵶山之西五阜圓秀起伏相等勢若連珠

白蓮峰在小華山下昔產白蓮因名

貴人峰卽龍山之環翠峰

王蓍詩山門對擁青芙蓉松連塔院陰重重路緣峰背達峰頂披榛躡屩追前蹤前有丈人拖柱杖山山接引躋攀上一聲高唱四山驚貴人頭上何曾讓

王槩詩逼塞身從荆棘爭上頭空闊與雲平布衣芒屩忘愚賤直上貴人峰頂行

歡喜嶺在龍山麓一澗下流與天溪巖相對繡水王宓草游山記曰過天溪巖有坡曰歡喜嶺凡陟險而坦如岱宗嵾上五臺俱有此名入山至此路漸平有石可坐望見蓮花域皆生歡喜心

王蓍詩如華青簇亂雲裏穿雲陟險行復止路轉崎嶇愛嶺平域近蓮花發歡喜妙香飛雨吹天風山門曲徑開洪濛前

途遥指若蓮萼身今已在花萼中

王槩詩夾路山桃花亂開鳥銜遺種勝人栽花間疊石當中

路天爲游人憩足來

巖

天谿巖在華山寺前虎山下山石壁立雲竇嵌空有石門洞可

坐澗水洑流至此觸石始琮琤有聲

王著詩紅藤倒垂山壁立亂石咽泉泉語急樹遮古洞晝常

陰沫濺蒼苔晴亦濕懸巖高側開天溪秋深石磴黄葉迷我

來仲春日卓午茅花如雪啼山雞

紗帽巖在山之東南西培山西巖巔巨石磻礴形如紗帽登此

毛髮倒竪靈風肅然爲寶華山之最幽僻處

劉芳詩梯危躋險上岧嶤倒瞰懸巖在碧霄翠撲襟裾懷渺

渺寒砭肌骨髮蕭蕭螺頭古佛知非遠鶴背飛仙似可招何代烏紗輕擲此到來冠葢氣全消

蓮花巖在拜經臺西南觀音山東山之巔叢石稜稜狀若蓮花千瓣

華葢巖在茅山石墨池上宋末詔舉邑令張穮卜居其前

倏山巖在茅山碧巖洞

霧豹巖在碧巖洞下

碧玉巖在茅山丹谷泉上

衆眞巖在茅山側

誦經巖在燕口洞上

貓頭巖在絳巖山西北其勢如貓蹲

岡

長隱岡在茅山小茅峰側一壟長緩而隱障故名岡多細石義興蔣負芻等竝立白舍於岡下

赤岡在縣治北五里許一帶數里其上赤如丹砂故名

臥龍岡在縣治西十里許

朱家巷岡在縣西二十里通德鄉上有樹一株發五枝宛如龍爪人呼爲龍爪樹

五里岡在縣治南崇德鄉五里許山岡崔嵬因以得名

社巷岡在縣治南一社人民住居成巷巷外有岡故名

馬疲岡在上羊門路接邑厲壇陟彼高岡馬力疲倦故名今在城東

劉亭岡在縣東十里劉氏構亭於上因以得名

華墓岡在縣西十里因華氏有墓在焉故名

石龍岡在縣北仁信鄉形繞如龍爲句曲勝景

張家岡在楊柳山下上有汪偉墓偉靖臣節時遺囑葬此俾魂魄得依先人之邱墓也賜謚文毅

砂岡在冑山左爲華陽大路

谷

拱辰谷一名拱辰寨在中茅山東北宋劉眞人有道敕江甯兵士二百人以充巡邏洒掃元符等宮因立此寨

皇甯谷在三角山

楂子谷在三角山地多楂樹

洞

東石龍洞在縣治北洞形如巨龍有水湧出其源叵測流經縣之東南入絳巖湖會秦淮河注於大江雖大旱不竭灌溉之利甚溥

西石龍洞在縣治北中有石碁盤石匣

華陽洞在大茅峰其洞有二西洞在崇壽觀後南洞在元符宮東其門有五三顯二隱三茅君二許君俱得道於此宋授金龍玉簡靈異至多又謂第八洞天周迴百五十里洞虛四廓上下皆石內有陰暉夜光日精之根陰暉主夜日精主晝形如日月之光既不自異草木水澤亦與外同又有飛鳥交横名爲石燕所謂洞天神宮靈妙無方不可得而議也舊志

洞內東西四十五里南北三十五里四郭上下皆石空懸百七十丈陰路所適七塗九源四方交通五門闔闢小徑阡陌不計也飛鳥交横風雲蓊鬱原埠壠堰草木水澤與外無異江南通志

茅山道士吳綽素擅潔譽神鳳初採藥華陽洞口見一小兒

手弄大珠三顆其色瑩然戲於松下綽見之因前詢誰氏子兒奔忙入洞中綽恐爲虎所傷連呼相從入欲救之行不三十步見兒化爲龍形一手握三珠塡左耳中綽素剛膽以藥刀斫之落左耳而三珠已失所在龍亦不見出不十餘步洞門閉矣綽後上皇封素養先生柳宗元龍城錄

唐劉長卿至華陽洞簡李延陵詩石林媚煙景句曲盤江甸南望佳氣濃峰峰遥隱見漸臨華陽口微路入葱蒨七曜懸洞宮五雲抱深殿銀函竟誰發金液徒堪薦千載空桃花秦人深不見東溪喜相遇貞白如會面青鳥來去閒紅霞朝夕變一從葬貞骨萬里乘飛電蘿月延步虚松風醉閒宴幽人卽長往茂宰應交戰明發歸琴堂知君懶爲縣

李端宿華陽洞詩花洞晚陰陰仙壇隔杏林漱泉春谷冷擣

藥夜窗深石上開山酒松間對玉琴戴家溪北住雪夜去相尋

皮日休送潤卿返華陽詩雪打篷窗離酒旗華陽居士半酣歸逍遥只恐逢雲將恬澹真應降月妃仙市鹿胎如錦嫩陰宮燕肉似酥肥公車草舍蒲輪壞爭不教他白日飛

陸龜蒙詩何事輕舟近臘回茅家兄弟欲歸來封題玉洞虛無奏點檢霜壇沆瀣杯雲肆先生分氣調山圖公子愛詞才殷勤為向東鄉薦酒掃含真雪後臺

宋張商英華陽洞詩素虎斑虬躡紫煙幾見滄海變桑田赤城玉笥尋真後又到華陽第八天

游九言華陽洞辭銀漢徹碧霄晴九華仙子到凡塵涼夜山頭吹玉笛纖雲卷盡月分明　香露濕草晶熒起看大地盡

瑤璚下界千門人寂寂空山夜靜海波聲　仙子去渺雲程天風杳杳珮環清回望九州煙霧白千山月落眼縱橫

明顧起元華陽洞詩如鵶仙鼠嵌空懸地底誰知別有天元放清齋曾六月隱居遺記已千年逶迤何處探金簡涓滴空思飲玉泉一扣巖扉塵夢斷石床雲冷未成眠　瑤谿回望隔三山仄徑危梯礴往還紫氣霽常浮地表青冥近已在人間棗花別許齊侯問桃核應從漢主攀欲訪向來楊許蹟白雲無際出煙鬟

郭茅尋詩華陽古洞藏幽深高峰排空萬木森半皷石樓人臥處時時風雨作龍吟

劉淮詩雲根作秘窟大刻華陽洞幽探極潮汐吐氣成螮蝀復怒虬莽據俯瞰心目動苔蝕古仙巢寥寥松石頌

楊一清詩吁嗟此洞天乃在人寰裡神仙不可窮勝遊聊爾爾

錢謙益詩一入華陽隔世氛天壇眞擬見茅君溪田黯黮流殘月樓觀葱蘢駐曉雲谷口樵歸纔出日洞中碁罷又斜曛白頭未了人間事慚愧曾探七誥文

小青龍洞在小茅峰西朱砂泉上

黑虎洞　黃龍洞　俱在華陽南洞九錫碑之左右

艮常洞在茅山紫陽觀五里即華陽北大便門三十二小洞天昔始皇埋白璧處也石壁嶙峋近南有石罅僅容一人石磴屈曲而下有石門門內有石屋可容數十人頂上天光如鏡下照洵奇觀也舊志

艮常北垂洞口直山巔南行二百步是秦璧藏處有小磐石

覆熠李斯刻書於壁曰始皇聖德平章山河巡狩蒼川勒銘素壁洞北石壇卽許掾禮拜解化之處眞誥所謂北洞告終是矣山志

國朝高世傑詩艮常洞前翠微路洞裡看天迷煙樹蜿蜒盤屈老猿啼幽隱巉巖風雨怒三峰矗立連秋霧華陽福地仙人住我與茅君舊比鄰豈無一壑安窮措藤蘿高處挂靑葱煙色菲菲碧落中山頂月明跨白鶴橫江渡過聲風風二十年前逸興飛倦遊人老望山歸艮常洞前桂花發終日無心遯也肥

按杜光庭十大洞天記第八句曲洞金壇華陽天廣百五十里則華陽艮常總一洞天而三十六洞天記艮常方會洞天廣三十里在茅山東北似華陽艮常各一洞

天又山志曰華陽北洞即今呼爲艮常洞蓋華陽之洞甚多其大者即有東西南北之分要艮常同在華陽而實有分也今照舊志分載

羅姑洞在茅山金菌山西相傳即九疑山女仙人羅育也

元趙孟頫與張嗣眞竝題羅姑洞詩蒼梧渺天末聞有綠毛仙御過華陽路人間九百年趙　九疑得道女受事易遷家詩贈金條脫人逢萼綠華張

高居洞與羅姑洞竝石限界之

玉柱洞在華陽西洞南中有石乳圜直如柱周迴僅容盤旋

明顧起元詩石房窈窕秘晶熒傴僂唯宜瘦鶴形細掬瓊漿眞地館忽環瑤柱似天庭乍看仙鼠懸仍伏長噫癡龍卧未醒石髓不逢悲老大可煩移勒動山靈

蓬壺洞卽在西洞之南可匍匐入愈入愈無際人攜數炬入則寒風淅淅撲煙中有滴溜頗瀟羽流謂曾窮探三十里以小遺取譴病痱半載意此實通地肺噓吸傳言句曲東通林屋南接羅浮北根岱岳西達峩眉四維經絡豈虛也哉江甯府志

酆都洞在丁公山巘下建炎中河北博州道人王若甯獨居巘下夢神人指巘穴曰此酆都考訊之所可去洞百步居焉至秦檜沒夫人王氏純素詣靖眞宗師乞拜章知檜繫此酆山獄中命子熺卽洞口建太乙殿以求冥釋名洞雲庵山志

天窗洞在積金山之上

巧石洞在大茅山元符宫左又名巧石亭

明王鏊詩太湖有奇峰倚插半天裏風雷忽失之何年飛到此壁立自何年崚嶒屹相向消得米南宫再拜呼石丈草

樹靡濕風巘巘者維石貞心但自保鬬巧更何益

燕口洞在方隅山南有洞室女仙人錢妙眞遁化其中淳祐五年巡檢使夏侯嘉貞與建隆道士詣洞投龍簡是夕雷震洞戸開一廳吏深入遇來禽一枚食之絕粒

明田霖詩燕口龍泓氣象清錢眞此處有遺靈仙兄去後師猶在女弟同時洞已扃雲葉尚如披素練泉聲長似誦黃庭碧桃花發菖蒲紫留與人間作畫屏

碧巘洞在茅山崇壽觀後洞上爲嵌崟亭古木危基至今尚存

慶雲洞在海江山下

女仙洞在碧巘洞東三十步穴口下視如眢井然相傳任眞人之女得道變遁於此

柏枝洞在鬱岡山北昔人深入則聞太湖風濤鼓楫之聲

明白雲霽詩幽谷靈巖晚半陰明霞落照對楓林鼎烹空黍

招靈羽月湧寒泉湛玉鱗世俗那知閒歲月仙人應不負冬

春柴扉半掩山中寂來往惟看洞口雲

獅子洞同在鬱岡山石垂如獅形外一洞戸內石間之如堂如

室之中有垂石二擊之其聲一如木魚一如磬

垂雲洞石如垂天之雲亦同在柏枝獅子洞側此三洞皆名柏

枝以產側柏故名

水龍洞在皇甫谷泉源深不可測

南斗洞在三角山女官廟法庵

方隅洞在隅山上有二門其一卽燕口洞也洞名方源館南通

大茅山南之方山山亦有二洞口見存

夫子洞在艮常山山志曰宣聖常坐此書延陵季子隴碑

按孔子未嘗入吳郎題延陵碑古人亦有傳訛處辨論者亦不一其說今旣有其名存以傳疑亦可

方臺洞在方山下有洞室兩口見外與華陽通號爲别宇山館得道者處焉世人呼爲白石洞

青龍洞在㕥嶺山去方山十餘里洞有大口見外昔有人深入見一大青蛇因相與呼是名深宏峭廓非凡跡可至也

大茅洞在大茅山前後玉液泉爲正路洞前有石壇洞内有石鐘磬直下可行七八里能容一二百人其内流水不絶色若染藍石澗潺湲可愛路通不窮險峻難涉又有旌節人物皆石入者必見異類

越翳王洞在茅山乾元觀内翳爲句踐四世孫葬句容縣大横山下

金牛洞在茅山崇壽觀東秦時採金獲金牛爲女子所觸遂擲而出逐之至丁角因名其地曰上欄下欄及遠曰奔牛牛奔入海不得復覩至今跡著於石

張果老洞在望仙鄉白石山有張果老祠竝驢跡

蒼龍洞在縣治東冷水澗卽唐逸史所載夢書新宮銘之處也

朝陽洞在縣治南巫山深邃有泉

五棊洞在縣治北五棊山初入甚小入一丈許漸大中有石榻

白石巉嵒

海泉洞在三角山皇甫峪前泉源於海深不可測

石門洞在華山天谿巘下洞受風如潮音亦名潮音洞

黃華洞在華山龍山西高三尺修二十尺相傳誌公悟道處後沮洳因深其口以泄水洞前地二丈許昔壘石爲岸架閣岸

下石出泉如井汲之不竭葷腥人觸則爲祟盛夏黃花滿山如金蓮不種而生故名

戴重詩說有黃花洞曾棲赤腳僧掛衣猶在樹除榻僅留藤日暮歸昏徑年荒飯冷蒸山遊心未倦危坐問三乘

王著詩山南已下黃葉灣山北又採黃花洞黃花黃葉總宜秋我獨來看在春仲山寒風厲春意遲種茶不採含苞時城中桃杏開已落一樹古梅花滿枝

品洞在拜經臺下東南路旁三洞上下相連列如品字右一洞狹而長俗呼爲扁擔洞

李嘉賓詩何代神人斧裁成品字形三台星上映留取驗鍾靈

虎洞近在黃花洞側

烏龍洞在西華山下外窄中寬深暗莫測黄花洞後西行半道山石嵌空履之有聲恐在此洞之上

王著詩古洞深藏在山腹垂繩直下路盤曲白晝如夜心傍徨旋敲石火頻燃燭鍾乳滴瀝聞水聲火光破暗蝙蝠驚恐有潛龍不敢入出洞喜見天光明

西華洞在寺西北濱江兩山對立石質玲瓏東西俱有石洞

東華洞在西華洞東下有釣魚磯上有寶誌林爲誌公出家地

誌公洞在華山寺後山腰巉石虛敞如屋藤花深蔽鍾乳倒垂洞側啟若軒窗下有卓錫泉俱以誌公名

王槩詩寶誌修持未出鄉鷹巢猶若不終藏此間疊石成門戸到處將身作道場溪上花逢眞漢魏洞中人笑假齊梁鑪峰缺露長千塔一炷高燃當定香

石

八角石在縣東南隅冢宰坊宣聖祠左

陶公醉石在中茅峰頂

仙人捧石在大茅峰西垂

駢石在大茅東嶺

碁盤石　雲根石　俱在白雲峰上

華蓋石在茅山石墨池上

陰陽石在飈輪峰下

動石在中茅頂一人可撼衆人則不能移也

太子石在華山拜經臺下相傳梁武會誌公處稱太子謂昭明

雷擊石在華山龍池上巨石焦裂中分相傳中藏怪物曾經雷擊

象鼻石在華山戒公池中隨池水盈縮爲出沒以形似名之

善財石在華山銅殿前低伏如禮拜狀今加白石香亭

老婆石在蓮花巘上東北巍然侍立若老嫗俗呼爲婆婆石

容山頂在縣治大堂東吏房內今有木匾標題

湖

絳巖湖一名赤山湖在縣西南三十里去府六十里源出絳巖山周百二十里下通秦淮石邁古蹟編赤山湖在上元句容兩縣間漑田二十四埠南去百步有磐石以爲水疏閉之節南史沈瑀傳明帝復使築赤山塘所費減材官所量數十萬卽此湖塘也唐麟德中令楊延嘉因梁故堤置後廢大歷十三年令王昕復置周百里爲塘立二斗門以節旱暵開田萬頃茅山記太玄眞人內傳曰江水之東金陵之地左右間有

小澤澤東有句曲之山陶隱居曰小澤卽謂今赤山湖也從江東來直對望山今此湖半屬句容半屬上元唐樊珣記句容西南三十三里曰赤山天寶中改爲絳巖山以文變質也山外周流厥有湖塘舊址考於前志則曰吳人創之梁人通之景定志又載宋時湖條云江甯府上元句容兩縣臨泉通德湖熟崇德丹陽臨淮福祚甘棠舊領八鄉今併入丹陽臨泉福祚甘棠四鄉百姓自來其貯水絳巖湖澆灌田苗下有百堤堰捺水其湖上接九源山其堰下通秦淮江自吳赤烏二年到今已七百餘年其湖東至數堤西至兩壇南至赤岸北至青城舊日春夏貯水深七尺秋冬貯水深四尺先是麟德二年前縣令楊延嘉併建兩斗門立碑碣具言周迴僅百里州司尋差十將下籌計生徐蕆巡湖打量得一百二十二

里九十六步盧尙書判置湖貯水本爲漑田若許侵耕難防災旱取定四尺水則使其澆九鄉田苗九鄉在句曲上元兩縣界若過令深廣又慮侵毀若逢曠旱之年須稍增加令且定取五尺水則不及處且任耕墾種植如有人於五尺水則內盜耕一畝一角推勘得實其犯條人斷遣令衆十日本管湖長不能察覺亦併施行又據十將下籌狀蘆廢亭北邊去約有二百來步有一磐石東西闊四尺七寸南北闊三尺五寸石面中心去水面一尺六寸五分卽是五尺之則并有察杜仍仰下縣便於石上磨刮更刻字記其湖仍每季一申不得鹵莽戴經新塘有豐等三湖圍埒內田多是私函取水灌漑田苗准舊例放絳巖湖水下秦淮三日取指揮給放不得擅開函取水其湖先有傳食田五十畝句容縣弓量二十畝

三十步百堽堰與絳巖湖同置絳巖貯水百堽堰捺水保大中會別差官親到赤山湖所建斗門三所通放湖水出入常令湖中積水五尺其斗門或遇山水擁下高於湖內水面即須全開三所斗門放水入湖候外溪水退卻放水出溪下秦淮入江專須酌量湖水不得失於元則右前件湖堰承舊澆灌九鄉田苗共一千餘頃畝奉省符帖命指揮修作貯水逐鄉差承潤戶管當先有條流歲久去失續於晉天福年中再興功役修作經今六十餘年重添建造貯捺百里溪汊山源賑卹耕民備供王賦累奉敕恩給賜物料及借助日食等差兩縣官員置造斗門三所計用一萬七千六百八十工衆議重置條流嚴加束轄謹連符條如前乞判印指揮永爲證據建隆查員外乾德伍侍御開寶王司空閭侍御魏司空盧司

直林員外竝判執條常加束轄慶歷三年二月十八日葉龍圖知建康府日於古來舊湫處置立大石柱一條將湖心磐石水則刻於柱上永爲定則云萬歷二十九年知縣茅一桂按前事議爲咨訪水利事宜以圖民生永賴事照得本縣王氣龍興神皋巨麗固國運之發祥而萬年之根本也但萬山環結鄉有高低其高者曦暘數日卽如沃焦則憂在旱也其低者霪潦彌旬輒成巨浸則憂在潦也茲欲調停於高低二鄉而使田無旱潦之災世享豐亨之業豈終無一善策乎嘗按高鄉北枕河口龍潭八十餘里不通舟楫本縣所需北貨車遷擔負力疲價倍又竹園潭至黃堰壩五十里而奇地勢凹凸水之盈涸無常合無相地置閘謹閉啟時畜洩則五十里間既無車遷擔負之勞又得積水灌漑之利此高鄉之當

議者也低鄉謂本縣自北而東南竝高岡峻嶺其山水會同於秦淮一河西行五十餘里復逆折自北而西合流於三汊河上元界逶迤二百餘里始洩之大江西南爲赤山湖名雖爲湖其故時皆沃壤也水涸之時湖高秦淮數尺莽翳數百頃僅屬於牛馬之芻牧而不得其半菽之用夫水未有無瀦而能常聚者亦未有任其奔溢而不爲害者此湖形勢既高而自諸山發源以運秦淮復屈曲如羊腸伏秋雨積既衝射決嚙爲田畝之災以故崇德茅山承仙臨泉等鄉十年之中而渰没居五也今考赤山湖志前代計築堤百二十里建二斗門以爲疏閉之節葢所資灌漑之利益普今廢久半爲居民楹棟之所壓額不可復而獨秦淮以西麻培橋以東相距數里若濬爲一河自可直達仍東西置閘防其壅涸且卽所

濬之土爲隄而從中經紀其陂池鱗次其塍壠其上腴者以播秔稌其稍瘠者以植蔴枲其道旁以樹棗栗其最窪者以蒔芰芡以蓄魚鳧因勢利導疇非華實之毛此在低鄉之可議者也蓋棄湖以待驟漲之水則雖江湖溟渤不能當漏巵之傾濬湖以導順下之流則雖罔象天吳不能當建瓴之下固事理所甚著者則又有疑濬河之役非日役千夫月靡千金不可安所經費而得無庚癸之呼哉是豈不聞邊鎮屯田法乎合無募民願爲工者許以計工而即三倍給其田如能濬一丈以上給田十畝仍預給工食及畚鍤穮蔉之費當必有星馳川騖者總計河工約五千餘丈而隄內田不下五萬餘畝一勞可永逸暫費可永利惟無間於浮言無隳於煩劇則句邑之甌脫皆爲隩區也已司馬長卿云非常之原黎民

懼焉及臻厥成天下晏如也蘇子云三千年間無一人能興水利者其學亡也今日之水利誠非常可懼然數年後必可獲晏如之福然本縣知其梗概未得其條目至其中有某地宜田某地宜塘夫役何起水閘何置則惠徼通邑之父老及鄉達賢豪之經濟悉心揚搉俯賜指南佗時倘得變湖爲桑田以施錢鎛句民業且不朽本縣靦顔竊祿於兹境而藉是稍逭瘝曠銜感且不朽事干重鉅情竭丹忱傾耳箴規曷勝延竚

江城湖在縣西北六十里瑯琊鄉廣一百八十畝深六尺二寸灌溉田禾深足資賴

周家湖在縣南五十里臨泉鄉今爲周干圩

河

古漕河在縣治北七十里仁信鄉西流入大江今呼官港

官塘河在縣東五十里白土市東北流入延陵

新河在縣東四十里來蘇鄉其源出騊驪山由丁角流入長塘湖注太湖

黃堰河在縣西一十五里福祚鄉流入絳巖湖

秦淮源在華山北自戒公池一澗北下匯天井楊柳二泉爲秦淮之源府志曰秦淮之源有二一出句容華山一出溧水東廬山

王槩詩雨雪空山生冷泉秦淮源發溜涓涓亂穿石隙浮紅葉曲遶松根瀉碧煙洗藥香澄明月下試茶風細白雲邊閒猿野鹿飲難盡匯向青溪載管絃

亭水在縣北琅琊鄉三十里其源出亭山流與赤山湖合入秦

淮

掘河在縣治東移風鄉

鳳凰河在茅山鶴臺前

溪

白李溪在縣治東南四十里茅山鄉

蒼龍溪在艮常山西玉晨觀北水漱石出堅潤如玉卽名茅山石俗呼冷水澗卽此

上容溪在縣治南三十里崇德鄉其源出中茅峰過蘆江橋經赤山湖入秦淮

斗溪在縣南七十里政仁鄉其源出瓦屋山入蒲里溪

蒲里溪在縣南六十里承仙鄉其源出浮山入絳巖湖

龍淵溪在縣南四十里上容鄉其源出仇山入絳巖湖

高平溪　後白溪　俱在縣南四十里上容鄉其源出浮山入絳巖湖

石溪在縣北五十里鳳壇鄉其源出胄山入絳巖湖

澗

楚王東西二澗在茅山鄉大茅峰二澗合華陽西洞三水合流直至崇禧宫前昔楚威王常憩遊其上故名

鶴臺澗在大茅峰下嘗有羣鶴往來宋道士張先生築臺居焉

宜東澗在中茅峰水甚甘美雖旱不涸任眞人就東流合丹處

九曲澗在大茅峰支流九曲達於菖蒲澗

張昂詩一派泉源出化工縈迴九折妙難窮雪浮水面蒼龍臼花落波心翠帶紅鼓枻不通漁父艇流觴堪繼古人風幾同我亦耽行樂笑舞婆娑月影中

盛家澗在縣南七十里政仁鄉其源出瓦屋山

胄山澗在縣北三十里移風鄉其源出胄山流入秦淮

花山澗在縣北三十里移風鄉其源出范山流入秦淮

白麋澗在縣北五十里移風鄉其源出駒驪山流入秦淮

碧柰澗在大茅山西二里郭四朝眞人常於其處種柰

大澗在金菌山東

流杯澗在雷平山西

按舊志有冷水澗即蒼龍溪俗誤呼也不重載

潭

菖蒲潭在縣東南茅山許長史學道於此多產菖蒲

護軍潭在丁角路傍去縣東南三十五里許長史每自外還必先於此沐浴而後入山

龍潭在縣北琅琊鄉八十里邊臨大江

清水潭在縣北琅琊鄉八十里龍潭鎮之西

白龜潭在茅山衙珠山前以其中有白龜故名

天監中周子良築靜室朱陽館因積茅覆屋見白龜長七寸許皮甲通白如滑石唯曆上有黑文狀如符書握取玩弄放之潭去數百步復來此明驗也

泉

喜客泉在大茅峰北垂方池數尺客至則湧沸而出或撫掌則流珠更甚如喜客之至或臨之聲勢則凝然不動嘉靖時甘泉湛公改名至喜泉立石識之舊有庵祀孫寒華

元凱烈拔實詩綠珠顆顆練垂垂徙倚欄干竊有疑坤母由來承博厚馮夷何事現新奇

顧起元詩丹泉云是碧琳腴靈竇潛從萬壑趨窺後仙人初獻鏡弄來神女乍投珠誰擕素手搴瑶草獨引冰芽薦玉壺共喜纓塵淸可濯不知逋客駕迴無

王稺登詩靈泉喜客至依依石磴藍輿扣竹扉一擲金錢山影動乍窺明鏡髩雲飛珠浮巧學鮫人淚波細文如羽客衣日暮鶯啼山殿寂春寒休怪客來稀

撫掌泉在茅山崇壽觀前昭明讀書臺下雖旱不竭舊記云在鴻禧院東聞擊掌之聲湧出如沸其味甚佳冬時常温亦呼爲冬温泉

田公泉在茅山玉晨觀東南一里亦呼柳谷泉眞誥定籙言曰昔有田叔居之取水後得道因名此泉飲之除腹中三蟲與隱居泉水同味是玉砂之流津也今用以浣衣可不用灰

玉液泉舊記有二泉一在茅山崇壽觀後仙人捧石此泉若乳色甘香而美能去腹中諸疾俗呼爲白泉一在三角山玉液庵

白玉泉在茅山常甯鎮

百丈泉在茅山拱辰谷

樂泉在茅山元符宮側

陶公泉在茅山皇甫谷間

海眼泉舊記云有二泉一在楊尙書山房常時泉湧能應海潮即積金山中峰之西今元符宮西圃即是一在壘池西畔宋齊邱曾構山房其上

銅坑泉在縣北鳳壇鄉其深難測

龍泉在縣東望仙鄉驤首山

大泉在縣東北移風鄉崙山上有姚謇記之曰句曲之東實曰崙峰居峰之陽厥生大泉

玉兔泉在縣治東移風鄉光里眞武廟側

楊柳泉在縣北瑯琊鄉華麓山西上多垂柳故名楊文貞龍潭十景詩序云華麓柳灣卽此諸泉匯爲大澗溉田萬畝

劉芳尋楊柳泉詩夾山長澗翠重重三度尋源曳一笻手拂楊花看漠漠眼横柳浪聽淙淙僧過洗鉢齋心淨客至移鑪茗味濃一滴濫觴挽不住終歸大海豢魚龍

大聖泉在縣北移風鄉駒驪山

玉蝶泉在茅山飈輪峰西垂二口貯泉至冬一泠一温又名陰陽井

宋張珪詩仙人修煉地玉井著神功日月雙輪見陰陽兩竅

通可堪淸徹底那更施無窮尙冀丹砂力當澆塵念空

朱砂泉在小茅峯西色赤而有砂

玉砂泉在中茅峯西山記云司命君埋西胡玉門丹砂於中茅峯玄嶺泉水飲之人多壽

饋飲泉在大茅峯南垂水如乳色

石龍泉在仁信鄉石龍岡南有石山自西轉北若龍自天而下向北有口高七尺闊丈餘深十數丈中有石洞泉自洞出淙淙有聲夏秋則深二尺許流出洞口數折如龍泉味甘美可比錫山泉此邑西北一勝境也

按萬歷志所載石龍泉在大茅嶺上所註與益人泉相同其稱石龍未知何據及順治志所載石龍泉在仁信鄉因石龍岡得名可知萬歷志以益人爲石龍誤也應

各爲改正則兩泉逈不相侔不當復載兩石龍又載益人泉重複錯誤究莫能晰今刪一石龍各存其是爲正

下竈泉在縣北仁信鄉五棊山

靈泉在茅山積金峰元符宮後卽俗所謂小龍池今龍神祠居上山神祠居下每歲驚蟄暨重午致祭二祠著在祀典有大中祥符祭碑

眞人泉在茅山通仙橋

丹谷泉在茅山慶雲洞東山記云昔有道人取水合丹童子易他水道人識之由是得名

鹿跑泉在茅山大羅源之左古人精修仙鹿爲發此泉

益人泉在茅山天市壇前泉水係金玉之精飲之可以益人故名

龍井泉在華山白雲亭下一泓澄徹浚爲方池刻石成龍首引泉從龍口出淙淙有聲

一勺泉在茅山梁昭明太子讀書臺後巘上

鏡山泉在鬱岡山巔

天井泉在華山隆昌寺北方廣十丈與潮汐相應綠萍青藻掩映其中

卓錫泉在華山寺後修竹中相傳誌公以錫卓之泉輒湧出石竇多生菖蒲根九節葉青翠如髮今名爲石門泉

王槩詩誌公泉繞石唅呀苔蘚重重磴道斜隔竹聞聲先止渴入林辨味甚宜茶衲衣爟掛櫻桃樹蠟屐香沾貝母花莫謂把茅難憩足石菖蒲上任趺跏

湯泉昔屬縣轄在瑯琊鄉界與上元接壤湯山之東麓南麓俱

有泉噴湧而出初出處太熱不可手探本村人用其流處爲池著水以供朝夕澡洗之用其水利可灌田一圩蓋金陵大龍過處建康得南離之盡山有硫黄故也今改隸上境志之以存其舊云

井

許長史井在茅山玉晨觀内

唐尙書徐鉉銘長史含道栖神九天人非邑改丹井存焉射茲谷鮒冽彼寒泉分甘玉液流潤芝田我來自西尋眞紫陽若愛召樹如升魯堂敬刋翠琰永識銀牀噫嗟後學挹此餘光

葛仙翁煉丹井有二一在縣南靑元觀一在抱朴峰

茅君丹井在茅山下泊宮相傳漢地節三年大茅君先自咸陽

來栖止於此其地有棠梨古樹歷趙宋爲天風所拔得泉遂
稱是名古樹之榦天然成鼓匡徑三尺餘
陶隱居井在茅山華陽宫前橋東陶貞白七次丹成皆中等神
人告以定分於是服之遁迹而去井歲久埋没政和初道士
莊慎修索而得之三尺許爲瓦井欄雖破合之尚全環刻大
字云先生丹陽人仕齊奉朝請壬申歲來山棲身高靜自號
隱居同來弟子吳郡陸敬游其次楊王吳戴陳許諸生供奉
階宇湖熟潘邏及遠近宗稟不可具記悠悠歷代詎勿識焉
梁天監三年八月十五日錢塘陳宣懋書及見磚甃又穿數
丈獲一圓石硯徑九寸許列十一趾滌之朱色燦然又得一
鵲尾銅爐仍於砂石間有丹一粒大如芡實光彩射人亟取
之遂墮井中水極甘冷雖大旱不竭爐硯藏宫中

沸井在縣東三十里虎耳山一名沸潭周迴十二丈聞人聲沸不聞不湧也至今猶然

邑人朱宗光詩虎耳山前滔翻渦跳沫號潛虛通地肺噴礴發天菽沸鼎千年在明珠萬斛饒詞源同一氣談吐日滔滔

文井在縣儒學明德堂西因居文翰之地故名

角里丹井在縣治譚家橋澗底今存相傳角里先生煉丹於此其井方者圓者凡十餘處嘗有西域胡人飲水因取其土囊之去莫知所以也

梁昭明太子福鄉井在茅山鴻禧院東山下井上有木昭明所植半心摧朽生意愈茂稱爲福鄉古木

寶誌公井在縣北瑯琊鄉東陽鎮

琉璃井在縣北鳳壇鄉華家邊以其石甃瑩如琉璃故名

官井共三口二在縣治譙樓內東西一在幕廳之左
雙眼井在縣東北彭家灣觀音塔西因其石井欄兩眼故名
三眼井在縣東望仙鄉青山以其井欄有三眼故名
石井在縣治南承仙鄉百社村吏部尚書曹義居後歲久乾涸
永樂十三年泉忽湧出清冷甘美人皆以爲曹義登第之兆
其年果中會榜又一石井在縣市東南鸎里坊今存
市曹義井在坊郭東南隅唐李靖衛國公屯兵於此所鑿
附記大唐李衛公諱靖字藥師京兆人也姿貌魁秀幼通
書史嘗謂所親日大丈夫遭逢聖主要當立功名書竹帛
揚名於萬古必不作章句儒舅氏韓擒虎聞其言與議論
兵法大奇之吏部尚書牛宏見之曰眞王佐才也左僕射
楊素每嘗拊其床謂曰卿終當坐此繼而隋末大亂天下

盜賊蠭起事高祖進謀略定天下平王世充斬開州賊冉肇則破夔州武德四年大閱兵於夔州師抵夷陵荆楚之兵不敢當生擒蕭銑秋毫無所犯由是江漢列城而歸朝以功拜檢校荆州刺史授領撫慰大使率兵南巡察長吏賢不肖所過禮高年賑貧乏褒善良起淹滯問疾苦延見鄉老宣布天子德音遠近悅服是時輔公祏大張聲勢擁衆兵置官屬僭帝號占守丹陽城及高祖召靖入朝授方略遣李勣等四總管偕行公將精兵直至丹陽城下公祏大懼敗之就擒餘黨有害民未降者勦戮於句曲郡茅州以謝百姓公躬至郡安慰百姓弔死問喪賑䘏貧民衆心感悅父老咸曰生我者父母活我者惟公也公旌旆將行百姓遮道而泣願立公生祠傳子傳孫不忘盛德於是立

祠堂開義井於市口號市曹義井武德六年茅州廢爲縣
公開拓布德於民心爲大唐開國元老輔佐高祖太宗東
平高麗西平龜蒙跨于闐磧石之山西域諸國皆以內屬
南盡林邑之界北平突厥過薛延陀降匈奴喋血虜庭自
陰山以至於大漠盡大唐之境土自黃帝封域亦不過此
公謙遜不伐未嘗言功位至尚書右僕射大中丞衛國公
兵書見行於世薨年七十九謚景武惟市曹義井祠宇存
焉泉水不涸飲之益人壽此實公之遺惠也
李眞人井在鬱岡方隅洞之東抱朴子謂此水與太華玉井泉
味無異
葛洪銘曰混混井泉源通渤海色逾玄圭甘如沆瀣注煉金
液保養太和昔人遐舉飲此餘波

儻來井失其鄉名年代云某年洪水大漲夜間忽一石欄流至因就其地穿井置石欄其上年年漸長初腹間有一方圓記長廣尺許今漸長没稍見影耳左右二孔穿繩處昔大如酒盃今止容一小指鄉人異之

按此井見萬歷志順治志忽删并刊去原本鄉名年代未詳何故今補載聊以志異

池

放生池在縣南青元觀宋紹定間建邑令張偘記

拗月灣池在縣西葛仙庵側每中秋月圓則水中月影方半相傳葛稚川幻術

周眞人池在靈寶院内老君瑞像殿前常州道士張朴建卽隱居弟子周子艮池也

叩舩池郭四朝眞人所居在大茅山

雷平池在茅山玉晨觀前眞誥曰周時有雷氏養龍於此故名今存

豢龍池在天聖觀前天監初隱居刱小沼養雷平池龍子大中祥符間敕取龍子御製歌送還山

宋眞宗序曰茅山雷平豢龍二池竝有小黑龍游其中或取之出山雖緘閉於器皿中皆潛失焉近遣中使任文慶醮祭名山爲民祈福文慶禱取一龍來獻因將二龍以行中途遇風雨果失其一持一龍至闕下細觀其形誠有可異爲歌以紀之歌曰四靈之長惟虬龍虬龍變化固難同三茅福地羣仙宅靈物潛形在其中池內仙人馴擾得至今隱顯誰能測乘雲蠢動獨標奇行雨嘉生皆荷力常人競取暫從心纔出

山楹兮無處尋中使勤求深有意欲獻明廷兮陳上瑞初禱一龍朝魏闕偶捉二龍離洞穴人心龍心若符契一去一住何神異我觀眞龍幸不驚至誠祝龍龍好聽但期風雨年年順庶使倉箱處處盈

天池在大茅峰頂神龍所都大旱不涸邑令親臨祈禱必獲靈雨鄰邑感應亦同

石墨池即菖蒲潭昔費長房學道於此書符滌硯澗石悉爲墨色至今池水合藥有驗

洗心池在茅山乾元觀西池上石壁陡立下石坡斜衍池在上下之中四時水不涸相傳爲魏元君洗心處石壁上有洗心池三字筆法遒勁隱而不見即以池水渥之立見眞奇蹟也

形如石龍窟中大旱不涸昔錢妙眞獨居燕洞修煉或謗之

乃於此窟刳腹洗心以相示故名山志

明劉若宰詩一勺清泠水無塵淨古今當年剖腹者何來出世心

玉津池在大茅崇壽觀前石路傍

雷轟池在小茅山仁祐觀側明萬歷時道者周姓無名年十八出世遂終身以十八稱嘗修鍊於小茅山苦行汲遠一日忽雷爲轟池初轟一池臭若硫黃不可飲乃復轟一池甚甘美今二池俱在石壁間

戒公池在華山寺前李京山記曰寺門石池伏流地中朱魚成隊投食爭唼坐觀林木翳然有濠濮間想今繚以短垣日飲戒子千餘指

王槩詩朱魚唼呷綠沈沈池面松花捲夕陰客未到門先見

影僧因洗鉢就觀心四時不竭通江脈三伏猶寒瞰水禽茗粥備來兼澣濯直將萬指供禪林

龍池在華山拜經臺下山記曰龍池中有蜥蜴十許人欲乞見不可得歲旱請雨輒應今則羣然石隙四足五爪背黑腹丹龍頭鰍尾任人掬視不可攜出攜出中途風雷迅發遁去又東爲龍沼亦有蜥蜴鄉人禱雨較西池更驗

橋

白鶴橋在縣東南三里一十五步　沈公橋在縣南二十五里

麻培橋在縣南四十里　赭渚橋在縣東一里二百四十一步　歸善橋在縣南一里一百七十五步昔有兵殺人至此見義姑不忍殺因名　淤鄉橋在縣南二十五里崇德鄉　西壩橋在縣南三十五里茅山鄉　降靈橋在縣南二十七里句容

鄉　義城橋在縣南二十里福祚鄉　高平橋在縣西南二十五里上容鄉　斜橋在縣東五里來蘇鄉　柳橋在縣北二十五里孝義鄉有前柳橋後柳橋　懸纛橋一名沿陸在縣西十五里通德鄉周瑜嘗駐軍於此　宣家橋在縣西北三十里瑯琊鄉　永安橋在縣南七里福祚鄉下有小港歸於秦淮　降眞橋在茅山玉晨觀西三十里　蘆江橋在縣南三十里監生淩德溢造　集仙橋在縣治東南一里許　劉師橋在縣北七十里瑯琊鄉　蘇行橋在縣北二十里孝義鄉　泥灣橋在縣北十四里孝義鄉　紅鶴橋在縣南四十五里望仙鄉　陶堰橋在縣南五十里　新昌橋在縣南五十里　石彭橋在縣北六十三里瑯琊鄉　張堰橋在縣北五十里瑯琊鄉　淡塘橋在縣南七里福祚鄉　張橋在縣南二里一百七十五步　省

塘橋在縣東二十五里來蘇鄉　社壇橋在縣西九里通德鄉
周郎橋在縣西二十五里周瑜嘗經歷於此　土橋在縣西
二十里土橋鎮　湖西橋在縣南三十里臨泉鄉　先橋在縣
西四十里上容劉巷村　西溝橋在縣南四十里上容鄉劉巷
村宋乾道四年隱士周省建石刻尚存　華橋在縣北三里許
今名紀華　謝家橋在縣南十里上容鄉　荆干橋在縣南五
十里上容鄉　後白橋在縣南四十里上容鄉　社公橋在縣
西北十里琅琊鄉　竹里橋在縣北六十里仁信鄉竹里山下
常甯鎮橋在縣南五十里　社橋在縣南四十里茅山鄉
小干橋在縣東北五里移風鄉建閘處　蔡家橋在縣東北五
里移風鄉　光里橋在縣東北十里仁信鄉　清陽橋在縣東
北仁信鄉　坎墰橋在縣東北七十里仁信鄉　溪橋在縣西

南四十里上容鄉　澗西橋在縣北二十里澗西鋪　郭西塘東西二橋在縣西二里許　苦竹橋在縣東三十五里　井莊橋在縣東南十五里　東橋在縣東門外　南橋在縣南二里許舊名政惠　平政橋在縣治南　三思橋在大街稅課局西

集慶橋在縣東門內俗呼爲方橋　句曲橋在崇明寺街口俗呼爲寺橋　八字橋在縣治北街以其路分八字　官橋在縣城隍廟街以其溝渠流坊市之水　分水橋在縣興敎寺東

兆文橋在縣治西南二里許令周美建記曰去縣治可二里許有山曰趙墳遶山有河臥河有橋第橋之建也有水勢衝撼隨建隨圮不知幾閱歲鄉刺史張君錦首捐金以爲倡告之邑侯周公繼之張公橋增高稍平坦不與洪濤相抗水勢不致妄行又名曰狀元橋不知起於何時至嘉靖丁未李公果大魁應

之今改爲兆文者望繼起也順治辛卯邑令姜輔周重建鄉紳慕義者捐助有差詳碑記中　高陽橋在縣南臨泉鄉五十里葛村新橋州佐周艮佐獨力建造　龍虎橋在縣西門外知州駱廷瑛兩次獨力重建　白洋門橋在小南門外　蔡家橋石橋駱如驥建造　鋪頭橋駱廷瑛獨建以上俱在北門外

閘

東新閘在縣治東北五里小干橋南

黃堰閘在縣治東南十里舊有土壩今建石閘萬歷二十九年知縣茅一桂按前事議興水利建閘蓄水以資灌溉通舟楫容之邑民請之撫按凡幾月而功成民稱便利焉并附說略俾後人永守云略曰竊按句容形勝於金陵爲左房背負大江接儀眞俯瞰溧水溧陽高淳三縣勢處最高而縣之北爲

胥王山石龍洞亭子山崙山各有泉經流而南十里許至鋪頭地方匯成大溪爲竹圍潭卽今秦淮河發源處也自鋪頭屈曲南行約五十里至縣東橋自東橋西南行十里至南橋自南橋十五里至黃堰壩又十五里至赤山三岔河入秦淮通大江皆大溪澗澗廣可七八丈深可二三丈居然一河也先是宋有居民許溱捐貲起築黃堰土壩瀦積水利澆灌福祚通德等鄉官民田地萬餘畝歷元至正七年與我明洪武十年俱給有告示尙存自黃堰壩以上至縣南橋可通舟楫民賴以灌溉自南橋以上八十餘里溪身高下相懸以故諸山水發卽泛濫盈溢而開霽未浹旬則一瀉殆盡淺塞不通小民苦旱僅僅尺寸築土壩以蓄其水顧所留涓滴亦濟幾何往往水災之後卽憂旱魃職是故也本縣憑士民請宜略

倣北隸潞河至京之制卽自鋪頭起至三岔河中間相度地形建閘三四重以時啟閉以蓄洩其水水勢盛開閘以聽其去水勢殺閉閘以捍其流則諸山之水不至一發而洩盡無餘縣自東迤北官民田地皆可賴以灌漑食貨用物皆可便於舟行卽本縣之兌運本色米三萬三千餘石皆可由三岔河入閘水運至鋪頭起陸以達龍潭倉省車腳費約八九十里石計一二斗溧水等四縣歲運食鹽三萬餘引由儀眞渡江新河口起陸至鋪頭入閘水運至三岔河以達各縣亦省車腳費約八九十里計四錢零此其明效大驗也又於堪輿家之說謂句容之水有洩無收故民間財不聚而科第亦且落莫則閘建而通縣之水節節關防節節囘顧有情不旣兩收其功耶且河不假開鑿水不假穿引識者稱天造地設之

利句容有爲士民之請建閘其略如此

渡

下蜀渡在縣治北七十五里瑯琊鄉

東陽渡在縣治北八十里瑯琊鄉

白茅埸渡在縣治北八十里東陽鎭側

溝瀆

九曲溝在縣東一里許泉水淸冷縈迴九曲歲久不崩不湮中有一培其形如龜雖大水不没四圍茂林修竹交相掩映當陽和景暖之時士人以爲遊賞詠歌之地一在城内金華寺前

破岡瀆在崇德鄉去縣東南二十里按建康實録吳赤烏八年使校尉陳勳作屯田發兵三萬鑿句容中道自雲陽以通吳

會船艦號破岡瀆上下一十四埭入延陵界下埭入江甯界於是東都船艦不復行京口矣晉宋齊因之梁因太子名綱改爲破墩瀆遂廢開上容瀆陳霸先又湮上容瀆更修破岡瀆至隋平陳並廢

下蜀港在縣北六十里載府志舊志無

堰

黄城堰在縣東三十里長一里深四尺灌田三百畝

范家堰在縣西北三里通德鄉長二里深四尺灌田二百畝

周戴新堰在福祚鄉去縣南一十五里通百堽堰

菩薩堰在移風鄉去縣東北六十里深八尺灌田二百一十三畝

黄堰在福祚鄉去縣南一十五里慶元間因提舉監造石堰故

名關屯水利澆灌通德福祚兩鄉官民田土千餘頃下赤山湖達秦淮

黃塘堰在來蘇鄉去縣東三十里深四尺灌田三百畝

百堤堰在縣西南三十里與福祚鄉相鄰上接絳巖下通秦淮

塘

郭干塘在長隱岡東數里周迴五畝深五尺一寸灌田數十餘畝村亦以郭干名水常滿鄉人涸之必有震雹屬茅山鄉十三都石頭堤

赤石塘在縣東南陶隱居云有赤石田在中茅峰西此塘水利溉田十數畝

上鈴塘在縣南十三里計四十一畝一角四十二步深五尺三寸溉田二百二十畝

郭西塘在縣西一里許計一百八十畝一角五十步深七尺三寸溉田五百七畝

西黃塘在縣東北十里凋西廣一十五畝

南黃塘在縣東北十里赤堤約一百畝深五尺溉田二百畝

西大陂塘在上容鄉去縣四十里廣百畝設二碶放水灌田五百畝塘右有瀉水溝流入絳巗湖

東大陂塘在茅山鄉去縣東南四十里乃郭四朝住此又曰郭干乃種植之處非居止也

蒲塘在移風鄉去縣二十里其塘有蒲故名侍郎張文昱居近焉善書因以蒲塘爲號

注塘在臨泉鄉又本鄉圩西有大塘酷旱百泉俱竭而此塘水隨取隨足灌田二三十畝

旱塘在承仙鄉七圖計十五畝灌田三十八畝水利漁水各有所主水由北池塘出載在圩岸

陳廣塘　吳塘　朱塘　以上俱在移風鄉

大陂塘　小陂塘　荇陂塘　梁塘　以上俱在來蘇鄉

大家塘　黄陂塘　神塘　以上俱在上容鄉

三臼塘　鍾離塘　五更塘　西岡塘　周官塘　荷塘　柏塘　俞塘　以上俱在承仙鄉

散泉塘　後陂塘　蘇塘　以上俱在臨泉鄉

陶塘在雷平山　楊家塘在茅山　武帝塘在通德鄉

梅家塘在積金山西

附圩岸

天荒圩今有周迴三里　葛家圩岸今有周迴三里

何家場圩今有周迴二里　周于圩即周家湖

東生場圩今有周迴二里　任陽圩今有周迴三里

西生場圩今有周迴二里　白　圩今有周迴三里

杜場湖圩今有周迴二里　西廟圩今有周迴二里

王家岸今有周迴一里　戴家圩今有周迴三里

亭子湖岸今有周迴一里　夏家圩今有周迴二里

劉家湖岸今有周迴三里

以上俱在臨泉鄉

青山圩今有周迴三里　大埠今有周迴一里

半山圩今有周迴一里　普照圩今有周迴一里

第一岸圩今有周迴一里

以上俱在仁信鄉

孔家埠今有周圍三里　　葛塘圩今有周圍二里
東湖圩今有周圍四里　　後堰今有周圍八里
義城埠今有周圍八里　　赤灣塘圩今有周圍六里
新圩今有周圍三里　　上埠今有周圍二里
譚家埠今有周圍二里　　周戴埠今有周圍五里

以上俱在福祚鄉

烏羊圩今有周圍七里　　黄興岸今有周圍五里
上菖蒲圩今有周圍四里　　錢家圩
下菖蒲圩今有周圍三里　　都包圩今有周圍五里
紀家圩今有周圍五里　　龍埠圩今有周圍五里
後堰圩今有周圍二里　　經村南圩今有周圍五里
西溪道圩今有周圍五里　　紹興岸今有周圍三里

友家圩今有周圍三里　東湫垾今有周圍三里

以上俱在上容鄉

孔家垾今有周圍三里　王城垾今有周圍二里

前垾今有周圍四里　劉家垾今有周圍三里

倉埠垾今有周圍三里　戴家垾今有周圍一里

王埠垾今有周圍三里　道士北垾今有周圍五里

朱塘垾今有周圍二里　郭家垾今有周圍五里

井塘垾今有周圍二里　西周戴垾今有周圍二里

大伯垾今有周圍三里

以上俱在崇德鄉

蔣山圩今有周圍三里　張家圩今有周圍三里

白茅場圩今有周圍五里

以上俱在瑯琊鄉

考金陵舊志句容圩岸共九十六處後修治惟存六十三處成化間知縣李澄委陰陽訓術高軏踏勘修理至弘治二年知縣王僖奉府帖文委醫學訓科戎永甯逐一修築已廢三十三處不詳其地惟百丈圩地最卑下圩民立涵以爲水蓄洩之具萬歷丁丑年蛟起水溢涵悉潰敗時令丁賓督民修築分爲東西南北上五閘編爲乾元亨利貞下四涵編爲文行忠信立一條簿永爲遵守圩民因是感公德立甘棠祠有歌記附載於簿然與斗門圩相爲低昂未免此利彼害兩圩之民結怨搆訟連年不已甚有破家者十之八九邑令茅一桂親行履勘爰立界限於其處開一深渠高築堘埂使水各有所蓄洩兩利無妨其所開田糧爲澆派一圩輸辦請之撫

按助穀百石起工蓋興利息訟之一端也相沿數十年來各守成規永無異議奈日久弊生興築漸廢乾隆五年兩圩之民興怨互訟數年不已邑令宋楚望親行履勘丈明段落計畝均夫仍照舊制參於時宜通詳結案奉憲優獎飭刊石碑以垂永久今附碑文於後

竊照句容縣大南門外百丈圩內外居民一十八村計田一萬三百餘畝圩埂二十五里西北地勢略高民住圩外舊制有乾元亨利貞五閘名曰上圩東北地勢漸低民居圩內舊制有文行忠信四硪名曰下圩其圩埂即照村數分作一十八段各照各段承修自明朝丁操江令句時定制迄今百有餘年無異當年原派段落丈尺雖有長短不齊乃因埂地有高低之殊工力有難易之別相提分修均勻畫定舊制原屬

公平後因富戶買田契內多不受埂賣者得利多金買者圖免後累及至修築之期得業者以契內無埂爲推失業者以無田焉能修埂以致搆怨訐訟案牘盈几莫可底止不但圩務日荒而已分之家產且由此而蕩費此固愚民無知好訟而實因法度不立既無以懲其前此之貪又無以定其將來之局遂致釀成莫解之患耳前年下圩與上圩民等控府批縣本縣兩次親歷該圩查勘照依原定段落界址逐細丈明查核清楚訊出買田遺埂致訟根由合圩人等俯首無辭各願遵照舊制段落公築公修並各具遵依詳府結案惟是立法不出萬全終難免豪强兼并章程務期永定不致日久弊生本縣查看該地情形訪之老農詢諸圩長利於埂者輿之害於埂者革之勞逸均平緩急有備奪其力之能爲求其法

之可守者擬定一十八條復又傳齊上下兩圩圩長並各村農民令其公同當面逐條細閱恐其中猶有未備之良法抑或有利於彼而不利於此者不妨斟酌面禀即行改正一時俱各死心踏地咸稱盡善悉願永遠遵行再不搆訟並又各具遵依送案隨又引諭以鄉田同井出入相友守望相助之義同圩即無非同井之道將來不但訟息民安而可風移俗易而且一圩如是則一邑之圩未始不可倣照行之即不僅一邑之圩亦未始不可增減損益而行之也乾隆五年知句容縣事宋楚望記立石

句容縣志卷三終

句容縣志卷第四

古蹟志　名勝　塚墓　祠廟　宮院　殿壇　庵堂

名勝

瑯琊城在縣北六十里瑯琊鄉晉元帝以瑯琊王過江國人隨而居之因城焉今廢一曰卽金城

吳後主寶鼎二年以靈輿法駕迎神於明陵使丞相陸凱奉牲醴祭於郊後主於金城門外露宿明陵乃後主父故太子和陵也金陵世紀

晉元帝大興元年瑯琊王睿卽皇帝位始置懷德縣於建康以處瑯琊國人隨渡江者隸丹陽郡永爲湯沐邑置南瑯琊郡於江乘晉書

成帝咸康元年桓溫領瑯琊郡鎮江乘之蒲州金城溫以瑯

琊雖有相而無其地求割江乘縣境立郡從之郡始有實土桓溫列傳

溫後北伐行經金城見爲瑯琊內史時所種柳皆十圍因歎曰木猶如此人何以堪攀枝執條泫然流涕世說

江乘南岸有瑯琊城本始金城齊武帝永明元年移白下齊書

江乘南岸蒲州津有瑯琊城卽句容瑯琊鄉相接地南徐州記

金城卽句容之瑯琊城戚氏志

王融詩白日映丹羽頳霞文翠旃淩山炫組甲帶水被戈船

江孝嗣詩驅車去連翩日下情不息芳柳似佳人惆悵子何極薄暮苦羈愁終朝傷旅食丈夫許人世安得顧心臆按劒勿復言誰能耕與織

謝朓詩春朝麗白日阿閣跨層樓滄江忽渺渺烟波復悠悠

京洛多塵霧淮濟未安流豈不思撫劒惜哉無輕舟夫君艮
自勉歲暮忽淹留
徐敬業詩甘泉警烽堠上谷抵樓蘭此江稱豁險茲山復鬱
盤表裏窮形勝襟帶盡巖巒修篁狀下屬危樓峻上干登陴
起遐望回首見長安金溝朝灞滻甬道入鴛鸞鮮車騖華轂
汗馬躍銀鞍少年負壯氣耿介立衝冠懷紀燕山石思封函
谷丸豈知霸上戲差取路傍歡寄言封侯者數奇良可歎
按金陵新志曰金城在今上元縣東北三十五里金陵
鄉係孫吳所築舊名金城戍晉太康八年謝安勞師於
金城即此又歷考紀載謂瑯琊城即是金城在今句容
縣瑯琊鄉要之句容之瑯琊鄉與上元縣之金陵鄉接
壤連塍皆古江乘縣地兩城合蹟信不謬擬迨齊武帝

徙城於白下則永明六年講武之瑯琊城指白下言也王江徐謝四君俱有講武瑯琊應詔詩雖非句容之事而其蹟則自此遷也因照府志採列詩以備考

竹里城在縣北六十里瑯琊鄉東陽鎮齊永元二年崔慧景叛向建康遣驍騎將軍張佛護直閤將軍徐元稱等六將據竹里爲數城以拒之今廢建康志

鮑昭行京口至竹里詩高柯危且竦峯石橫復仄複澗隱松聲重崖伏雲色水閉寒方壯風動鳥傾翼斯志逢凋嚴孤遊值曛逼兼途無憩鞍半菽不遑食君子樹令名細人効命力不見長河水清濁俱不息

按胡氏通鑑注曰竹里城卽建康竹篠鎮在行宮東北三十里許然此有竹里山王恭用兵足據也注說反誤

仁威壘在縣南白洋門内南史周宏讓於梁承聖初爲國子祭酒一年爲仁威將軍城句容以居命曰仁威壘又故老相傳爲達奚將軍屯兵於此或云棄甲因名甲城南畿志

按南畿志宏讓作洪遜又按周宏讓本傳係汝南人秉性簡素爲仁威將軍城句容後遂隱居茅山累召不出其稱洪遜有所避諱耶抑别有考耶

大業壘在句容縣北晉郗鑒屯兵京口所築與曲阿庱亭號爲三壘江南通志

南城在縣南五里許福祚鄉

北城在縣東北八里許移風鄉

梧園宫在句容縣西吳王别館有梧楸成林古樂府曰梧宫秋吳王愁即此今廢乾道志

易井堂在縣治中堂後舊名友樂堂宋淯祐丙午令張榘改建

冰玉軒趙時佩前四十八年爲令嘗請於朝均民税榘其壻也皆金壇人因記曰吾人頌邑令之賢曰冰清曰玉潤非敢自謂玉潤繼冰清也將以遠挹前言近瞻往行耳

敕書樓在縣治内宋天聖間邑令承敕乃建樓置其上今廢即儀門之址也

鼓樓在縣治前宋元豐二年令葉表建即今之譙樓順治丙申令叢大爲改題華陽樓

文奎樓在儒學東道義門外正統八年令韓鼎建景泰間被燬令浦洪重建即文昌樓旣而改建於明倫堂後爲尊經閣

覽秀樓在縣治南四十里承仙鄉贈南京吏部尙書曹均昴建取其望三茅之秀色故名

昇仙樓在縣治東南隅岳壽山棲止後得道昇仙而去故名至今暑天無蚊蠅名曰昇仙街

玉帶樓在縣治東崇明寺藏經院李文定公為諸生時讀書院內月潭僧房戲題壁曰年年山寺聽鳴鐘匹馬長安憶遠公異日定須留玉帶題詩未可著紗籠後嘉靖丁未廷對第一果應前語官翰林給假南還月潭踵門持楮求書並請踐約公書前律笑解所繫玉帶並西番所進番經一冊付之及公累官宗伯拜大學士月潭刻詩於石並建樓藏經貯帶用鎮山門與古剎共垂不朽

鐘樓在縣治東北崇明寺內唐時建會昌之亂寺毁兵火惟天王殿鐘樓獨存規模殊古相傳般郢後人所造趙子昂書扁

集仙樓在坊郭東南隅集仙橋去縣治二里許景泰三年縣丞

劉義建成化十二年令濮壽修葺題扁因茅山仙侶往來會集於此故名舊呼爲白洋門

宜春樓即縣之東門因迎春於東郊故名

朝闕樓即縣之西門因地接南京都下故名

華陽樓即縣之南門因路通華陽故名

望江樓即縣之北門因路通大江登可遠望故名

以上四樓俱景泰元年令浦洪建成化十二年令濮壽修葺題扁宏治三年令王僖重建以石築臺構樓三間其上

留雲樓在華山戒公池前有松竹叢密時若靉靆繚繞故名前有池名蓮花石額曰蓮花域爲蔡屏周題

王槩登留雲樓詩一逕鱗鱗白幾層靜依巖腹倦奔騰松欞面面飛空翠石磵重重㪚積冰行息山門求具容坐聞佛曲

出坡僧夕陽看後猶難捨皎月當空許再登

王著留雲樓詩傍山跨澗留雲住澗底泉流雲暗度終日無心共出山穿林觸石忘歸路石曾點頭同古今樹如聞戒立叢林笑他雲水無聊賴木石常生定慧心

愛山亭在縣治後圖舊名秀陰堂宋紹定四年令吳琪重修又名愛山堂後廢景泰三年令浦洪重建改爲愛山亭

紀績亭在縣治前十字街景泰間令浦洪建豎立修砌街道功績學士邢寬碑記在內

碧巖亭在海江山下慶雲洞東有宋相史浩隸書榜至今猶存

九錫亭在華陽南洞側內有九錫文碑石柱篆刻上書弟子徐鍇敬謁華陽洞天等語

繍羽亭在昭明讀書臺東亭覆福鄉井銘碑

曲水亭在華陽觀西北嶺際喜客泉之支流逶迤而下冬春不絕遊賞者以流觴傳飲

朝山亭在大茅山今名奉律亭大書不許婦女上山並條律勒於石有禁山碑係唐徐鉉撰

占星臺在縣後圃宋景祐中知縣邱濬明天文登此臺觀象故名後改爲先春臺今愛山亭後高墩卽是

義臺在縣治正南儒學前唐貞元五年敕建表彰孝子張常洧廬墓處也今爲張氏宗祠又相傳今邑文廟基卽孝子親墓故明倫堂前古柏猶云墓樹也堂後一帶名千柏廊昔有柏樹千枝故名

王荆公釣臺在縣西北六十里瑯琊鄉東陽鎭華洞圩側

梁昭明太子讀書臺在縣東南四十里昭明嘗從陶隱居學築

臺於此舊址尚存

鶴臺在縣治東南四十里金菌山後常有羣鶴往來宋張道士築此居焉臺前有鳳凰阿

將臺在縣治北蟠龍山下卽韓世忠困兀朮於此其外卽大江古名老鸛河今稱黃天蕩又名擂鼓臺卽梁夫人助戰處

繡水王槩老鸛河憑弔詩綠頭花鴨泛春波此是當年老鸛河陵谷頓遷遺鏃出金焦直下亂山多聲呑田父迎神鼓血染魚家織網梭底事軍容輸粉黛南朝士氣盡銷磨蘆根磧雪平鋪鬼火銷鎔戰骨枯徒有好山依北固斷無流水對西湖刀瘢豈欲稱居士金冶何曾鑄大夫剩得青青陵樹下狐貍白晝學人呼

方臺在方山下有洞室兩口見外與華陽通號爲別宇幽館得

道者處焉邑人呼爲白石洞

拜經臺在寶華山之西北上有巨石位置如臺一名曬經又名會君相傳梁武帝會寶誌處向有亭今圮

王萕登拜經臺詩雙峯特出高崔巍一山對列如屏開出寺深林穿草徑隔山亂石堆經臺高登坐石憩游足待覓龍池下山麓日午路遥誰曬經仰天臥曝郝隆腹

劉芳登拜經臺詩衣牽蘿薜步行艱出入林阿第幾灣斷澗白雲秋水屋荒園黄葉夕陽山蛟螭窟近煙霞古車馬途遥日月閒臺上拜經人已去江風江雨石苔斑

鳳凰臺在小華山下昔有鳳凰棲止其上因築今地名鳳壇鄉緣此

顯應閣在城隍廟後殿元至元丁丑建景泰元年令浦洪重修

後被燬令劉義倡捐率紳耆復建因邑人祈禱莫不顯應故名

松子閣在縣東北望仙鄉茅莊御史笪重光築此以賦遂初

笪江上自記詩孤閣撫松顛憑欄思渺然山川連福地星斗近諸天色豈黃金盡愁因白髮牽夜深明月上無夢到嬋娟皎月出高樹天孫聞渡河拙惟甘自守巧竟奈人何殘熱銷砧杵新涼掛薜蘿閉門時獨坐不厭客來過幸有棲身地曾無負郭田露華時警鶴秋色在鳴蟬香散芙蓉渚青含薜荔煙不巾復不履靜閱馬蹄篇

許長史舊宅在雷平山北定錄君吸言近所標靜舍地此金鄉至室若非長史父子豈得居之後世當有赤子賢者乃得居此鄉耳正古所稱金陵地肺福地也隱居云長史宅久湮人

無的知其處至長沙景王譚太妃供養道士陳爲立廨於雷平西北即今北廨也句容王文清後主此廨見傳記中謂長史於此立宅因博訪耆宿至明洪武七年有逃墟父老徐偶云先祖伏事長史相傳識此宅只在今廨前烏桕樹處似猶有齋堂形跡惟井獨存於時草萊蕪沒即芟除尋覓果得磚井土已欲滿乃掘治更加甃累今有好水色小白或云似長安鳳門外水味也二口共一水冬月氣分寒燠

葛仙公舊宅在縣北門外八里許此乃稚川拔宅飛昇之所今改爲小庵供奉仙翁至青元觀之庵乃仙公煉丹之地丹井猶存門上扁額係趙子昂書葢仙公煉丹七十二處丹成不服曰吾功行未滿即上昇列職天曹於心有愧故在世日上帝即封左宮仙公世人即以仙公稱之上昇先一年上帝賜

冠履章服以次年八月十五日昇舉是日空中鸞鶴仙童數百仙翁服丹乘車冉冉上昇親朋及觀者千人共覩仙公空中吟五言詩數十韻以詔徒衆見本傳內

邑舉人高世傑詩仙翁得道位左宮當其住世稱仙公華陽舊宅洞天通水匝山環在句容七十二處煉丹功丹成不服做老翁玉帝寵錫迎雙龍白日飛昇雲朧朧仙車縹緲五色中作詩仙翁聲在空朗朗吟之下清風仙童數百雲璈動鸞鶴飛空萬目送須臾直上誰其從凡夫頓足成大慟仙道在人人不逢午前子後都懵懵只今舊宅我咫尺歲歲桃花丹井紅

秦鉅宅在縣北寶華山西鉅判蘄州金人犯境與郡守李誠之竭力捍禦城破巷戰死亡殆盡鉅歸署疾呼吏火倉庫繼乃

自焚有老卒冒火力挽之出鉅叱曰我爲國死汝輩可自求生掣衣就焚而死次子浚先往西祖山兵至亟還與弟瀈皆從父死今山下樺樹村皆鉅祖居也

顧著作山房在大茅峰石墨池旁謂顧況也況爲韓滉判官歷江南郡丞校書著作郎遂無復北意結屋山中自號華陽眞逸焦山瘞鶴銘是所撰也

顧況憶山中詩春還不得還家在最深山蕙圃泉澆溼松窗月映閑薄田臨谷口小職向人間去處但無事重門深閉關又山居即事詩下泊降茅仙蕭閒隱洞天楊君嫺上法司命駐流年晻合桃花水窗分柳谷煙抱孫堪種樹倚杖問耘田世事休相擾浮名任一邊由來謝安石不解飲靈泉又山中夜宿詩涼月掛層峰蘿牀落葉重掩關深畏虎風起撼長松

又歸山詩心事數莖白髮生涯一片青山空林有雪相待古路無人獨還又山中詩野人愛向山中宿況在葛洪丹井西庭前有個長松樹夜半子規來上啼

韋夏卿送顧況歸山詩聖代爲遷客虛皇作近臣法尊稱大洞（顧已受上清畢法）學淺忝初真（夏卿初受正一）鸞鳳文章麗烟霞翰墨新羡君尋句曲白鵠是三神

綦毋誠送顧況歸山詩謫宦聞嘗賦游仙便作詩白銀雙闕戀青竹一龍騎先入茅君洞旋過葛稚陂泠然列禦寇五日有還期

秦系山房與顧著作同在石墨池上秦系會稽人在山穴石爲硯注道德經彌年不出張建封聞系不可致請就加校書郎自號東海釣客

劉長卿曰秦系頃以家事獲謗因出舊山每荷觀察崔公見知欲歸未遂感其流寓詩以贈之初迷武陵路復出孟嘗門迴首江南岸青山與舊恩又鶴書猶未至那出白雲來舊路經年別寒潮每日迴家空歸海燕人老發江梅最愛門前柳閒居手自栽

韋應物答秦系山中詩知掩山扉三十秋魚須翠碧棄牀頭莫道謝公方在郡五言今日爲君休

秦系山中自記詩空山歲計是胡麻窮海無梁泛一槎稚子惟能覓梨栗逸妻相共老煙霞高吟麗句驚巢鶴閒閉春風看落花借問省中何水部今人幾個屬詩家

績麻房在小茅清微道院側洞如小廂方不盈丈高僅立人前罅容光如牖傍竇可傴入如戶相傳錢妙眞績麻其中

明湯方平詩滌盡衣上塵行過石梁去欲訪績麻姑雲深知何處

顧起元詩班從南嶽領羣仙遯跡依稀憶昔年囊秘黄庭函綠字駕乘玄鶴下青田靈池滌後心如水丹竈功成眼似天鳴鵙尙來催夜績銖衣五色更嬋娟

蓬萊方丈在中茅峯

明王守仁詩興劇夜無寐中宵問雨晴水風驚鶴驟巖石映窗明石竇窺淵黑雲梯上水淸福庭眞可住塵土奈浮生仙屋煙飛外靑蘿隔世譁茶分龍井水飯帶玉田砂香細嵐光雜窗虛峯影遮空林無一事盡日臥丹霞

玄洲精舍在金菌山楚王澗上至元間玉海蔣宗師齋室萿景行乎玄洲眞人也後句曲外史張嗣眞學道於此

梁處士周宏讓題壁李基遺故鼎趙嘯絕風雲悠悠千載下更復屬夫君

元趙子昂題予有鸞鶴想甘同麋鹿游懸榻應待我分我半玄洲

紫軒同在玄洲係林眞人所居

張嗣眞詩玄窗太霞氣赤書洞古文借問軒中主莫是紫陽君

趙子昂詩林君已仙去紫軒名尙存丹光時或現藥鼎夜常温

崔徵君山房在雷平山謂崔定言也其事見抒情詩

朱陽館在雷平山北梁天監中爲隱居陶先生敕貿元帝在藩製碑置館東更築隱居住止於館西處士周宏讓宅在朱陽

北二里

梁元帝碑銘曰昔太和中有許遠游者乃雲霄之勝賓太虛之選客先生規同矩合實踵高步曩基先構卽架胥宇千尋危聳憑牖以望奔星百拱高懸倚欞而觀朝日飛流界道似天漢之横波觸石起雲若奇峰之出岫銘曰肇彼冥默翻成協贊身託外臣心同有亂重道尊德爰積睿衷顧懷汾射璽問遙通朱陽鬱起華構方崇靜臺冠月輕榭迎風嶕嶢高棟杳靄修櫳極望山川周觀京陸碧障千嶺清流萬谷景落崖

重烟生岫複

洞陽館在華陽觀西政和間延康殿學士王漢與高士沈子舟

鍊大藥處

長沙館在朱陽館之西梁昌侯造碑陶宏景製文

隱居碑銘曰夫萬象森羅不離兩儀所有百法紛湊無越三教之境搢紱之士飾禮容於闈閣耿介之夫斅旌麾於山裔銘曰大哉乾元萬物資始皇王受命三才乃理惟聖感神惟神降祉德被歌鐘名昭圖史友于兄弟敬惟西宣言追茂實用表遺先敢循舊制有革雜章刊石弗朽奕代流芳

清遠館在朱陽館之左平南王爲貞白弟子桓清遠造

曲林館在小茅峯

陶隱居銘曰層嶺外峙邃宮內映仄穴旁通縈泉遠鏡尙德依仁祈生翊命且天且地若凡若聖連甍比棟名謂知道參差經術跌宕辭藻孰如曲林獨爲勁好掩跡韜功守玆偕老

靑玉峽在丁公山東奇石林立卽深秀軒故址宋紹興時參知政事張文簡公綱讀書其地

桃花崦在小茅峰北林壑幽邃山桃紛敷不異武陵源

唐顧況思歸桃花崦詩廢棄忝殘生後來亦先天詩人感風雨長夜何時曉去國宦情無近鄉歸夢少庇身絕中撥甘靜忘外擾麗景變重陰洞山空水表靈潮若有信寄謝西飛鳥朝與佳人期碧樹生紅萼暮與佳人期飛雨灑青閣佳人旨何許中夜心寂寞始憶花正開復驚葉初落行騎飛泉鹿臥聽雙海鶴嘉願有所從安得處其薄又詠崦裏桃花詩崦裏桃花逢女冠林間杏葉落仙壇老人方授上清籙夜聽步虛山月寒

皮日休桃花崦詩貪緣度南嶺盡日穿林樾窮深到兹山逸境轉超忽崦名雖然在不見桃花發恐是武陵溪自閉仙日月倚峯小精舍當嶺殘耕壟將洞任迴環把雲恣披拂閒禽

啼窈窱險狖眠硉矹微風吹重嵐碧埃輕勃勃清陰滅鶴睡秀色治人渴敲竹鬭錚摐弄泉争咽嗢空齋蒸柏葉野飯調石髮空羨崦中人終身無履韈

陸龜蒙桃花崦詩行行問絶境貴與名相親空經桃花崦不見秦時人願此爲東風吹起枝上春願此作流水潛浮蘂中塵願此爲好鳥得棲花際鄰願此作幽蝶得隨花下賓朝爲照花日暮作涵花津試爲探花士作此偷桃臣桃源不我棄庶可全天眞

金星哯在壘玉峰金沙布地故名

陽谷汧源出中茅峯後數水相注合爲一汧

柳谷汧昔有田叔居之取水得道

唐權德輿柳谷汧故居詩下馬荒郊日欲曛潺潺石溜靜中

聞鳥啼花落無人處寂寞山窗掩白雲

桐華源在茅山鶴臺澗前

趙孟頫詩華林淸散景丹水碧凝脂落葉秋無數宜都懶寄

詩

張嗣眞詩伊誰植斯桐淒淒滿幽谷鳴鳳久不聞何當一來

宿

丹砂泓在茅山燕口洞上

霞架海在桐華源上

趙孟頫詩衆水會一壑天近發霞光晨興新沐竟晞髮向朝

陽

張嗣眞詩日芒界金色虹梁飲鳳阿直把天孫袂烏鵲豈塡

河

明月灣在縣西南三里許福祚鄉有謝安釣臺

陸龜蒙明月灣詩昔聞明月觀祇傷荒野基今逢明月灣不值三五時擇此二明月洞庭看最奇連山忽中斷遠樹分毫釐周迴二十里一片澄風漪見說秋半夜淨無雲物欺兼之星斗藏獨有神仙期初聞鏘鐐銚積漸調參差空中卓羽衛波上停龍螭縱舞玉煙節高歌碧霜詞清光悄不動萬象寒咿咿此會非俗致無由得旁窺但當乘扁舟酒甕仍相隨或徹三弄笛或成數聯詩自然瑩心骨何用神仙爲

皮日休明月灣詩曉景澹無際孤舟忞迴環試問最幽處號爲明月灣半巖翡翠巢望見不可攀柳弱下絲網藤深垂花鬘松瘦忽似狖石文忽如虦釣臺兩三處苔老腥㸌斑沙雨幾處霽水禽相向閒野人波濤上白屋幽深間曉培橘栽去

暮作漁梁還清泉出石砌好樹臨柴關對此老且死不知憂與患好境無處住好處無境刪赧然不自適脈脈當湖山

黃葉灣在寶華山歡喜嶺下山盡林木霜後落葉悉聚洄凹一灣堆積燦若黃金遊賞者稱大觀

王槩黃葉灣詩葉滿坡陀霜漸輕每隨風捲逐人行掠烟慣作迴旋勢繞谷頓疑風雨聲林淨尙存叢菊麗天空遥見大江明秋蟲鼓翅來何處卻在樵僧擔上鳴

王蓍過黃葉灣詩滿山黃葉秋不管霜濯平林禿如翦斜陽返照不見影渡溪塞路隨風轉野鹿踏驚鵶滿林一灣葉落同秋深山頭不用毠毲罩巖壑層層地布金

如心墩在赤山湖畔隱士周如心築之而結屋讀書其上

分水墩在興教寺分南北二水流又名戲珠墩

捫霞墩在茅山碧巖洞下徐鍇大篆石上

宋王安石詩百年風雨草苔昏尚有南唐筆法存只恐終隨

嶧碑盡秋風吹燒滿秋原

切茶墩在華山寺西一山首平因名相傳冠達帝爲誌公飯僧

處一名設齋墩

王臬題切茶墩詩聞道飯僧時此墩供切茶不苦事無徵口

傳勝紀載

寶珠林在茅山宋理宗御書榜并玉氣凝潤鶴情超遼八字

吳繢塘有湖水半冷半熱魚交入即死見稞組不知其處

石雞棲在艮常洞北首冷水澗官塘之南坳中石洞內有竅深

入昔有道者結茅屋在山修道夜聞雞聲久之詫異山中無

人居安得有雞聲夜起聽之聲從石洞出或有人見雞出洞

外壽之不得此石雞也因名石雞棲

柏枝壟在海江山下李侍郎高校書山房皆在焉

經臺柏在茅山崇壽觀宋末有道士自咸陽老君說經臺移柏

於觀中太元殿前檀欒翠碧至今猶存

張仙杖在縣治中昇仙里張姓戶庭內似樹一株並無枝葉亦

不枯爛歷數百年如舊狀相傳洪武初有道人張三丰一名

張顛又俗呼為張邋遢昇仙於此擲杖而去即所植之樹也

因名今人若以穢物觸之輒有不利云

九陽松在積金峯金菌山虬枝垂地九轉淩空

臥龍松在中茅淸眞觀側係晉代古松根盤如龍枝覆如屋

鴛鴦樹在小茅山穀牛槽兩杪一榦渾合而無罅脈

左紐檜相傳許長史手植即在長史宅旁

宋楊傑左紐檜詩華陽山裏千株檜玉晨觀前一左紐虬枝龍幹向朝曦勢與榑桑鬪長久亳州渦水太淸宮老子手植纔數九一檜正與此樹同蔕固根深應不朽信知福地有靈木栽種曾經上眞手君不見龍從火裏出虎向水中生生理尙左不尙右又不見天輪左旋不休止日月五星如磨蟻左紐檜蘊至理中上士體之能不死

將軍柱在赤山湖中相傳程明道先生丞上元時開濬此湖立永定水則於石柱上故名父老云少時所見尙高一丈四五尺今爲淤泥所積已沒其頂矣

冢墓

古越王冢在句容縣王名翳周安王時薨葬大横山下金陵新志

按茅山志隱居曰翳王是勾踐四世孫初不肯立逃入胥山穴國人燻出之後於吳從會稽爲孫諸咎所殺似不能遠來葬此或當有神異處

魯子敬墓在縣南鄉今名魯墓村然無考

晉葛元墓在縣西南一里許墓前有葛仙菴正統九年道會朱榮先修萬歷二年令丁賓重修至天啟間重建仙翁於合肥度一庠生詩多隱語士卒不解後遇難至容泣拜祠下時萬歷己酉秋日也

護軍長史許穆墓在縣治西一里許

紀瞻墓在縣治東南二十五里

葛洪墓在縣治西一里許洪卽葛元之孫

梁陶宏景墓在雷平山

顧璘隱居墓詩薄俗無上善高賢葆淸眞圖牛憚爲犧古墓今猶珍松風有餘聽草露無長春徒使輕舉士依稀慕芳塵

西城縣侯許副墓在縣北大墓前

參軍許奮墓在縣北大墓前

淮陵太守許炤墓在縣東合流村

參軍許羣墓在縣北大墓前

都鄉侯許確墓在縣北大墓前

襄陽太守許朝墓在縣北

南唐筒王續墓在縣治西北二十五里姜石山

尙書徐鉉墓在政仁鄉揬山

陳周弘正墓在縣治東三十五里

唐顏尙書眞卿墓在縣治東來蘇鄉後顏村

許司徒墓在縣治東白土鎭奉聖寺側

王師乾墓在縣治東三十里嘗爲盧循道三州刺史

葛府君墓在縣治西七里有碑及石門今俱廢

資政管元善墓在縣治北下蜀鎭仁信鄉之原

總管趙士吁墓在縣治南政仁鄉慈恩寺側

光祿勳許光墓在縣西城里

中書郎許尙墓在許光祿墓次

衡陽郡太守葛祚墓在縣治西北五里

王遠知墓在常寧鎭北路東有唐太平觀華表

李含光墓在縣南伏龍岡西南去雷平池二十步

常景昭墓在縣南伏龍岡李含光墓次

宏文館學士許叔牙墓在縣西十里

王軌墓在縣南陶隱居墓右

王棲霞墓在縣南雷平山

金紫光祿大夫許確墓在縣東白土鎮奉聖寺側

國子監助教胡悅墓在縣治東十里蕭亭岡俗名繆家岡

宋樞密院參知政事王剛中墓在移風鄉王庵頭

衛尉少卿劉中順墓在縣南艮平山西

翰林修撰江賓王墓在縣治東光宅寺西南

承仕郎江仲文墓在縣東光宅寺傍

丞相曾開墓在縣東北六十里仁信鄉五岐山角里店茶亭有曾公路引碑

咸和居士高志崇墓在縣東小陂塘上

大理評事戴常墓在縣南大松園

國子監祭酒戴九成墓在縣南唐陵村

御史許延年墓在縣西南福祚鄉豐塘

張孝友墓在縣北移風鄉東卯岡

洪州通判許延昌墓在縣西南福祚鄉豐塘

張安府墓在縣北仁信鄉墓前有石人石柱華表

隱士周省一墓在縣南上容鄉牛頭山

開府徐官使墓在下蜀街證聖院西山上

中散大夫上柱國徐運使墓在縣北下蜀街

丞相曾布墓在縣北角里居

德軒處士徐公墓在縣南政仁鄉前徐村

東溪朱先生墓在縣東艮使干

郡馬王孝先墓在縣南福祚鄉南岡東郡馬尙福王與芮女
　壽堂郡主理宗之女姪也

通議大夫兩淮經制使紀㬚墓在縣東高驪山有墓祠名紀
　家庵

進士胡廷桂墓在縣南門外五里岡

元贈崇明知州鄒文明墓在縣東陳巷前有石人石羊

任眞州判官王德甫墓在縣北移風鄉蔡家橋

南山處士張民瞻墓在柏莊村

戴一貴暨子君實墓俱在黃林崗

贈溧陽州判官劉德甫墓在縣東劉亭崗

浙江杭州府管總孫彥卿墓在縣北移風鄉

贈溧水州判官陰元圭墓在縣南隆敬里

揚州鹽運司提舉孫善卿墓在縣北移風鄉

前補貢進士夏道山墓在胡塘之原

松巖處士鄒公墓在縣東來蘇鄉陳巷村

本縣學教諭胡體仁墓在縣南白羊門廟後地名南原蔭墳大銀杏樹胡宅千年物

進士胡澤民墓在白羊門南原大銀杏樹之左即胡體仁之後裔也

明義士張觀墓在縣南三里許南橋義隴兄弟同穴

山西按察司僉事高志墓在縣東移風鄉駒驪山

湖廣興國州知州樊繼墓在縣東南笪家邊

南京錦衣衛指揮僉事王裕墓在瑯琊鄉胄寨村

南京刑部員外郎張銘墓在縣東南崇德鄉懷道村

封溧陽伯紀廣墓在縣東句容鄉紀家邊

贈南京吏部尚書曹均昂墓在縣南承仙鄉箭塘山

刑部郎中謝璘墓在鳳壇鄉麓山

廣東廣州府同知陳遜墓在縣東北三里許上羊村

封監察御史張逸墓在縣之南橋義壟

南京太僕寺丞潘延墓在縣之陳巷村

封監察御史曹琛墓在縣南承仙鄉箭塘山

南京欽天監監正高冕墓在縣西北瑯琊胄寨村

江西建昌府同知周禮墓在縣南五渚村牛頭山

大名府南樂縣學教諭曹暹墓在縣北移風鄉

南京吏部尚書曹義墓在縣南承仙鄉箭塘山

廣東道御史湯鼐墓在小南門外殷家邊
陝西澄城縣教諭胡漢墓在縣五里許斜橋高隴
湖廣荆門州知州朱珉墓在縣北瑯琊鄉七星山
隱士居處端處謐墓在移風鄉小干橋題曰難兄難弟之墓
北京太僕寺卿張諫墓在縣之南橋義壟
青州府通判居輔墓在縣東北移風鄉小干橋
浙江台州府通判孔彥綸墓在縣南福祚鄉許巷村
山西道御史戴仁墓在縣南臨泉鄉
封監察御史張以寬墓在縣南崇德鄉
浙江象山縣知縣淩傳墓在縣南崇德鄉
四川溫江縣知縣高諤墓在縣東北移風鄉駒驪山
竹溪清隱王處士墓在縣北移風鄉蔡家橋

江西饒州府同知包文學墓在縣北鳳壇鄉五里牌

四川安岳縣知縣蘇潤墓在縣北瑯琊鄉龍潭青山

保定府經歷王汞寧墓在縣南崇德鄉

浙江桐鄉縣教諭王紱墓在縣北鳳壇鄉

河南汝陽縣教諭李質墓在縣東來蘇鄉

本縣訓導雲南崔雲鵬墓在縣治西關內諸生感其德教買地葬之時有義僕晝夜繞墓不食而死又有義犬亦依墓而死俱埋墓右山下繼訓導鄭三杰亦附葬焉厥後崔孫來容謁墓捐銀祭掃其銀半入儒學公用半入猪行公用爰定爲例每逢丁祀儒學給胙九觔猪行供費銀叁錢諸生拜掃行之不墜

贈太師大學士李秀墓在縣南臨泉鄉赤山東麓

封柱國太師李鏜墓在縣北瑯琊鄉龍潭西新街口

贈都御史王海沙暨子贈都御史王德純墓在南門外福祚

鄉大同菴信里樊家凹有墓碑

戶部尚書王暐墓在西門外通德鄉西廟右首鳴鶴山有碑

戶部郎中陳臻墓在縣北移風鄉楊塘岡

山東鹽運使司運使李茂德墓在小南門外二十里許淤鄉

福建興化府知府李茂功墓在縣通德鄉大墅下

禮部尚書李思誠墓在縣南十里許張王廟東

處州府知府李思敬墓在縣東三十里許倪塘

汀州府知府笪繼良墓在縣東二十里許水南村

封吏部左侍郎王嘉士墓在縣南二十里許崇德鄉旗竿村

贈浙江糧儲副使道張一鵬暨子中憲大夫太僕寺少卿張

明熙墓在小南門外東南三里許賈匠山

廣西參政曹可明墓在承仙鄉丫髻山今遷金斗山

雲南臨安府推官許堯咨墓在縣五里許鈐塘西北

湖廣沔陽州知州曹存墓南京都察院經歷曹孝逑墓俱在小南門外五里許柹樹下村

四川按察使楊沔暨眞陽知縣楊森墓在西門外石芽嘴

湖廣均州知州張錦墓在縣西六里許石芽嘴

湖廣羅田縣知縣徐言墓在縣東五里許急流村

吏科給事中楊瓊芳墓在縣西上元縣湻化鎭青龍山

國朝封臨江府知府胡振域墓在縣治東南四十里艮常山潘莊

江西巡按監察御史笪重光墓在縣治北仁信鄉亭山

雲南布政使胡允墓在縣治東南十五里百梅山淤鄉
湖廣提學僉事王自新墓在大南門外里許兆文山
貤贈大竹縣知縣張士騆墓在縣南福祚鄉許巷村西
貤贈行人司行人朱家儁墓在縣北孝義鄉石山頭犂耳山
贈行人原任射洪知縣解元朱獻酯墓在縣西油榨村西南
隅大佳山
中憲大夫高州知府沈弼墓在縣北移風鄉楊塘岡
贈光祿寺署正沈卓人暨子戶部員外沈文崧孫例贈文林
郎沈之藩深州直隸州州判沈之芳墓在縣東五十里高
驪山
貤贈奉政大夫刑部郎中王輅墓在東門外石坑村
贈奉直大夫駱維持墓在北門外梁莊安山

封懷遠縣知縣張樫暨孫軍功議敘即用通判張德培墓在縣北移風鄉楊塘岡側磨盤橋

貤贈徵仕郎候選行人司司副駱如驥墓在北門外包家窑村後

贈徵仕郎候選行人司司副駱友麟墓在北門外聚賢菴右

貤贈承德郎水利營田主事駱圖呈墓在縣北螺螄巖後山

承德郎候選鹽運司運判王康勣同弟永州府通判王康劼墓俱在大南門外趙墅岡

贈奉直大夫鄉飲大賓駱豹文墓在縣北新莊

義塚附

宋崇寧三年詔天下府州縣立漏澤園以濟死無葬所者今之義塚其遺意也成化十八年聽選官朱珽陳言設立知縣李澄乃於邑之四郭勸捨置買山地各豎牌坊寫圖書契立爲義塚界限秩然

東郭義塚在邑厲壇東地名鬼子巷葬南朱泰張敏學共捨民田三畝爲之

西郭義塚在邑治西門外大路南地名觀山青元觀道會經永常捨民山三畝爲之

南郭義塚在縣治南橋東福祚鄉地名樊山民魯璐捨民山四畝爲之

北郭義塚在縣治北門外馬廠路東地名尖山官用價銀叁兩

買錢貴山二畝五分爲之
萬歷四年知縣丁賓新置義塚東在東門外王婆店計二十五畝西在西門外計五畝南在山川壇東計二畝北在演武場東計十畝以上義塚俱有石碑爲界

祠廟

宣聖祠有三處一在福祚鄉許巷紹興間裔孫孔端隱任江甯推察因家句容清城堡立祠奉祭永樂十八年裔孫孔禧移於今處孔希潮紀其事正統八年巡按御史徐郁奏準蠲免差役萬歷間裔孫孔聞敕重修吳文梓爲記一在縣東南隅裔孫孔端佐扈從宋高宗南渡因家句容至裔孫孔逢吉充集慶路句容縣儒學主奉祠祀御史徐郁同時奏請蠲免差徭裔孫肖祖重修一在承仙鄉百社村至今子孫蕃衍

顔魯公祠在縣東三十里顔家邊王遂有記見藝文

戴尚書祠在縣南六十里政仁鄉祀後周禮部尚書戴宏迄今子姓烝嘗不廢

四賢祠在縣治大街三思橋前明邑侯丁公賓生祠舊址也康

熙年間令方矩奉憲飭立義學規度祠基適當邑之中遂匾祠門爲華陽義學來學者少日久廢弛乾隆六年西關陳侯于王生祠坍毁令宋楚望移陳像與丁合龕并爲修葺簷宇易額爲二惠祠因將丁陳二公祀田清釐坵畝佃租立案存禮房以爲歲修祭祀之費八年城東前明督學過公庭訓生祠折毁神像無棲庠士不忍褻置亦移在祠内之東偏其時學博沈虹徐堂偶與庠中一二知名士過祠瞻拜愀焉傷位置之失宜遽欲升之中座似覺喧客奪主且與二惠祠名義不稱正費躊躇適有西郊之三台閣係前明督學金公蘭捐俸鼎建後人感其德即祀其像于閣下近復坍毁僅將金像移置青元觀中甚非得所因相與通庠之老成知名士少爲捐貲將丁陳龕座爲之恢擴請過金兩公並升中座蓋緣丁

陳仕進雖由邑令而丁歷官大司空陳官西蜀大方伯金過雖前任提學而丁陳科名卻在其先並爲兩浙名儒同沛三茅德澤一尊父母也一親師敎也兩父兩師同安一座妥協允當存歿歡心因牒縣將二惠改爲四賢又將通庠之士公胙一項助于丁陳祀田之下使各享其祀不致先賢有奪食之嫌科其盈餘即爲每年修葺祠宇之用至今春秋並享士民稱爲盛典云　又有丁徐兩公遺愛祠在茅山徐公諱九思

姜公祠在縣治大街西察院左前楹祀姜張兩中尊像有碑記其德政後堂祀本邑縣丞耿公起鳳像耿係旗人有德于民感澤者衆故肖像祀之今稱差房即此

李文定公祠有二一在崇明寺大殿右一在茅山上宮右

馬祖廟在縣治北馬廠東景泰間管馬主簿楊立建嘉靖十六

年邑令周仕重建今廢移置在縣治東偏土地廟右雍正四
年令施廷瓚以寅賓館改建
按寅賓館於順治十六年令王玉汝重修改以敬作所
舊額爲示我周行其庭聯曰徐榻日頻下澹臺風自高
二語極爲蘊藉今館雖廢錄此以待文學之吏復爲興
起云
季子廟在縣東四十五里地屬延陵孔子題其墓曰嗚呼有吳
延陵季子之墓又異苑云句容延陵季子廟前有井嘗沸
按此碑在丹陽道中引至此恐誤
劉猛將軍廟在縣治西門外坐北朝南正房三間祀宋劉侯祈
禳蝗蝻甚靈神之威赫實鎮一方雍正四年令施廷瓚建
張王廟在縣南十里福祚鄉南鈐塘俗稱爲祠山大帝帝佐禹

治水有功葬句邑廟北卽張墓數百畝紹興經界時蠲賦禁民佃東有石柱前有陂池相傳王飲馬於此舊額忠祐靈濟廟今額正順忠祐靈濟昭烈廟每逢三時有雨墓上必起雲至今不爽廟後卽係帝之子孫至今繁衍併俗言帝管句容稼穡水利村墟俱有廟以祀之不一處也

廣濟廟在茅山大茅峰廟前有龍池昔陶隱居遷雷平池小龍豢養於此歲旱禱雨府縣官迎請輒應紹興間賜額涓熙紹熙涓祐三敕封神龍爲敷澤廣應利濟侯明定制每歲驚蟄命有司致祭今因之又有龍穴祠在絳巖山池內有三寸黑龍旱時迎置於盤禱雨輒應

文孝廟在縣東門內梁昭明太子嘗從陶隱居學有宅在于茅山故邑人祀之景泰三年重修

武烈廟在縣東門南塘陳杲仁以陰兵助柴克宏取捷奏封武烈帝

劉明府君廟在縣東鹽巷晉劉超爲邑宰有德政于民立廟祀之

沈使君廟在縣北六十里仁信鄉下蜀街西北又有沈公橋郎謂宋沈慶之也湻熙間張巖爲文祭之

達奚將軍廟在縣東南隅白洋門內事見仁威壘至元庚辰重建

眞武廟在縣東南隅崇明寺街宋景定間建造坊民累代修理廟堂殿宇至今完固

李衛國公廟在縣治東南隅唐武德四年輔公祏據丹陽反時公檢校桂州總管高祖召公副趙郡王孝恭討之公將輕騎

直抵城下公祈敗走擒其未降者戮之

西祠山廟在縣郭之西宋開寶間建造正統成化間重建

三聖廟在縣治東南隅晝錦坊宋元間建造天順五年尚書曹

義重修

盧大王廟在縣治西北六十里瑯琊鄉東陽鎮南唐書云盧絳

任江南昭武節度使城圍日頻立戰功及金陵陷募兵入閩

以圖興復不果而敗邦人立廟祀之舊以爲盧綰者誤

射烏廟在縣治西北六十里瑯琊鄉射烏山

龍王廟有三一在縣治東三十里來蘇鄉虎耳山龍鳳九年令

陳俊德禱雨有應新其殿宇一在縣東門内萬歷二十四年

邑令嘉善陳侯禱雨有應重修一在縣北七十里瑯琊鄉

張果老廟在縣治東望仙鄉張果老洞前

曹王廟在縣治南福祚鄉王諡武惠宋初統兵平南不殺一人
邦人感之立祠祀焉
三茅眞君廟漢詔敕郡縣修守丹陽句曲眞人廟以茅君分理
赤城每年十二月二日駕白鶴會於廟中舊名白鶴廟又有
吳墟廟述墟廟俱祀三茅君二墟村名
護聖廟在茅山元符宮祀句曲山神歲五月五日有司親祭
夏禹王廟一在秋千村一在赤山湖
茅司徒廟在姜巴路昔人有痁疾臥道邊夜半有導從乘馬者
至呵問之其人告以疾作乘馬者與之丸藥且曰我茅司徒
也旦而疾愈因立廟其地
秘書郎廟在縣治東門外里許秦滄巫伋江賓王嘗過廟前有
異報後三人皆登第任顯官人愈崇信奉祀不衰

駒驪山人廟在縣東北移風鄉駒驪山下

三義廟在西門外關聖廟後

都城隍廟在縣治南臨泉鄉即漢將紀信居民遇旱潦虔禱于

神肸蠁如應萬歷年間傾圮鄉人捐資重修

文昌閣在崇明寺東南學院衙署傍向爲鎮壓文明之地乾隆年間紳士駱廷瑛捐資重葺一在縣南政仁鄉東岡村

關帝廟有四所一在東門外一在西門外一在城東南隅三聖廟前一在大南門内乾隆九年邑紳士重建

邑檢討王康佐記云山西夫子正氣塞天地廟宇遍華夏歴代哲王順時禋祀下逮婦孺咸知欽奉葢忠義之在人心不言而同然至此我　朝崇奉尤重封追三代甚盛典也句城立廟凡四在城南者最古一椽湫隘漸即頹圮春秋展謁大

禮難施邑令當陽宋公嘗議恢拓旋以調任去未果甲子夏襄平趙公以賢能任茲土凡所以惠我鄉邦者莫不肯爲百廢具舉慨然有志於是學博沈徐兩先生以告鄉之賢士大夫咸相踊躍以勸盛舉先是王子知遠捐百金以爲倡樂義者相繼輸助由是度地鳩工量才庀木遴邑中孝廉方正朱君垣肩任其事廟仍故址從古也隷南城謂能厭火也廟後有址係闞氏之產代贖其宅以易其地基得充擴朱君乃與太學黃君普晨昏搆度門有廡殿有楹視牲有所再拂三公殿而整之刻桷雕甍丹漆璀璨鐘簴豆籩莫不咸具乃布奠成禮落成之日金碧堂皇觀者如堵遂爲一時之盛事云

城隍廟在縣治東南隅學宮相並威靈顯赫分理陰教祈報稱盛朔望有司官屬拈香雍正十一年邑令魯晉設平糴廠于廟

闕

尊神降書字畫端楷莊重嘉靖丙子殿厄於火斗書佛經散
逸無存今邑中猶有家藏者順治乙未僧隆慧仍舊基構立
殿宇五楹以奉先朝陳太后所賜佛藏
文殊院　大聖院　千佛院　藥師院　天竺院　妙雲院
四聖院　瑞應院　彌陀院　羅漢院　瑞像院　天王院
南觀音院　北釋迦院　北觀音院　南釋迦院　中釋迦
院　以上統在寺中前後左右
興教寺在縣治東北起於晉咸寧閒寺前有大樹
圓教寺在縣治南三十五里臨泉鄉
延福寺在縣治東南四十里茅山鄉
隆昌寺在縣北五十里寶華山梁寶誌公棲跡於此結茅成舍
至明萬歷閒敕建賜額爲護國聖化隆昌寺遂成古刹至見

月和尚恢廓舊制建立戒壇持律精嚴四方衲子由斯雲集

國朝康熙四十二年

聖祖仁皇帝巡幸

御書慧居寺額改今名內有藏經樓供奉

敕賜藏經並

御書墨寶

明進士禮部郎中黄汝亨撰碑金陵卽支那之王舍城南朝受歷之主莫不崇宣梵教式建伽藍以鎮皇服寺宇綦盛高皇帝開闢大業君臨萬宇一洗南朝之陋金陵其豐鎬之地所在建刹助流教化壯鉅麗之觀最著者如靈谷之松麓弘濟之江峯棲霞之巖壁天界之林皐而華山由棲霞上去金陵城七十里隸句曲爲梁神僧寶誌公道場於中誅茅結庵

無算卽無林木蓊鬱蔽虧點綴之趣然山峻路窅白石磊塊星隕棊置歷奧而衍浮埃斷滅巒嶂爲城羣峭摩天夐絕人封斯亦淨名勝境不讓諸刹而岸谷葳磨菴廢僧彫樵牧雜處寶公之業幾湮嘉靖間有僧普照倣跡尋址構廬而居纂修其緖萬歷初其徒明律稍張拓之歲在乙巳厥運斯新乃有妙峯登師液銅爲殿駐錫金陵師爲峩嵋清涼補陀三山發願造三銅殿以往有士大夫謂補陀薄南海出沒島夷侈名啟寇不可于是留其一金陵諸大刹皆願選地以奉師總其地而卜之曰歸華山三卜三吉于是普照徒子明慧率諸眷屬以菴基山場約百餘畝獻請師置殿聿建梵刹供衆叢林南內諸監同爲明證於佛誕日安置茲殿是夜遠近居民皆見此山放大光明炬如蓮珠若華嚴之帝網先是山鳴若

獅子吼者屢月至是而止諸種種徵祥殊異之瑞不可勝紀師念建刹功德匪渺思得精進幢彌諧勝業乃自峨嵋白水寺請南宗深深公來深公許諾俱詣京師奏請上制曰可施造寺金一千賚經一藏滲金毘盧佛一尊幢幡二首賜額曰護國聖化隆昌寺遣御馬監太監張然來慈聖皇太后施金二千賚經一藏及幢幡滲金寶塔觀音大士像遣奉御太監閻鸞來二師皆蒙賜紫復請慈壽寺天空祿公爲隆昌總持當十方雲水緇素之歸亦蒙慈聖賜紫臣僚嬪妃檀施有差敕南內守備劉公朝用董其事遂有布金長者獻葢童子諸檀輻輳深公綜理營造歲星十周而佛殿告成大雄紺殿鉅麗弘敞巍巍端臨左右起閣五十三楹準五十三參圓應深廣幾二百尺其它若天王無梁水陸鐘鼓毘盧爲樓爲閣爲室

爲堂爲方丈爲養老爲檢藏庖湢茶寮廊廡廚廐之屬凡所宜有靡不備具數百武而上則銅殿在焉精光熤爚並映霞日翼以石臺左文殊而右普賢礲磚琢石矩駢繩界淨不容唾煌乎備哉於以上祝至尊萬億斯年聖母天禧饗保無斁皇儲前星睿業光曜海宇熙皡滋濡萬類高皇帝豐鎬之地若增而盛焉以方靈谷弘濟天界棲霞俱足恢廓淨名鼎峙江山寶公之業千載彌振然則妙峯之弘肇南宗之匡弼天空之軌持皆寶華之宗臣法輪之佐運先後樹功與山不朽者也然道存形幻妙峰南宗相次順世天空零落無常名跡易墜乃以山莊若干請李太史碑銅殿請焦太史碑而以隆昌因緣請予乞文以示能嗣三師法者紹明來葉予故不敢以鄙儒名教之縛軫域神理掩遏聖化而湮大乘名勝之蹟

紀蹟如左而系之銘銘曰金陵之山曰帝鎬京名刹淨業翼化以行乃有寶華聖僧所營衆山環合衛基如城高岸荒塗幾爲榛荆中興千載道以人弘範金西來紺殿維新疑地湧出似佛化成作獅子吼放大光明帝賓檀越僧悈法紘祐靈景祚滋膏含生千巖雲氣萬壑鐘聲式隆且昌懋賓鴻名

明慶寺在縣治東北四十五里望仙鄉

般若寺在縣治東北三十里移風鄉

華藏寺在縣治北七十里鳳壇鄉

前光寺在縣治南十里福祚鄉

天王寺在縣治南五十里承仙鄉

胡炳文記畧天王寺額自唐中和始初名豐樂在茅山之陽後遷浮山伽藍神顯大神通環金陵百里禱水旱疾沴如響

應聲靈聞于朝咸以伽藍神即毘沙門天王乃賜今額天祐二年詔天下無額寺皆毀惟此寺因額存宋至道二年詔如天祐寺存如初元符間寺敝僧法超苦行募緣始得重新宋南渡金兵沿江縱火將及寺殿中忽湧水如注泥像觀世音兩眼如泣金人駭懼火隨止建炎後僧守一葺之未幾又壞元大德丁酉僧行超慨然傾已囊創大殿越三年佛像供設皆備又數年復創僧堂廚舍堂後浚大井復得衆者舊及富豪助之成寶藏經閣鐘樓兩廊三門棟宇宏麗金碧焜煌行超又買田千畝歲入米八百石鐘魚之響不絕包笠之至如歸自建寺以來惟斯爲盛云

寶山寺在縣治北四十里鳳壇鄉

光宅寺在縣治東十里移風鄉

圓寂寺在縣治西南三十五里臨泉鄉赤山側

胡炳文記略句容縣之西南三十五里有赤山曩時邑民避亂嘗棲其地得保無患咸謂山神有靈之故願致力以供奉會比邱景倫自溧陽來上元縣之香林院素聞其名相與出錢買地留之知縣鄒惟敘代爲之請且言於府乞以故圓寂寺之額移置于此知府葉夢得許之景倫芟夷蓬藋規度庭宇功未及成而卒其徒道愿踵主寺事而同門道忠實資助之銖積寸累積三十年而始成有殿有室有堂有寢廬有齋廚各安其置以成其師之未逮與邑中耆舊之願云爾圓寂

本梁同泰寺治平間始賜今額

慈恩寺在縣治南七十里政仁鄉

慶和寺在縣治南三十五里上容鄉

昭聖寺在縣東四十五里望仙鄉龍游山

王韶昭聖寺碑記粤自大雄之教所以化民爲善而人心翕然樂從果何謂歟蓋好善之心人之所同由乎主教者能闡揚以感發之耳苟非得人以闡揚則教不彰顯人不崇信而欲成立大功流傳永世也幾希此予于昭聖古刹所以興廢者見之矣句容縣治四十五里望仙鄉龍游山舊有昭聖古刹宋進士歷官樞密進階銀青光祿大夫端明殿大學士巫公伋捐俸葢造用資冥福請賜今額紹興閒福順禪師經始于先維新鼎建乾道閒大辨才公開拓于後制度益隆傳至院主和通普祥普祐累代相承修理不墜是皆得人闡揚其教者也奈何有元革命寺厄兵燹所存惟土田僧舍而已殿堂廊廡皆爲荆榛瓦礫之場過者徒增慨歎久未得人闡揚

其教者也天運循環無往不復聖朝統御以來化行天下也久民知向善也衆景泰間大檀陳景宏氏好義樂善憫其久廢率衆詣縣請戒行端嚴之僧人住持是寺以圖興復邑宰諸城劉侯省令僧司愼加遴選僧會心豫遂于緇流之中獨舉其徒孫圓澍往任焚修之責心豫雖違衆舉親圓澍亦不負所舉數載間堅心苦行夙夜匪懈故檀信歸依喜施樂捨日積月累以次修舉外建山門爲間者三後建法堂爲間者七中殿翼然高峙內塑四天王大殿屹然獨尊內塑三世佛對建廊廡四十楹列塑羅漢五百衆丹堊整飭金碧輝煌以至僧房廚湢之屬亦類廊廡之數皆極完美煥然一新要其成功以年論度其費財以萬計顧此功業之大財用之繁厥惟艱哉自非大雄之教得人闡揚曷能然乎圓澍猶以爲報

業固難守成亦不易也不託文以紀金石何以示我後人於是命徒方珍方恂持狀拜請予衰朽懶於文念彼厥祖象九豫公厥師大猷隆公與予有方外之舊且重圓淍爲人有才能戒行故不辭而樂敘其事而復系之以銘俾繼起者咸知成立之難相與維持於永久銘曰容城之東望仙之鎮山曰龍游寺曰昭聖始於順師成於才公紹興鼎建乾道益隆和通祥祐以嗣以續災燬有元寥寥誰復適我圓淍往濟其顛恢弘傑構衍後光先茂德豐功宜銘金石勗彼來裔是守是式爲民爲國祈禱祝延晨鐘暮鼓香火萬年

均慶寺在縣治東北四十里望仙鄉

奉聖寺在縣東四十里望仙鄉

東霞寺在縣治東三十里句容鄉

邑人高世傑募化重建東霞寺序三教皆聖人也其道皆本主於心性故其教皆足以傳後世而其徒悉以滿天下儒之徒修明五倫以治世者也釋道之徒疑於逃世宋儒謂其背君父率民而出於無用此其說近於執而不知其無用者之未嘗不有用也我夫子孟氏之言曰逃墨必歸於楊逃楊必歸於儒所謂楊墨非即謂釋道二氏而大約仿佛近之夫極天下後世之生人其清濁不一好尙不齊勢不能一軌於二帝三王之道賴有二氏者起而收之使無撓於帝王之法而亦不至於爲非其上乘者修明心性釋言定生靜靜生慧應無所住而生其心與吾儒定靜安慮得之理無異旨也道言有名天地之始無名萬物之母與吾儒無極太極之理無異旨也所謂皆聖人之事也其次謹嚴戒律動輒有規苟不背

乎二氏之束縛亦庶乎治世之良民焉至其下者假懺悔之說爲改惡之門設因果之條廣遷善之路人有作奸犯科不容於王章者或則孤苦顛連窮無所告者悉藉是以歸宿以免其死而全其生陳繼儒所謂朝廷之一大養濟院者有見乎此此其徒之所以滿天下也顧各師其道者卽無不各尊其師各尊其師者卽無不樂莊嚴其法相巍煥其院宇以庶幾肅人之瞻禮而廣皈依焉此二氏募建之所由來而亦不可盡斥也吾儒之尊崇聖人無所需此而彼爲頑鈍說法歆動不得不然以故吾儒任治世之責者卽不必附和其說謂今世宰官悉由佛法因果而但云各行其事亦云有補樂其成而閒一假手焉未嘗非大見解人作大因緣事也句邑東南有東霞寺葢奉釋典者創造於唐歷五代宋元千餘年不

廢重修於明嘉靖乙酉歲迄今百餘年大殿圮矣寺僧理明暨衆善信等懼千年創修之業於茲墜也法相之莊嚴於茲剝落而風雨所飄飆也且非爲其徒者之所以尊奉其師與平昔所謂皈依三寶之意也因欲謀爲庀材鳩工之舉而乞言於予予儒之徒也非有慳囊可破者亦非爲緇流說法者但其教有足以傳其爲事亦並行而不悖當路者若力能設施多方作成以復其舊以謀其新誠盛舉也乃小民發心悉成善信一椽一瓦皆爲布施福田良緣布金善果種瓜種豆之說寺僧自能言之亹亹無俟余之贅辭也是爲序

龍華寺在縣治西南三十五里臨泉鄉

正覺寺在縣治西北六十里瑯琊鄉

寶林寺在縣治西北七十里瑯琊鄉

宋熙寺在縣治西北六十里瑯琊鄉

玉泉寺在縣治北五十五里鳳壇鄉

明丁寶玉泉寺記句曲之山有銅峰焉東連鐵瓮西接金陵居萬山之中横大江之上巍然而高鬱然而秀嵐光翠色秀出天表龍蟠虎踞若地湧而天成誠江南之福地祇園之眞境也舊有梵宇名玉泉菴有泉自西北飛練而下經殿北流自東南而泄若玉虹之領長川故名元季殿宇圮毁久未能復洪武丙寅姑蘇慧巖禪師飛錫至山覩兹之勝編竹爲籬誅茅爲舍誓願恢復慧巖清修苦行智慧足重於是達官長者莫不仰慕高風喜施樂捨積有歲月遂營大殿人天瞻仰善信皈依惜乎功業未就而隻履西歸至宣德己酉弘慈普應高弟百川上人至山仰法像之尊嚴覩山門之壯麗喟然

歎曰方今聖人在上天地其仁堯舜其德凡有生之類皆囿於春風和氣之中其於吾大雄之教尤嘉維新之典得不恢弘祖道修整禪林以闡揚宗教乎是用廣大規模開拓廊廡饌堂在東庫院附焉禪堂在西方丈近焉慧菴之塔則建山居以安妥焉新建天王大殿金碧光輝昭蔭法界較之往昔煥然一新遂以額請敕賜玉泉禪寺金書額匾天人交慶誠千載之一遇也自是佛日增輝宗門生氣正統庚申百川上人率領僧眾給授度牒還山其榮幸爲何如哉徵文刻石以永其傳蓋銅峰吾家世產先人所捨以衍福慶蓋佛氏之教深慈弘願上以陰翊皇度參贊化機下以攝授羣迷悉歸正覺其功非淺淺也因以感先人之德而重上人之請既撰以文復系以詩大江之南有山翼然中建梵宇名曰玉泉鍾山

右距華峰左旋千年寶地三世正傳天雨瑤花地湧金蓮祇園真境靈山勝緣開拓惟誰慧巖實先住持伊何道頴猶賢際遇全盛皇仁如天嘉會宗教福利無邊大明一統億萬斯年

東大泉寺在縣治東北五十五里望仙鄉

西大泉寺在縣治東北五十里移風鄉

小金山寺在縣治西南四十里上容鄉

南海牙記略金陵地吞江淮爲天下東南形勝之最去都九十餘里圌罠之埜有山巋焉而起中廓一區鬱爲僧棲者昔之漏澤今之小金山寺也東睇茅山北控句容左屹仇阜右帶赤湖本郡之支輔也句容境界若黃帝之息壤焉其小金山寺建於宋朝大觀之時在郡之西南隅草場街千楹百礎

霧絡星聯飛甍傑棟絢爛金碧鐵鳳翱翔鐘魚鏗鍧將謂可以垂休光於千萬禩而莫與京也天運構奇不百年卒罹兵燹煙慘瓦礫雨寒蓁莽頂顙子落落如晨星厥寺雖廢額名尚存主庵僧如恭耳濡目染盡然傷心倏經有司揭是額削菴名彰是寺也又數年僧加璧乃率其徒德行應順與歃盟興復家捨戶化銖累星積共償志願厥其湫隘圖更爽塏殿棟廊廡山門庖湢連甍竦翼獨道林頹焉因遇茂周德嗜善好施同心贊襄乃自募緣殫財營構始工於至正八年十月望日越明年而訖事一忱始終聿新舊觀視前者加晨鐘暮鼓供佛飯僧綽有餘地吁亦艱哉夫寺之廢興數也教之流通法也數本乎法法寓乎數僧念用堅人感隨應霜降鐘鳴機動籟息千人一心萬古一理由是祝皇圖之鞏固演妙乘

之悠長殆與此山相爲不朽矣余因僧之勤樂爲之記銘曰

小金山高巉巖僧加㢲蔚精藍天雨花優鉢曇活潑潑契三

三金玉字秘琅函攝玄妙破幽潛日月歷天地參

禪心寺在縣治東三十里來蘇鄉

聶行寺在縣治西五里通得鄉聶行山今廢

金華寺在縣治西南隅晉咸康三年尚書令李邈捨宅造靈曜

寺宋改今額　金華寺舊在城內嗣改建東門外近復移建

東門內九曲溝北首易寺爲菴女僧心悟有道行同其師建

也

戍山尼寺乾道志在縣治北六十里仁信鄉

瓦屋山寺在句容南瓦屋山望之綿亙如平屋康熙間有雲存

和尚湖廣人憩息於此築道場開山虎皆馴伏年六十九將

辟世謂其徒曰三年後開龕我肉身不爛當有人裝金後開視果顏色如生居人爭相裝塑至今香火不絕

青元觀在縣治西南隅原係葛仙翁故宅丹井猶存正統十二年敕賜道經一藏成化癸卯殿廊被燬僅存其敕併藏有仙翁遺傳內分五院紫微大清東嶽茅君眞武道會司在焉

宋趙世延宿青元觀詩白雲送我出山蹊來宿葛公丹井西莫道歸途清興減夜來和月飲刀圭

梁陶宏景青元觀碑記道冠兩儀之先名絕萬物之始者固言語所不得辯稱謂所莫能筌也云何以文字述云何以金石傳故其遂休也則日月空照遂喋也則生人長昏是故出關遵以兩卷將升擒其五文令懷靈抱識之士知杳冥之有精焉自時厥後奕代間出雲篆龍章之牒炳發於林岫環辟

麗氣之旨藻蔚於庭筵可以垂軌範箸謠誦者迄於兹辰昔在中葉甘左見駭於魏王象奉擅奇於吳主至於葛仙翁之才英俊豪邁葢其尤彰彰者矣公於時雖歷遊名嶽多居此嶺乃非洞府而跨踞中州東視則連峰入海南眺則重嶂切雲西臨江滸北接駒驪斯潛顯之奥區出處之關津半尋石井日汲莫測其源三足白鹿百齡不異其質精靈之所弗渝神祇之所司衞麻衣史宗之儔相繼棲托後有孫慰祖亦嗣居彌歲山陰潘洪字文潤少秉道性志力剛明前往餘姚四明隩國爲立觀直上百里榛途險絶迹識有用爲物情所懷天監四年郡邑豪舊遂相率與山制不由已以此山在五縣衝要舍而留止於兹十有五載將欲移憩壇上先有一空碑久已摧倒洪意以爲蔭其樹者尙愛其枝況仙公眞聖之遺

蹤而可遂淪平乃復新建石碑於其所願勒名迹以永傳隱居不遠千里寓斯石而鐫之仙公姓葛諱玄字孝先丹陽句容都鄉吉陽里人也本屬瑯琊後漢驃騎童侯廬讓國於弟來居此土七代祖艾郎驃騎之弟襲封童侯祖矩安平太守黃門郎從祖彌豫章等五郡太守父焉字德閏儒州主簿山陰令散騎常侍大尚書代載英哲族冠吳史公幼負奇操超絕倫黨神挺標峻精輝卓逸墳典不學而知道術纔聞已了非復軌儀所範思識所該特以域之情理之外置之言象之表而已吳初左元放自洛而來授公白虎七變爐火九丹於是五通具足化遯無方孫權雖愛賞仙異而內懷猜害翻珍之徒皆被挫斥敬憚仙公動相賓稟公馳涉川嶽龍虎衛從長山蓋竹尤多去來天臺蘭風是為遊憩時還京邑視人如

戲詭譎倜儻縱倒河山雖投舃履墜叱石羊起茂以加矣於是有人漂海隨風眇漭無垠忽值神島岀見人授書一函題曰寄葛仙公令歸達之由是舉世翕然號爲仙公故抱朴著書亦云吾從祖仙公乃抱朴三代祖也裕中經傳所談云已被太極銓授居左仙公之位如自誥並葛氏舊譜則事未符恐教迹參差適時歷說猶如執戟侍陛豈謂三摘靈桃徒見接神役鬼安知止在散職一以權道推之無所復論其同異矣仙公赤烏七年太歲甲子八月十五日平旦昇仙長往不返恆與郭聲子等相隨久當授任玄都祇秩天爵佐命四輔理察人祇瞻望舊鄉能無㷀㷀之歎顧盼後學庶垂汲引之慈敢籍邦族末班仰述眞仙遺則云詩曰九垓敻絕七度虛懸分空置境聚氣構天物滋數後化起像前命隨形轉神寄業

傳霜野於衰竹柏翠微泉壚共往葳蕤獨歸生因事攝年以學祈如金在冶如帛在機仙公珪警臨鄮發穎襄童比迹碩儒聯影濯質綺闥凝心黛嶺虎變已攄龍翰遂騁揭來台霍偃蹇蘭穹碧壇自肅玉水不窮巡芳沐道懷古惻衷表茲峻碣永扇高風

乾元觀在茅山大横山下梁天監中陶隱居栖鬱岡齋天聖間改賜今額後日就傾圮有觀妙先生碑已中斷按之遂合宛如生成萬歷閒漸加營葺閻希顔李徹度皆修煉於此

明大學士王錫爵記畧自古神仙之説有耶無耶無之則鼎湖之髯闕門之烝皆誕耶有之則秦漢之君旁皇海上者安在耶吾以爲仙猶聖也人皆可爲聖人皆不能爲聖也人皆可爲仙人皆不能爲仙也以幻境語仙猶之以空言語聖不

但愈求愈遠抑且愈求愈舛矣亡惑乎秦漢之君項槁蓬瀛餌窮圭爵畢世不遇也聖與仙皆在心不在境隨境養心非役心逐境故曰養心莫善於寡欲欲豈必非禮之嗜稍涉徼求卽是欲卽非聖卽非仙矣聖也仙也其揆一也聖而不可知之謂神神卽仙也老子首章曰道可道非常道名可名非常名卽不可知之謂也不可知而可求耶然百工居肆以成其事有事則有侶有侶則有相與切磋琢磨以融其渣滓而游於清淨杳壇洙泗非至聖之肆而仙獨無之耶仙之肆果在海外渺茫不可方物之境耶內經福地志曰金壇之右可以高棲孔子福地記亦曰岡山之間有伏龍之鄉可以避水辟病長生則有取爾也成周之衰有茅初成隱於華山以秦始皇三十年九月乘龍飛昇致有童子之謠中始皇之惑徧

求海外而不得茅氏四世而誕盈固衷三子次第仙蜕廼稱三茅用以名山山爲金陵地肺由大茅峯迤至玉眞橋綿亙三十里許三峯皆銳峻無竹樹蓊鬱無嵒谷迴環蓋三茅飛昇處而其修持服朮則在三峯之北鬱岡山石門也鬱岡之名自梁天監十四年陶宏景於此隱居築鬱岡齋室始唐天寶李玄靜居之敕建棲眞觀及會眞候仙道德迎恩拜表五亭有顔魯公碑記宋大中祥符二年朱觀妙居之築九層壇修道爲眞宗祈嗣得仁宗天聖三年賜名集虛庵續改乾元觀意取易資始統天之義朱解化後五十有九年弟子石致柔錄其遺意乞南郭先生爲譔幽光顯揚碑文笪沖隱得其文欲爲立碑遽解化不果後二年政和乙未養素法師徐希和爲之立石蔡仍書而題於末書法絕類聖教間有南宮氣

咮此乾元之名所由始其山左大横爲李含光丹昇處大横北姜巴路爲白門通衢秦時有巴陵侯姜叔茂種果於此故名山之西玉晨觀有展上公肉身相傳高辛時人亦無據觀之東南不里許烏相樹下爲許長史居今久湮唯陶隱居墓碣泰定乙丑篆蹟猶在陶許世戚比居於此實茅山最先肇基所也面向三茅峯可拱揖背負艮常洞秦始皇巡狩至此樂而歎曰自今以往艮爲常也故名高廣幽邃洞口有梁武碑又有白鷴大蟾巨蛇道衆樵豎數有見之者觀久圮僅存遺址顯揚碑仆荆棘中矣隆慶間有舒道人者傍山結茅風雨所漂搖狐兔所嘷嘷人蹟罕有至者土人取石爲灰鎚碎朱碑將負去忽雷雨大作晦冥中若見有物湊合立之者立微敧搨之不仆鏄有可容指者侵尋鏄漸密字亦漸明不明

者百之一二耳故道人異之謂此觀有復興之兆後遇閻江
眞人相繼至遂授之而去不知所之亦不留其名字宅里祗
存其姓是開山鼻祖也閻道人曾自言於王弇洲先生吾山
西人以淫病瘵幾死棄家入山者名號皆稱希言不巾櫛人
呼爲閻蓬頭云興起乾元稍可濟勝者靡不至迄今念開山
功莫與閻埒繼閻興者有李道人黟縣人父母皆夢一道人
入門而生名夢仙後入山得修煉法更名一了時閻希言在
山獨識之相得甚驩朝夕修證一日李忽投淸涼澗中捧腹
大笑從此遂不衣嚴冬亦然故以赤肚名閻尸解後復著衣
曳履混於衆衲衆衲不爲禮更號徹度遇病者不假藥餌或
咒或咽或噀無不立愈衆稍禮之詳王荆石王忠銘楊荆嵒
三先生傳中萬歷己亥神廟以聖母所印道藏四百八十函

賜之王子後復賜孔雀玉皇東岳玄範諸經袞衣繡幢醮資若干緡上方之珍中貴之使踵至至則羣鶴嘯舞雲中繚繞如御烟者移晷衆睹異之復念聖恩玄經不可屑越藏之何所乃虔走南都逢侍御蜀王公藩臣倡義樂施諸中貴黨劉諸君爲之助主上又歲頒香貲有羨積累鳩工藏殿落成金碧焜煌籤軸扃鐍非齋沐稽首不敢啟眡而乾元始爲茅山冠所以起五百年之廢墟踵舒道人之故址增顯揚碑之靈光竟闔江李三師未竟之志滌羣宫羽士五内之穢招徠四方之士皆回心向道不敢卽於非不忍離於側傳餐共食朝夕虔誦者皆自如之庸也觀之徑由姜巴路口茶亭茅司徒廟屈曲盤紆夾道松柏沿澗芰荷芙蓉高下種茶平衍處以樹蔬蔬圃中雜植桃杏梅李春色爛然祀土神以護圃有蟲

嚙蔬禱之立驅盡度倏仙橋躡迎恩亭以升觀觀有敕賜金額前祀靈官中爲藏經殿殿左祀太乙右祀雷祖西有延禧之壇東有仙學之館選仙壇與棲眞堂並峙以駐雲遊之瓢笠會眞金華止白集虛一了靜室茅圃紛紜雜出於嵒石窈篠中以供有道之修持尚有欽賜斗姥銅像一尊畫像一軸欲構閣殿後以表聖恩崇道母而夙願未償也以屬其徒姑竢其成而賡志之

玉晨觀在茅山雷平山北世人稱爲第一福地金陵志曰高辛時展上公周時郭眞人巴陵侯漢時杜廣平東晉楊眞人許長史唐李玄靖南唐王貞素俱在此得道宋大中祥符敕改玉晨即華陽紫陽舊址也有顏魯公手書碑

元至正間天台金鑰記金陵洞墟句曲地胏左憑柳汧右帶

陽谷世稱茅山第一福地高辛時展上公居焉至周郭眞人
秦巴陵侯漢杜廣平東晉楊許唐李玄靖南唐王貞素並得
道於此梁貞白先生陶隱居始葺爲朱陽館唐太宗時爲華
陽觀玄宗時爲紫陽觀祥符初改曰玉晨觀自高辛氏歷唐
虞三代至於今日四千餘歲矣山川之勝蜿蟺磅礴視昔不
殊是葢振古所固有也伏龍雷平鬱岡方隅相去十里而近
昔人舩池丹井咸在焉至正九年秋玉晨觀主玄印先生翟
正傳以殿廡寢頹乃胼胝修建先奉三清越春殿成輪奐翬
飛與左紐神檜相高竊記其事爰稽老氏之書印以吾儒之
理三清生於一氣無極而太極是已不可以影響求不可以
聲臭接維皇上帝降衷下民風雨霜露無非至教上下神祇
昭布森列夫豈有心於其間哉若夫以形體謂之天以主宰

謂之帝以妙用謂之神豈非三清之謂歟此玉晨三清殿所由建也

宋趙世延玉晨觀懷古詩豢龍人去水平池樓廢壇荒有所思落日正當秋寂寂摩挲晉檜讀梁碑

明王鑑之過玉晨觀詩華陽今古道相裁眞侶招余曳杖來雲裏三軿飛白鵠岩前獨虎臥丹臺香分石腦開天寶錦擷仙庖薦鹿胎仰止茅君循舊跡洞門徙倚碧桃猜

李熙遊玉晨觀詩翠微遥見玉晨宮雲外籃輿有路通古殿香烟人似蟻斷碑書法字如蟲千年老檜枝猶勁一脈清泉水自東向憶髫齡曾到此來遊重對落花紅

崇元觀在縣治東南四十五里茅山鄉

紹興末桐川石先生名元朴從楊亶甲學道結庵於此以醫

濟人日織草履一緉賺錢十文懸於戶外之樹使行者自取之寒暑弗渝也年八十八無疾而逝漫塘劉宰爲文祭之元丙子歲奉璽書爲觀

聖祐觀在茅山大峯頂宋延祐建專祀司命君萬歷二十六年道士江應宣奉敕建醮賜額爲九霄宮

明楊一清聖祐觀記茅山大峯之巔有聖祐觀焉祠東嶽上卿大元妙道沖虛聖祐眞君宇也山昔名句曲因漢代茅君昆季偕乘白鵠各臨一峯乃次第其峯爲三而是名大峯其祠宇相傳創於漢明帝時而觀額則自宋湆祐所謚而名者也觀歲久湮圮弗稱歆安山之靈官金淵湯如愚相與力新之而肇建之日彷彿有見君之昆季乘旋雲而下焉者於戲扶輿磅礴之氣鍾而爲人爲山川其初一也人之秀山川之

奇則氣之清淑所萃聚是以隱見變化而無倪效靈齊類而獨顯憑山麗川而成體皆理之所有者三代以前全秀爲帝王爲輔相而山川之奇巡狩柴望各有依歸效靈宣力參天地贊化育鼓舞元氣多所裨益而與之相禪始終自是而降人之秀山川之奇或各私其所鍾以自顯若君之於是山是已按志是山稱金陵地肺華陽洞天奇秀自足以鍾吳越之氣而攝其生靈加以君之天明挺出孺志全存既異於凡而又密藏妙秘怡性幽深以與塵絶則山與人相鍾輻輳符合以靈爽天地間不與羣蠢衆朽同日月宜其所謂司命者與且神仙之説起於秦而未得其人君生漢景武間壽百四十餘必有獨得其術者於時方士相踵不顯其跡至易代而始顯豈非有絶人逃世之見哉梁唐以來陶隱居之流遞代宗

祖爲道門洙泗而還丹服餌符咒之流壹是托始則其爲人心歸仰者亦久矣心而感心氣以乘氣以爲靈可謂理之所無哉自秦私天下爲郡縣吏視所治爲傳舍而略無庸心焉者比比是也如愚乃能恪敦宗風力新所居以裨後之人豈不猶賢矣乎是觀所建爲殿内外六楹山門三楹像設金碧特爲壯麗山之麓構朝山亭創始弘治癸丑訖功丁巳而君之靈見則始年三月九日也以予嘗遊兹山與觀成蹟走書徵之爲記如愚名與慶生九年從季父前靈官道録正乙復古眞人學道於崇禧萬壽宫既又受通妙邵眞人清微秘法又玉虚都提點管君授以五雷秘法用是聲益起住持萬壽宫以膺今命初崇禧故宫久而敝甚如愚志圖興復宫之内若威儀院復古堂三清太乙諸殿宫之外其棹楔爲蓬萊眞

境其橋梁爲楚王澗爲陶塘咸次第構葺赫然倍於舊觀而常盈街洞嶺岡路崎嶇者修築以便人行其功實多他若禱雨而雨降驅虎而虎殞則如愚之賢播在人口而感靈昭貺亦不可誣也顧之文主則他故別爲述者茲不及致詳云

德祐觀在茅山中茅峯頂宋延祐間建專祀定錄君

仁祐觀在茅山小茅峯頂宋延祐間建專祀保命君

太平觀在茅山側梁時陶隱居讀書萬餘卷善琴棋爲諸王侍讀永明十年挂冠神武門居句曲山立館號華陽隱居宋元符中改太平觀卽前崇禧觀基也

抱元觀在茅山柳谷泉上舊名柳谷庵政和八年因姑蘇陳希微修行於此敕抱元爲額

清眞觀在茅山大羅源中宋政和中吳德清始建爲道人棲泊

之所徽宗朝特賜以觀額紹興間每歲三月十八日四方道人皆會於此齋時多有鶴至謂之鶴會觀前有晉代古松根盤如龍枝覆如屋

天聖觀在茅山積金峯上

崇壽觀在茅山大茅峯華陽南洞側晉任敦舊宅劉宋元嘉十一年始建壇宇齊建元初名崇元館宋大中祥符七年敕賜今名

元虞集碑記大茅峯之下當華陽洞之便門有崇壽觀者本晉洞天館主任敦故宅宋元嘉十一年路太后始建壇宇太始中廬陵太守孔嗣之重立以奉曲阿高士華文賢齊建元二年敕句容王文清仍立而主之名崇元館武帝以太子至焉唐貞觀初敕改爲崇元觀有太極元年所樹碑石完而文

泯可識者左拾遺孫處玄文楊幽經書數字而已天寶七年李玄靜先生奉敕重修復民百家備修葺寶歷三年主者有賀思寶則因器物銘識而考見者也宋大中祥符七年敕賜今名大元至治二年句曲外史張君嗣眞始來主之顧瞻方臺近對南面左峯壘玉右引大茅之支而四合焉定錄君嘆言大茅山下有泉水近水口處可立靜舍陶隱居云近南大洞口有好流水而多石少出便平北有王文清居之則此觀是矣乃歎曰山中館宇自齊梁唐宋至於今代有增益求諸晉人之舊惟此與玉晨許長史宅耳而吾所治乃傾廢隘陋特甚豈不在我耶於是度材鳩工更後堂爲太元殿以復舊規象三茅君於中東爲任華王李賀五君祠西爲陶隱居祠充前殿基爲弘道壇自製銘其上壇東玄武玄武祠西爲廣

惠祠後爲文賢講堂而前爲都門門外浚古玉津池盡受大茅南面諸原之水循池西南得昭明太子讀書臺臺東有井日福鄉井福鄉者因昭明道館名也出諸榛莽著文刻石覆之以序而岩洞泉石之勝近在百步內者皆按圖表之可以觀覽泰定元年上清宗師劉君大彬朝京師授予始末俾爲之次第焉張君吳郡人名天雨內名嗣眞字伯雨別號貞居年二十棄家入道徧遊天台括蒼諸名山吳人周大靜先爲開元王君壽衍入朝被璽書賜驛傳顯受教門擢任非其志許宗師弟子得楊許遺書張君從而以爲師悉受其說嘗從也卽自誓不希榮進因從三茅之招追奉任君而下五君爲文而告之願畢力茲宇所著外史山世集三卷碧岩玄會錄二卷又尋山志十五卷考索極精博云嗚呼自任君始居此

餘數百年才五人傳焉其自致於久遠者果何托也豈非若後世各誘門人系以私屬如家人父子者哉故蘊希闊而有待今張君無前代賜予之助徒草衣木石以營此而曠然思與四方之士共焉爲千載之期豈非豁落丈夫也哉予故與君爲方外友奇其能先予遠舉也故系之詩曰大茅南垂元氣積陰闢闔扉陽洞闢曲穴流泉保靈宅任君來餌黃赤石天一召錫太元冊曲阿受養艮有擇構宮方嚴自王伯清蹕臨止靈饗格虛林森爽化赫奕福鄉帝子發甘液不食何年喪遺蹤白雲映空玉清客開元全盛煩百役持節旁午致纁壁爾來蕭條世代隔石鐙刻文土漫畫誰其啟之規古昔句曲外史美冠舄研書千卷視貞白天眞景隨玄系繹玉室金堂萬無斁

華陽觀在茅山崇壽觀西梁昭明置道靖名鴻禧院一名福鄉館唐寶歷二年敕改建寶歷崇元聖祖院宋治平中賜名鴻禧觀宣和改賜今名

藏眞觀在茅山疊玉峯南靜一劉先生藏眞峯下宋大觀中奉敕建相傳笪徐二眞人亦附藏焉故今三塚

紫陽觀在大茅峯下崇禧宮左方士王全交募貲恢復隱居中觀仍置田地山爲本觀常業其師左熙熙者葺圜房習靜於中

唐徐鉉撰碑臣聞太初之氣其生也無始衆妙之門其本也無名積而成形散而爲氣乾坤運之而兩儀位王侯受之而天下貞是故斷鼇鍊石之功絕地通天之業衣裳軒冕之后干戈揖讓之君雖復遭罹異途步驟殊致莫不協契於神明

之域飲和於道德之原廣無爲之爲執無象之象萬物恃生而不有百姓日用而不知其迹也則格天光表化人而成俗其本也則收視返聽全眞而養身至其玉檢登封蘿圖啟後游神象外脫屣區中鑄金鼎而乘白雲登寒門而立玄極闕宮清廟式嚴觀物之場玉洞金壇別啟下都之所由是靈符綜集金籙歧分三元八會之文潛通彷彿七映九華之室密擬形容足以徼福應於含生致孝思於時事聖人繼作靈構相望故茅山紫陽觀者今上敬爲烈祖孝高皇帝元敬皇后之所重修也爾乃星紀儲精下爲峻極河圖著籙縣示禎期自道氣融明眞科流演治化宏開於赤縣符圖廣被於名山而華陽洞天實羣仙之都會金陵地肺又三茅之福鄉左憑柳汧烟霞韜映右帶陽谷川源隱鱗伏龍靡迤鎮以雷平之

嶺鬱岡回合浸以護軍之潭郭眞人叩舷之池不遷留岸許
長史鍊丹之井自列寒泉白霧紫烟照映其上飆輪鶴馭往
來其中高眞七人四處茲地其後貞白眞人以玄德應世肇
開朱陽之館以玉書演秘爰立昭眞之臺堂靖疏基玄洲之
蹤可擬生徒廣業白龜之迹斯存金鈕鳳羅代相傳授龍車
虎駕世有飛昇及玄靜先生以沖氣含和體庚桑之歲計玄
宗皇帝以尊師重道屈軒后之順風由是天眷遐臨皇心密
契維新舊館再易華陽寶鼎洞經潔修無倦芝泥龍簡投奉
相望戶邑之民奚止奉明之縣樵蘇之禁蛩唯柳下之墳故
得雲物告祥芝英表瑞小周王之瑤水徒詠空歌異漢帝之
猗蘭惟陳甲帳自茲厥後代有修崇上士名人時時解蛻雲
軒羽蓋往往降靈皆著之金石播於謠頌嗟呼四時代謝天

道盈虛雖九烝長存歷刼以滋其融結而三階有象隨時因表其晦明則斯觀也垮世運以汙隆與皇圖而昇降赤明未啟猶多闐戶之悲白水方興始漸高門之慶孝高皇帝猶龍孕德指樹垂陰應樞電之殊祥肖中天之奇表甘盤就學和光於六百之初庖正分官利見於九三之際賓門納揆有大造於當時彤矢盧弓允至公於四海由是法堯受命祀夏中興補西北之不周應東南之王氣御明堂而揖羣后輯瑞玉而覲諸侯既治定而功成更憂深而思遠乘奔御朽不以黃屋爲尊旰食宵衣惟以蒼生是念知無爲之無敗體上德之不德凝神姑射端拱穆清政舉其中事至而應愛民重法敦本訓農偃革銷兵守好戰必危之戒卑宮非食懼以人從欲之譏故得百寶効靈三辰薦祉遠無不庿邇無不安少康光

武之功獨高帝籙貞觀開元之業更啟孫謀今上承積德之
基法自然之道變化無方之謂聖神武不殺之謂仁學洞精
微守謙光而沖用明昭隱伏體大度以包荒動則敝民不矜
功而尚智靜惟修政恆務嗇以勸分聞善若驚每賞秋毫之
細容光必照寧遺行葦之微化浹風隨時和俗厚嘗以爲天
下者烈祖之天下憲章者昇元之憲章垂裕無窮永懷罔極
衣冠原廟未足盡思聲樂娛神亘非致敬緬慕在天之駕因
嚴訪道之宮尋屬長樂上仙濯龍興感載詠生民之頌思弘
十亂之功乃眷靈岩誕敷明詔發虞衡之吏集般爾之工執
藝駿奔飾材麕至果園之柰供其龔蘄北邙之土給其圬墁
乃新秘殿秘殿孔碩黯而湛霽屹其穹窿璇題牙照以晶熒
珠網交疏而窈窱震殷雷於滴瀝拖宛虹於楯軒忽陰闔以

陽開乍霞駮而雲蔚儼若虛皇之御穆然太上之容疑御氣以迴躋眇淩雲而遐觀乃立高門高門有閌擬金闕之觚稜洞朱扉而煥照龍章鳳篆以之題署霓旌絳節茲焉出入乃建兩序紛邐迤而重深乃起層樓邈若亭而顯敞北彌郭干之路南亙姜巴之衢赫光景以燭坤麗丹青而藻野速如神運恍若化工每至日薄星迴歲之云暮桐華萍實春聿載陽赤城旋軫之初白鵠會朝之際都人士女舉袂成帷襲靈風而共洽人和仰雲構而方知帝力豈止百年猶畏獨識軒轅之臺三壽作朋永閟姜嫄之廟大哉至矣無得稱焉夫妙本太無名垂不朽挺窮神知化之盛然後顯通幽洞靈之微立尊道貴德之教然後致還湻返朴之理漸於人爲富壽被於樂爲聲詩告於太史爲典冊著於豐碑爲銘篆耿光丕顯其

在茲乎爰命下臣敬書令德詞曰邈矣至道悠哉妙門黽黽無物綿綿若存是生清濁爰闢乾坤乃生之民乃作之君德盛惟皇功高曰帝訪道崆峒求珠赤水下或有知時稱至理三正循環鴻圖資始於惟基命赫矣皇唐運啟再造天垂百祥玄德昇聞既壽永昌時乘白雲至於帝鄉穆穆嗣君雄雄下武禮極配天教先尊祖明發盡思僾然若睹敬佇仙游式嚴靈宇靈宇何在句金之陵丹霞夕映白霧朝凝重屋四注崇臺九層雲生窈窱日麗觚稜三秀交陰五便分徑丹砂流液玄洲立埥柳谷絙烟雷池瀉鏡彷彿九華依稀七映至誠則感有應斯來含眞上客蕭閒逸才飆輪倏忽晨蓋徘徊浮黎認土方丈疑臺昔有聖人建言敷教救物以慈奉先以孝敬佩直契恭聞大道顯妙用於言象鼓滄風於億兆薦純嘏

於無窮仰皇猷於克劭

五雲觀在茅山華陽洞西門五雲峯下宋天聖中王文穆公欽若之小君許國夫人請於內朝建此以棲公之神景祐四年

賜額

宋晏殊撰碑丞相冀文穆公即世之明年其小君許國夫人聞於內朝請建道館於茅山之南麓以爲公棲神之所聖上追念大臣哀憐時思特命郡守舊相李公迪主其營繕又敕公門下吏右侍禁張得一董其力役後十四年夫人以制度之未備申命公之猶子右班殿直士顒往增葺焉始賜名曰五雲觀僝工於天聖之丙寅已事於康定之庚辰其廣袤因崖巘之回抱其奧阼視科文之品第崇堂以宅肖像秘殿以嚴眞供層閣崛起廣除環構修廊蔓衍高源濬開庖廚有方

廐庫有次其外則壇場著前朝之蹟洞穴表靈峰之蘊喬松夾植蔭行旅之勞艮田外營資饎糧之給妙擇勤士恭修祕式其所以尊奉遺貌安安淨衆者罔不周具惟道家者流有清淨沖虛之說歸眞復朴之教後代悅其風者觸類而長於是乎幽經祕訣之數演清都洞臺之照臨三雲八景之錬修童初廣寒之游集上自后辟迄於臣民用資化源著在彝典初眞宗皇帝既偃武節肆修文事封泰山欵后土謁仙里建靈宮務集一王之儀邈追前代之盛公於是時都將相之重極風雲之遇與一二元老鴻儒碩生內則翊贊宸猷外則討論經禮用成削藁之佐密荷沃心之賞借前箸而謀定申巽風而令行至如檢玉介邱瘞繒脽壤近甸巡豫嘉壇裒對咸遵祕籙肆彰勤任用三洞之科式先八鑾而啟行公則參儀

衛之職焉寅受天瑞欽崇祖烈五岳陞號靈泉効祉並敞真宇茂昭元貺公又歷置使之任焉總集髦雋紛披載籍纈百世之龜鑑述方來之矩矱復詔公典領焉公又以混元之法有助亨會函笈所蘊源流實繁欣逢盛明用得論次乃復選通達其學者校讐而辨正焉名山洞石之藏金簡玉文之萃多所刊定訖無譌謬本至性之沖漠益聖朝之參會徜徉乎叢霄太霞之境諷詠乎廣韶曲素之篇寤寐赤松之游沈酣金七之藥間接真士高談妙樞由是翛然有乘雲驂飆離人拔俗之想每出沐休暇元辰令吉特屏世事虔修淨醮壇宇嚴邃旌旛颯纚杳塵寰之不接疑景象之有聞綿祺浸久積精忘疲乾興壬戌歲分符秣陵眷言茲山實邇茅次俄奉中詔郎伸嘉薦注慕靈壤徘徊淨域追肅自得澹乎忘歸隱士

朱自英者肥遯中岩載更年所公樂共素約宛若石友還朝
秉鈞之再歲以其名聞召至都下宴語紬繹異於常倫及其
還山又約他日卜鄰洞府音旨隆密朱君異之後數月而公
捐館舍且有遺語卜玆締構前後所費私帑凡百五十萬官
給不預焉續詔朱自英往來臨蒞之皆從公之素志也按眞
誥言句曲地肺土良水清謂之華陽洞天可以度世種民是
處三灾不干又言至忠至孝之人皆受靈職次爲列仙歲登
降其幽明如人間之考績則公之結思崇岫歸誠妙象豈徒
然哉矧夫出應賢運越登極位佐時勳大用物精多非特受
靈氣負踰羣品曷以協昌辰之偉任非默契仙籙往階眞格
曷以顯太和之挺生質於前聞其有冥合嗚噫乘時奮庸握
文武之柄尊主庇物罄其蘊懷執方持衡不疚風議烜赫輝

耀以功名自終然後脱遺世氛與羨門偓佺之徒相期於烟霭之際不其盛與惟夫人恪奉治命無忘遹追其嗣子殿中丞寅亮瞿瞿協心克終勝槩足播徽範永光圖史謂殊夙以文翰游公館宇見托撰述著之金石是用拜禮命之辱而忘其陋蕪公姓王氏諱欽若字定國夫人姓李氏公之邑里世系歷官差次上載史牒下刊碑誌此得畧而不書慶歷二年歲次壬午十月乙卯記

元陽觀在茅山茅洞上隆興初吳興道人沈善知者穴居茅洞自稱洞主遇韓蘄王茅夫人爲創殿宇於上初名沖虚庵慶元間請爲觀名元陽其石壇正壓洞門

唐顧況元陽觀詩此觀十年遊此房千里宿還來舊窗下更取君詩讀又日暮銜花飛鳥還月明溪上見青山遥知玉女

窗前樹不是仙人不許攀
天一眞慶觀在縣治西北七十里瑯琊鄉
紹眞觀在縣治北四十里移風鄉駒驪山神廟側今已廢
昇元觀在茅山鶴廟南政和八年建康守臣俞㮚奏請改祠宇
名昇元觀建炎盜燬紹興十四年丹光發於鶴廟故基奉皇
后中旨重建基南劉至孝三遇靈桃之地
白雲崇福觀在中茅峯西白雲峯下紹興時虛靜眞人王景溫
自華陽知宮退居於是名聞德壽宮敕賜觀額
明曾棨白雲觀詩仙人羽化白雲鄉臺殿差峩鎖夕陽望氣
幾時逢尹喜看花前度識劉郎丹房龍虎蟠金鼎石洞烟霞
護玉牀謾說仙家多勝事藍橋何處覓璚漿
宋學士戴溪撰碑句曲江左名山洞天福地以茅君隱而仙

是稱茅山有積金峯當西一面積金之支右轉而特起者白雲之峯也道俗相傳嘗見其草木後凋烟霞在望然東西兩山靈宮閟宇各奠所宜兹曠弗卜顧有待耶紹興中華陽道士王景温披榛蕀鑿岩崖室於峯之下俄以行志修潔聞乃卽其居錫崇福觀額暨白金莊田饒益之俾展其成於是甓壇場班像設有門鼎峙有亭翬飛堂皇深密廊廡袤延重樓傑閣雲層巍峩前闢端逵松杉行列如蓋如幢有赤山湖軒豁面勢崇岡秀巒左顧右揖鬱鬱杳杳映帶清深而居而游如脫紛拏如蹈仙墟中間方壺丈室上親灑翰揭以虛靜與夫紹興以來四朝錫予寶鎮泉石人間世事待有大福德力作興風雲會合殊勝然後底乃績今其徒居之思有以稱亦反其初而已大林邱山之善於人也亦神者弗勝然而道者

托焉昔之爲道術者棄絶乎名勢利欲精專乎身心性命唯恐入焉不深且密也待其行成一朝蜕去人方兢兢然持其所棄迹其所蜕以帡幪其隱約鼓鐘其沈潛影響其清風素節而冀得其人如初乃亦甘心焉豢其養尸其居美其衣食寢處如世俗轉復爲名勢利欲所愚而道術安在是山不特茅隱二許楊陶之遺地不改址往往蓬戸桑樞霞餐柏食托於人之所不堪顧自有丹臺絳宮抱玉懷珠在開白雲者必不專以外境遺子孫也溪之從子埏往來山中人境俱熟道士周觀復景温高弟求記其師之功緒甚力乃俾埏序次其見聞因附見吾説觀復持歸告語其徒庶有警焉以復其初

嘉定四年九月望日記

棲眞古觀在元符萬寧宮側卽隱居中館也桃源黄尊師居之

宣和中賜名觀

明方豪棲眞觀詩棲眞觀在華陽西幽宅落花迷古蹊凍鳥不鳴白日靜仙鸞已去蒼雲低

按此觀今在大茅峯下祀九天監生神祈嗣者多靈應俗呼子孫堂別有林中館在崇禧宮左憲副曹公銓建

盧君觀在縣治北七十里瑯琊鄉

慶眞觀在縣治北七十里瑯琊鄉

崇寧觀在縣治西北四十里瑯琊鄉

武岐玄帝觀在縣治北七十里仁信鄉

宮院

元符萬寧宮在茅山積金峯下隱居道靖之基混康先生庵居焉元符初以道遇哲宗詔即所居建觀因名元符徽宗賜爲

宮加萬寧之名並門殿諸額皆御題焉建炎盜燬高宗重建

御書宮額有趙松雪手書小楷碑

宋徽宗元符萬寧慶成頌句曲之山有居其顛誰氏之子象帝之先啟迪後人淑修其身守靜而篤是爲葆眞在昔元符作室其下經始勿亟以遺來者我應受之嗣紹厥緒我儀圖之繕此棟宇考彼宮宇因心而友不日成之克相其後乃益其名曰維萬寧書以揭之用妥明靈道大無方體用有常以德則帝以業而王坐進此道與道無極神之聽之洽此萬國大學士蔡卞撰碑崇寧五年秋有司言茅山元符萬寧宮成有詔臣卞爲之記臣卞拜手稽首而獻文曰德莫崇於尊道業莫大於昭功臣伏覩皇帝自踐祚以來苑囿之觀無所增飾外物之玩無足以累其心者而深觀化原探索道妙澹然

無爲以御羣有心旣得此矣且曰道之所在聖人尊之是故山林之士寂寞之濱槩嘗有聞於是者必有以寵嘉之況其上者乎夙興夜寐因任原省以昭前人之光凡已事之未就雖其小者必緝熙之葢所以尊道而昭功可謂至矣而斯宮之成二美並焉將以詔後世而垂無窮臣是以受命而不敢辭也謹按金陵句曲山在西漢時有眞人居焉抱神以靜超然遺物仙聖降而與之言以登雲天推其緒餘以化二季而二季亦以仙去是爲三茅君而世因號其山曰茅山自時厥後光景之異雲鶴之祥笙簫之響震見於山椒者歲嘗有之而方外之士慕道聞風而來者亦莫可勝數熙寗初常州道士劉混康者始誅茅結庵於山之積金峰其始至也拾橡栗以爲食焚柏實以爲香久而甘之不厭於是人稍信異往往

負薪裹糧以給之先生躬有妙行而濟之以常善救物之心每以上清符水療治衆病服之輒愈由是遠近輻輳而先生之名益著矣哲宗召至京師燕見便殿賜號洞元通妙大師且命即其故居易而新之會改元元符因號其處曰元符觀猶未訖功皇帝二年秋遣中貴趣召先生來朝且詔守臣監司委曲敦諭勿聽其有所辭先生至自茅山入對久之語有以當上心者他日訪以三茅君事具奏所聞乃詔加錫茅君號而即山構殿以禮祠焉先生又請建皇帝本命殿於東南隅之長生地從之於是鐘有樓經有閣歲度人有數日給衆有田而宮之衆事畢具矣仍降誥以爲葆眞觀妙沖和先生而度其弟子爲道士者十餘人其上皆錫紫衣師名以寵之所以尊禮之甚至先生再謁還故山皇帝又爲書道藏經數

卷及親畫老子像賜之以榮其歸宮將成御題其榜曰元符萬寧宮雲漢之章下賁岩谷是將有神物守護垂之億年與道無極也且以謂是宮經始於元符而落成於今故因其舊名而增之以彰繼志述事之意睿聖相承紹隆眞風所謂一宮之成而二美並焉者此也臣既序其事使後世得以觀覽而又係之以詩其詞曰猗嗟三茅得自初成氣合於無與形俱昇孰希其風必靜必淸寥寥久哉乃發先生帝用尊之載召來廷乃親其人燕見妙語乃錫命書追其儔侶因其故廬啟此新宇像圖仙眞上肖帝所神筆牓之龍鳳軒翥天錫皇帝聰明孝友抱一用中以綏九有遐邇率從尊道熙功有欲求之與在斯宮作爲好歌以詔無窮

崇禧萬壽宮在茅山華陽洞南門之東即舊崇禧觀址有道士

王遠知入茅山師事陶宏景傳其道法高祖之潛龍也遠知嘗傳符命太宗平王世充與房玄齡微服以謁遠知曰此中有聖人得非秦王乎太宗以實告遠知曰方作太平天子願自愛也太宗登極將重加祿位遠知固請歸山貞觀九年潤州置太平觀以處之宋祥符元年因祈禱改名崇禧觀其祈嗣獲應每歲建金籙道場命句容縣宰充代拜官設醮於此由是總轄諸山此觀爲宋延祐六年改額爲宮

宋張商英撰碑東南之望曰句曲山蓋華陽洞天地肺福地易遷含眞之所宅司命童初之所治晉宋以來得道之士二許楊陶遺壇故宅猶有存者宮觀十二崇禧總之國家靈承天心敷錫民福鏤金之虬鏤玉之簡妙眞之香丹素之詞歲修常典間遣王人設官以提其綱賜田以贍其眾宜其宮闕

壯麗列聖下居廊廡深嚴萬靈侍衛至者悚然有以移其視聽居者肅然有以洗其心志仙科秘範之所出寶章靈篆之所宗而希夷淡泊之門寂寞無爲之教學士大夫未之或講州縣政事又非所先田租所入悉籠於官道侶計口而賦糧有司互券而出納方斗脊之鈎考孰土木之暇議上下顧望歲月因循屋顛而不持棟故而不革圮廢而不興垣頹而不作寶文侍制何公君表在元祐中以趣向背時提舉西京崇福宮居金陵嘗至山中熟知其弊紹聖親政召對便殿明年移鎮於此仲發曩志議營繕之會商英謫蒞管庫公俾圖以授商英曰子於道家之學博且久矣凡向背開合之不如經者其悉據古考正之商英視圖南面三門則道俗出入之所由也三清北極本命三殿相直而玉皇殿乃在東隅商英謹

按老子之書曰天法道道法自然自然者清氣之始也其天爲清微其境爲玉清其天尊爲元始其帝爲玉皇所謂道者氣之純清也其天爲禹餘其境爲上清其太上爲大道玉晨君其帝爲天皇所謂天者氣之積清也其天爲大赤其境爲太清其太上爲老君其帝爲北極本命者支干之神以統於北極者也北極者中天之樞以口口皇者也今以北極次三清以本命次北極而玉皇居左非道之序也神而來格亦莫安於其位矣請先玉皇而後北極而左本命三門者神靈之所由也非祠醮則闔之東建道院西設賓館如此則尊卑不相亂道俗不相淆人神不相雜矣公曰善乎論也茲山宮宇古今廢置不一道術之士有在於是者亦已多矣曾亡一人以三氣三天三尊三帝之說辯正升降者豈崇無而復靜者

或闕於羣有之用造有以致動者或昧於至無之體代正移句容縣如子之議因而完之矣越明年五月玉皇殿成奉安之日有雙白鶴終日迴翔遶顛其上於是上清大洞法師劉混康與其受籙弟子曰異時白鶴常以三月十八日來集或有或無亦不常也今殿成而鶴降非何公崇敬之誠默與眞契其何以召此祥請繪公像於別室以永我邦人之思已事而求記於商英乃序而系之以頌曰一氣之先强名自然致虛爲道運道成天三彰一隱一立三全分爲九氣列爲八埏峩峩茅峯東南之望帝居道祠於山下上厥初經營先後錯爽何公正之靈報如響儀儀者鶴來自雲霄誰其駕之於焉逍遥氣合太沖神遊泬寥監觀在下德馨孔昭宮室絢絢岩谷煥煥風馬霓旌倏止倏燕維山有祥維國有艮天子萬年

賚及四方何公于蕃百治皆具神之聽之亦惟公故錫爾嘉穀宜其邦人介爾多祜者盡厥身邦人感仰繪公之像配山久長以對景貺

華陽宮在茅山積金峰西郎隱居上館也天寶間明皇從玄靜先生受上清經籙於此

下泊宮在中茅峰大羅源西大司命以漢地節三年自咸陽昇舉乃下泊句曲以候二弟隱居云父老相傳大茅之西北平地棠棃樹間名下泊處謂是司命故宅唐貞觀十一年重立碑

宋陳輔下泊宮詩咸陽龍虎此飛昇二弟東山道亦成不見棠棃司命宅空餘丹井一泓清

祠宇宮在中茅峰鶴廟側天寶七年敕在鶴廟下立精舍度道

士焚修祀三茅道祖

燕洞宫在小茅峰方隅山東

唐陸龜蒙洞宫秋夕詩月午山空桂華落華陽道士雲衣薄石壇香散步虛遲杉露泠泠滴棲鶴

明顧起元燕洞宫詩石房雲臥不知春靈嶠何年駐玉眞忽問仙源非漢代恰逢毛女是秦人丰茸葉盡名銀草淸淺流多號玉津欲論龜山臺上事自憐蓬海隔音塵

九霄宫在大茅峰頂即聖祐觀也漢建石壇石屋祀三茅君石像齊梁間易爲殿宇宋延祐三年敕建聖祐觀明萬歷二十六年敕改九霄宫

明林春澤詩紫府高盤華蓋上青天句曲謁茅君神州自是蓬壺境玉闕平臨象緯文龍女春迴千嶂雨鶴巢宵托半間

雲齋居潜景道心長仙語分明謦欬聞

湛若水詩雲塞前無路徐行乃有通不知轉忽間脚踏最高峰我衣濕寒雨我袖飄天風三茅皆失色萬象歸玄同玄同夫何如吾乃觀無窮

陳沂詩山上起琳宫朱樓紫閣重野烟生夕景霜葉綴秋容白石縱横路丹梯掩映峰道人前指領隨處説仙宫

陳繼儒詩人間沈沈夢未覺夜半月出登仙閣紫芝瑤草生天香鶴夢未了松花落古壁寒泉積蘚長春潭雲木幾千章何年乘犢入山去醉石前頭結草堂

聖祖院在大茅峰下崇元觀前

唐賈餗撰碑唐寶歷二年歲直丙午浙右連帥御史大夫贊皇公新建聖祖院於大茅峰下崇元觀之前上直夫華陽洞

之南門集羣仙之靈慶資聖壽於億萬本其經始實感周先
生出應昌運爲唐廣成薦瑞表祥式旌不朽於是恩錫院額
號曰寶歷崇元聖祖院玄門之盛輝動岩谷時唐興二百有
九載天子以神聖文武維新景命德合乎五千文之玄訓明
繼乎十一聖之丕業以清淨源化理以仁壽域生靈陶之以
太和躋之於至順故自臨御大寶則詔百辟旁延萬邦推誠
備禮徵訪治道瘝瘝孜孜如恐不及夫明天子勤求於上必
賢邦伯感致於下君臣一德而道德可興乃其年秋七月公
以天子之命齋戒虔懇果得周先生曰息元實元精之全德
大道之宗師也先生葆真抱一涵光吹萬天下聆其風者久
矣而遐襟曠迹冥寄希夷顯晦自我人莫能識夫玄珠非喫
詬可索至道惟精誠是致故累聖所不能起而一朝感契洪

化烝然來思且謂公曰昔廣成對理身之問鴻濛啟養心之說二者皇上之大本也今息元亦將以斯道上報吾君公於是澄心清神思所以慶皇休而贊景福遂與先生圖議選置玄宇相彼形勝莫靈此峯昔梁朝福鄉太子置道館二古壇廢井遺址猶存乃鏟荒夷險鬱起層構散俸錢以資其費擇幹吏以董其役翬飛矢直不日而成像設崇嚴殿宇沈邃神仙儀衛左右森列并按舊史氏得仲尼問禮關尹請著書之像咸備於前葢將會通仙而肅百靈以永爲國家齋醮之勝選也況三茅精氣二許馨烈古來得道者代有其人考傳驗圖若可攀揖而繚垣之內有流泉嘉木滋飾幽潤地靈境秀觸類增益懋此成績與山無窮仰惟聖祖育德乎太極之前顯仁於未形之表當是時也合散消息莫可名象明而爲日

月動而爲風雷播育而不測運行而不殆君得之豕韋以挈天地臣得之傅說以相武丁吾何爲哉道本一貫及夫神化挺生含章炳靈象帝之先資我强名將寄言以顯玄樞錫羨以興皇業猶龍既見萬物方覩是宜夫垂休儲祉長發其祥億萬斯慶集於寶歷此崇元新院所以得時而啟也初公以上方崇嚮道德之士可以當是大選者惟周先生一人而已故其招致之忠盡訪求之精實則先生不得不出而公之誠節不得不伸既而聖情感愜萬國瞻賀其逢迎之優異禮貌之嚴顯自古尊師重道之盛無以加也則眞宗玄極至道之精不得不洞契乎上心播宣於至術俾風流澤浸廣被八區此先生所以出而不疑亦所以示天下之不可不致如已者當吾君之至理適吾道之可行千載一期起乃時耳矧公以

濟代全材合乎休明樹風南藩績最天下前歲與建儒學而
天降膏露顯於廟廷俗變風移遂至於道今之輝崇眞館闡
奉玄化上感睿旨下孚元元仁聲順氣流溢四境推是爲政
大而伸之則致君經國之用可見矣又况封部之內融泳之
下徧識玄元之教俱爲嵔壘之人顧難乎哉餗謬列屬城獲
詳事實又嘗以春秋屬辭爲學故承命奮筆直而不文其銘
曰聖運光啟山川効靈黃帝爲君起乃廣成崆峒至言今復
行兮明明天子以道致理方伯虔誠先生戾止累聖莫致今
茲起兮玄感既宣化流溥天公拜稽首天子萬年何以薦神
御玄元兮閟宇崇崇聖祖尊容神而明之神應豐隆華陽仙
洞大茅峰兮金榜瑶壇仙衛眞官羽節淩風珠佩珊珊是醮
是齋百福延兮名從天錫境占地久下薦臣忠上資聖壽靈

山萬歲續不朽兮

華陽道院在茅山元符萬寧宮東

元趙世延華陽道院詩涼飆集庭柯秋氣殊未肅扶雲度崇岡訪古瞰岩谷午亭琳宇琴清致超冰玉愧爾白雲人幽棲非落落

吳全節詩鼇戴三峯擁客槎采眞訪古意無涯雲山夜雨棠梨樹宇宙春風棣萼花龍洞遠分丹井水鶴松高映赤城霞宗師應帝光前緒仙館新開第一家

趙孟頫書碑道家者流有符籙之法謂能呼吸風雷役召神鬼或者疑焉天人一也寒則體慄暑則體燠是形吾者天也周吾形者無非天也故曰天人之際感與應而已惟其人氣之戾始與天乖愚夫愚婦一念之烈猶能有動況高人德士

棲身孤負鍊行精純志之所在天必不違昔在世祖皇帝時句曲許宗師來朝有禱輒應上異之特詔主其諸宮觀紹傳符籙許宗師將化手印待今王君至而傳之大德二年淮南蝗本道宣慰使禮請君至江都醮而禳焉俄而未羽者殪於雨羽者有鶖蔽空而至啄食之食而復吐吐而復啄如是連日蝗不爲災先是旱禱而雨淮南人大駭悅爭持金帛拜而酬之卻之不退送者塡道歸曰吾豈必夫景貺哉第竭吾誠以濟吾法至於兩獲捷應全活數郡者實三茅君有相其往且寶運方隆不當有餓民耳其所酬金帛苟橐裝之是幸功也吾以別館三君而祝釐於國兼祀二親以報其私庶乎稱也是年遂營於元符萬寧宮之東仰挹飆輪俯瞰金菌山得所峙水得所經隈奧卽秀巧適地宜儉不至陋奢不踰制凡

爲屋五十餘楹象三茅君於主殿依其考妣於翼室肇基訖工盡六年號華陽道院至大三年夏天子命玄教嗣師吳眞人醮祀江南始於句曲君出迓京口眞人曰香幣上所祝而手以授余余將之無敢不恪暑雨方淫詰朝當抵元符雨淖或沾亦惟神羞君曰敢敬諾翼日雨垂不下旣奠香幣大雨行事之日復止眞人還朝爲余縷言王君如右因爲求銘華陽余聞王君簡而章莊而和靜方而動圓蓋有道君子也故出言而灾弭有禱而神彰功成而不宰德充而愈約由是制授養素通眞明教眞人夫句曲之爲名山舊矣高人德士游息其間者以其幽深隔世囂紛絕迹駐靈光而資悟賞也旣紀其事仍繫之辭依倣步虛之聲寫其閒遠之思君名道孟號牧齋建康句容人嗣四十四代宗師辭曰句曲嵯峨窈岭

嵤神仙所宅閟雲扃霓旌羽蓋搏紫清儵來忽逝何杳冥通眞眞人鍊元精餐霞服氣方瞳青棲遲陽谷吹玉笙瑤裝駐鶴崑崙庭鐲灾弭變翼世平揚休儲慶奉天明遠心絕物思蓬瀛手持青芝對丹經瓊都琳館吾此營大招眞侶捫幽靈爰清爰靜無勞形無搖爾精可長生下觀塵囂百憂嬰醉生夢死悲短齡重陰無罅窺日星有欲從之視此銘

靈寶院在茅山玉晨觀卽昭眞臺故基唐孫智清王棲霞重建奉靈寶天尊像額曰靈寶院內有老君瑞像殿先是玄靜先生所立高祖時老君屢降晉陽羊角山因請立像大觀三年四月玉晨道者梁悟眞旦汲殿前周眞人池忽覺紫煙瀰覆其身烟中見老君乘白馬以加句天童經授梁梁本庸愚自是不食誦經言人禍福有驗天童經刻石傳焉

龍源道院在縣治西南四十里上容鄉五渚村天寶間道士湯應崇創建其地峯巒環拱洲渚縈迴明洪武初外史周易初讀書於此愛其幽雅可以逃俗遂徹舊圖新結屋終老成化五年道士孔應玄建眞武樓三清殿山門丈室參差竹樹之中頗稱名勝

崇眞道院在縣治五十里臨泉鄉

靈濟道院在縣治東北二十里移風鄉

清微道院在小茅山燕洞宮側道人丁合幽建笪重光題額

廣惠院在縣治南三十里崇德鄉

接待院在縣治東南三十里句容鄉

大聖院在縣治東四十里望仙鄉

招慶院在縣治東北四十里望仙鄉

證聖院在縣治北六十里仁信鄉

殿壇

銅殿在寶華山隆昌寺高二丈三尺濶一丈五尺深一丈三尺五寸梁棟櫨栱窗瓦屏楹悉範銅爲之明萬歷三十三年釋妙峯奉慈聖太后各賜金錢創建

國朝康熙四十六年

聖祖仁皇帝巡幸

御書賜蓮界雲香額

明鍾惺登銅殿詩一路陰晴屢不分山中風候易紛紜村過數日無紅葉江近雙峰似白雲蛇虎夜深求懺度鼓鐘人定示聲聞可憐世外僧經濟金火須臾歷劫勳

鮑鱗宗詩獨上千華寺瞻依大士前林深涵水月山迥入雲烟坐化長生地燈分不夜天慈心隨刹現靈應自無邊

明太史焦竑撰碑蓋聞染淨融通託徽猷於法界根塵泯合震玄響於支提道妙無爲功存有作故三千寶座迴出天宮八萬珍臺遙臨淨域撫神機而獨化攜弱喪以同歸其來尚矣然峩嵋之鐵瓦堅固冶鑄未精綦嶺之金屋輝煌規恢未廣若夫瞻其容備來五梵崇其居錯於三品繩之而爲路布之而爲園觸目所成靡非一色未有如華山之觀音殿者也先是有妙峯師福登者爲晉之蒲州人通達無礙慧解多能勤求於八淸淨心成就於五菩提法囊於西蜀廣購南金造大士像三軀各爲殿以貯之文殊普賢奉安有所獨觀音大士擬送普陀緣事未果乃徧卜佛前得華山而定居焉爾其下控金陵上纒珠斗山川磊落郊圻杭豐鎬之都島嶼縈迴烟霧合朝宗之浦實一方之勝爲萬國所瞻於是卽寶誌之

遺區爲觀音而兆跡乘空援矩揆日端繩總銑鋈之良材盡
梟桃之能事寶殿設而人天聳聖容開而緇素集震動三界
謂彌勒菩薩下兜率之天照耀十方若多寶如來涌耆闍之
地倏爾而銅山嶇起須臾而金輪自至天龍八部羅列於垣
墉動植千名縱橫於戶牖足使舟遷夜壑不變度門劫算塁
塵永垂貞範豈止衡飆蕩岳難搖忍地之靈烈火燎原不撓
堅林之色而已哉自是接相好觀音聲可以輙劒鋒可以濡
火宅入影而三途脫投地而八難消指陰界爲妙門驅塵勞
爲法侶聚沙皆成佛事合掌而入聖流卽有相之塗詣無生
之理其功豈徼也哉聖母慈聖皇太后及今上皇帝念聖祖
龍興之地闡繹眞乘羽翼大化爲功不淺各賜大藏經一部
滲金塔一座山名寶華山寺名護國隆昌寺并給金錢助其

修葺俾守備內監劉朝用董之是役也具足三施積累衆功爲無算數之妙果有不思議之神力不佞嘗因扣寂屬委摛詞幻境難留歎人琴之頓盡仁慈在望幸琬琰之可刊欲書紀事之碑敢讓當仁之筆頌曰無量智慧火鍊此無明銅戒定以爲模鑄成無漏殿巍巍復堂堂中坐觀世音盂水青楊枝珊瑚大寶珠如紫金光聚隨取無弗得亦如帝釋宮嚴飭爲第一然此有爲法究竟非堅固如雕冰鏤雪終歸於烏有由成乃得住由住而爲壞孰知成壞中有不壞者存稽首大悲尊願度恆沙衆共證金剛身萬劫長不毀

無梁殿有三一在茅山玉晨觀二在寶華山銅殿左右一名文殊一名普賢皆累甓而成殿故名

九層壇在乾元觀宋大中祥符中朱觀妙築此行法

天市壇在華陽洞天之中央玄窗之上玄帝召四海神使遊安息國天市山盤石覆洞天之上故名又曰仙人市壇昔保命丞趙威伯善嘯如百鳥雜鳴或如風激衆林或如伐鼓之音時登天市壇上奮髯北向長嘯呼風須臾雲翔其上衝氣動林或冥霧歘合零雨其濛

上清宗壇在積金峯元符萬寧宮前上祠歷代宗師宋理宗御書壇額俗謂九層臺

石戒壇在華山銅殿下上有佛制戒壇額壇始以木爲之釋見月易以石週以層欄承以蓮座其規制悉遵律範

國朝康熙四十六年

聖祖仁皇帝巡幸

御書精持梵戒額

繡水王著石戒壇小引曰戒壇佛律地也余讀遷史諸志禮樂之後必繼以律知律之有補於禮樂也久矣漢庭叔孫通習綿蕝起朝儀諸侯羣臣數百人朝竟無敢喧譁失禮者高帝曰吾乃今日知為皇帝之貴叔孫所定之禮使莫不振恐禮即律也今觀戒壇戒子數百人威儀嚴整如細柳營無敢犯儼然叔孫禮也戒壇律地不以景重因作詩三律志之

佛旨尊嚴聽始知漢庭如見叔孫儀飯鐘靜領三千指心鏡嘗懸十二時戒本根源生定慧律先宗法斷貪癡儒門澹泊難收拾禮樂相看轉在茲　起人恭敬是叢林至此尤增恭敬深山擁蓮華華即寶壇開淨土土為金林泉似受多生戒鳥鼠嘗施無畏心安用普陀瞻化蹟松濤不異海潮音　楊枝漱齒石泉清起息惟聞鐘板聲比屋莫交同戒語出坡方

問隔山行鳥知過午先求食樵禁當春不伐生草木昆蟲皆自得布囊漉水向空鐺

弘道壇在崇壽觀外史張伯雨建仍潘尊師嵩陽壇名

明皇受籙壇在中茅玉柱洞側

火浣壇在金菌山大澗上林眞人火解處

長史壇在小茅山玉晨觀左上刻貞白先生立

隱居埋名壇在玉晨觀右卽隱居所謂東位青壇西表素塔明兩教雙修之義

菴堂

葛仙公菴在縣治西青元觀側仙公瘞劒之處故老傳言其山門本西向後經修理移以向南一夕風雨大作仍移向西見仙公靈異如此又殿前有銀杏樹兩株大逾十圍相傳結果

極多果熟兒童爭以石礫擊之致碎殿瓦呼禁不止有嚴道士具疏焚祖師前明年果遂不生至今猶然

圓通菴在縣治南兆文橋側僧明心徒真宏募建給諫石林祝公題扁名菴太史蘭嵎朱公復書兆文精舍以畀之

集慶庵在縣治小南門烏翅岡

永新庵在縣治南門內青元觀右僧興蓮建邑士王化捐資倡始其徒了悅仍構別室於菴前大宗伯忠銘王公題爲今名戶部郎思章陳公書城南精舍揭於菴門乾隆年間邑令周應宿題爲白雲窩

歸善菴在南門外一里許相傳黄巢起兵至此歸善故名因有像在內南去六里爲劒塘云黄巢投戈處也

延壽菴在縣治東南隅

恭河菴在縣治南六十里承仙鄉

唐陵廟菴在縣治南六十五里承仙鄉唐陵村相傳爲南唐陵

寢之地今無考惟此古刹也

衍慶菴在縣治南七十里承仙鄉

上眞菴在縣治東北十五里移風鄉

趙村菴在縣治南六十里承仙鄉

范家堰菴宋居士江濟川建在縣西三里許通德鄉

菩提菴在縣治南上容鄉西庫村僧人眞喜建

地藏菴在西門外五里許杜家山麓

興古菴在縣南六十里上容鄉

寶積菴在縣治西北七十里瑯琊鄉

相王菴在縣治東北三十里孝義鄉

華嚴菴在福祚鄉闕巷村僧人如性募建

彭山菴在縣治西南七里福祚鄉

善應菴在縣治東五里句容鄉

北圓通菴有二一在縣治東北四十里望仙鄉一在縣治北二十里鳳壇鄉

勝潭菴在縣治東北四十里望仙鄉

平泉菴在縣治西北五十里瑯琊鄉

普度菴在縣治北四十里

奉祠菴在縣治東四十里望仙鄉

顧雲菴在縣治東三十里來蘇鄉

顔墳菴在縣治東三十里來蘇鄉因唐顔魯公葬衣冠其地立僧菴墓傍以守墓中供常山魯公二像元時朱竹山慕其忠

義捐田二頃以爲烝祀之資後爲土人所侵明末朱氏子孫清釐之至今香火不絶

敬德菴在縣治南二十五里句容鄉

許村菴在縣治西二十里通德鄉

觀音菴在縣治東北四十里望仙鄉一在縣治東南三十里句容鄉一在西門外一里許官路傍

興谷菴在縣治北三十里鳳壇鄉

任墳菴在縣治北三十里孝義鄉

紀家菴在縣治北高驪山紀氏墳傍

澗南菴　澗北菴　許墓菴　俱在縣治南五十里上容鄉即舊朱莊廟

圓錫菴在大茅龍尾山紹興間毘陵道者虞慧聰蓮頭苦行棲

大羅源日織草履二緉以易粟每夕禮斗致感黑虎伏其旁
高行知名召見德壽宮賜以齋米對曰野人無用留作軍需
上一笑放還山遂徙龍尾之前

郗尊師菴在茅山茅洞前尊師遺名遺世累甓爲垣鑿石爲臼
纔方丈餘遺寵薇荆莽中西淸陳公紹興間築菴始見之

抱朴山菴在茅山抱朴峯相傳許長史孫黄民娶稚川孫女結
菴居其處

天信菴在飆輪峯下楊亶甲先生居之自謂平生未常求信於
人惟求信於天耳

棲白菴在丁公山宋學士秦熺爲元符張洞元建
宋呂江棲白菴詩門外竹千个崖顛兩徑分奔泉流碎月高
樹礙行雲游客倦欲臥道人言所文但云秦學士曾此遇茅

君

□□菴在中茅玉砂泉上劉莎衣先生居之

唐若山菴在郭干塘東若山唐開元中爲潤州刺史棄官來山

今林屋猶有殘碑

凝神菴在中茅黑虎谷中紹興間祠宇宮張達道先生居此高

宗欲賜觀名辭焉

宋梁大柱凝神菴詩菴廬占勝倚巖扃中有高人謝俗名書

卷獨存標月指松風疑聽唱潮聲衲摩銀鼠花生纈墨灑金

鸞草間行回首浮縈空一夢湖光醮碧遠山横

潛神菴在積金峯元符宮頂混康與沖隱養素結茅修鍊之地

徽宗爲新之賜此名俗稱團瓢基也

福田菴在縣治北二十里仁信鄉僧瑞林募建邑人朱照修爲

之記

玉泉菴　積金峯菴　雲谷菴　奉眞菴　迎眞菴

二館菴　迎眞菴　鶴臺菴　常靜菴　超然菴

萬松菴　喜客泉菴　俱妙菴　朝陽菴　思眞菴

歸眞菴　淨眞菴　澄眞菴　石堂菴　慶和菴

上喜菴　守柔菴　靈寶菴　秀雲菴　青龍菴

眞興菴　志和菴　素華菴　和福菴　仙臺菴

丹谷菴　寍眞菴　修然菴　靖虛菴　通泉菴

太和菴　致柔菴　善慶菴　妙法菴　熙眞菴

如常菴　靈泉菴　四仙菴　洞陽菴　通靈菴

□□菴　金眞菴　黃寍菴　沖慶菴　崇德菴

□□菴　九錫菴　草堂菴　三華菴　寍壽菴

□□菴　老壽菴　觀妙菴　洞清菴　東華菴
□□菴　高靈菴　圓慶菴　朝眞菴　隱深菴
抱陽菴　和眞菴　仁和菴　抱元菴　集禧菴
至聖菴　拱極菴　養素菴　居靜菴　濟陽菴
朝元菴　百丈菴　體純菴　元眞菴　扶虞菴
盈淨菴　明眞菴　澄虛菴　淨隱菴　凝熙菴
守一菴　常應菴　德善菴　熙盈菴　洞仙菴
養拙菴　元通菴　德潤菴　洞元菴　玉掖菴
見素菴　朝斗菴　延眞菴　瑞雲菴　慶雲菴

以上諸菴俱在三茅之間今皆毀廢其出蹟亦無可考聊依金陵志萬歷順治兩舊志及茅山志祗存其名於不沒而已

□仙菴　□□菴　一了菴　甘露菴　止白菴

以上俱在乾元觀

凝雲菴　谷神菴　崇眞菴　碧虛菴　居常菴

正一菴　登神菴　元德菴　柔和菴

以上俱在茅山拱辰谷宋熙寧間道士潘道堅任祖師建歸

併仁祐觀

一葉菴在寶華山南麓走馬山　穿雲菴在寶華山西

鹿山菴在寶華山南麓鹿山　定水菴在龍潭鎭蟠龍山

□□菴在寶華山東麓　雪浪菴在寶華西南雪浪山下

□□堂在縣治南十五里福祚鄉住山許德明孔如通募建

□□堂在縣治南三十里崇德鄉

□□觀音堂五所一在馬疲岡一在上察司一在白塔一在江

□□□□□□□□□有菩提眞境四大字

卷四終

句容縣志卷第五

民賦志　戶口　田賦學田附草場附　課鈔　均徭　貢輸

戶口

前代及宋景定志所載戶口實數客戶三千九百九十六口七千二百一十三

乾道志主戶二萬五千八百九十七主丁口六萬七千五十客戶二千四百九十六客丁口五千七百六十六

元戶三萬四千八百一十四口二十一萬四千七百九十南人戶三萬四千七百六十五北人戶四十九漢人戶三十八

明洪武永樂間戶三萬六千八十九實在人戶二十萬五千七百一十七男子一十二萬三千二百六十七婦女八萬二千

萬六千四百五十八實在人口二十一萬二千六百二十六男子一十二萬八千五百六十九婦女八萬四千六十七

隆慶六年審戶造冊戶三萬五千八百四十七口二十一萬五千九百八十六男子一十三萬五千五百八十六婦女八萬五千四百

大清編戶一十二萬六百七十三戶內人丁共三十九萬三千四百三十六丁男子共一十九萬五千四十八婦女共一十九萬八千三百八十八原額納銀人丁四萬六千一百四十八丁

順治五年審增人丁五十六丁十四年審增人丁三千三百二十二丁

康熙元年審增人丁一十三丁四年清查增人丁一十七丁十一年審增人丁三十四丁十五年審增人丁三十二丁二十年審增人丁一十七丁二十五年審增人丁三十丁三十年審增人丁三十四丁三十五年審增人丁一十七丁四十年審增人丁一十七丁四十五年審增人丁一十七丁五十年審增人丁一十七丁并原額共人丁四萬九千二百五十丁每丁一例徵銀一錢三分八釐共徵銀六千七百九十六兩五錢內優免人丁五百二十一丁康熙五十二年欽奉
恩詔徵收丁銀但據康熙五十年丁冊定為常額續增人丁永不加賦名為盛世滋生戶口五十五年編審滋生人丁一十七丁六十年編審滋生人丁一十七丁雍正四年編審滋生人丁三十二丁前督院范于丁隨田辦以廣

皇仁等事案內題請自雍正六年爲始將前項人丁銀兩隨田
辦納九年編審滋生人丁三十三丁乾隆元年編審滋生人
丁三十八丁十一年編審滋生人丁四十九丁

田賦

前代官民田土一萬二千八百二十七頃五十三畝六分二釐
官田土四百四十五頃三十五畝三分二釐田二百六十八
頃七十七畝五分地五十五頃五十二畝二釐山一百一十
頃二十一畝二分九釐雜產一十頃八十四畝五分一釐
民田土一萬二千三百八十二頃一十八畝三分田七千二
百四十八頃九十六畝五分五釐地一千八十頃五十七畝
六分四釐山四千二十一頃七畝二分二釐塘四頃九十五
畝雜產二十六頃六十一畝八分九釐
明官民田地山塘等項一萬四千一百三十二頃六十一畝二
分六毫
官田地山塘等項三千九百七十頃八十二畝四分八釐田

二千五百三十九頃九十六畝七分三釐三毫地二百五十二頃一畝四分九釐六毫山八百八十四頃八十七畝二分四毫塘一百三十八頃四畝七分六釐二毫蘆田二頃四十畝七分五釐蘆蕩四十二頃二十六畝三分草場一十一頃二十五畝二分八釐

民田地山蕩等項一萬一百六十一頃七十八畝七分二釐六毫田五千六百三十一頃五十七畝六釐六毫地一千二百三十三頃六十二畝三分八釐山二千八百一十六頃二十一畝一分一釐五毫塘三百一頃九十七畝二分二釐二毫蘆田五頃九十六畝二分五釐蘆蕩一百三十三頃八十二畝六分二釐草場三十八頃六十一畝一分九釐

隆慶三年丈量官民田地山塘蕩場一百四十四萬六千五

畝三分六釐五毫田七十三萬五百四十八畝二分九釐五毫荒田六千九百九十三畝四分九釐三毫地二十四萬八千六百九十六畝四分六釐八毫荒地五千一百九畝六分三釐四毫山三十九萬四千七百二畝二分五釐塘四萬二千四百六十八畝三分五釐蕩場一萬七千四百八十六畝八分六釐五毫

大清原額田地山塘蘆蕩草塲共一萬四千四百九十九頃四十二畝一毫共徵本色米豆三萬八千八百五十九石八十五合一勺零折色銀五萬三千四百七十兩二錢七釐一毫

康熙二年地蕩轉陞田四十畝七分零山並荒地並轉陞熟地八十畝三分零

康熙四年陞增田地六十三畝七分零地轉則田并荒轉熟

共田四頃五十七畝六分

康熙五年陞增田六十七畝一分　十六年山蕩轉則并原荒田地轉陞熟田共一十三頃一十七畝八分零又三頃八十三畝七分零　三十年地山轉陞田七十七畝一分零又山蕩轉陞地三十二畝三分零　三十九年地山蕩轉陞田一頃八畝六分零又山轉陞地一十七畝三分

據司冊共地一萬四千五百頃七十二畝八分八釐四毫有乾隆十年許公爵等陞科轉則田在內　共徵銀五萬五千五百一十兩五錢五分五釐六毫零內有加徵優免充項銀陞增五米銀乾隆三年均編藥材銀許公爵審增銀俱在內

共徵本色米四萬八十五石四斗八合一勺零豆五百七十五石一斗二升九勺零

內分七則起科

一則徵田起科每畝六升七合四勺一抄零內加各年陞科田共田七千三百八十四頃四十三畝九釐零共徵平米四萬九千七百八十一石七斗二合零帶荒白米二千三百七石六斗三升四合零折本色米四升四合七勺零共米三萬三千七十九石九斗四升九合七勺零

每畝科豆六勺四抄二撮零

每畝科折色銀六分一釐五毫一絲二忽零遇閏加編銀一釐四毫七絲零

每畝攤徵人丁銀七釐五毫四絲八忽零

每畝攤徵匠班銀二毫九絲九忽零

每畝攤徵藥材銀二絲三忽四微零

據司冊第一則徵田七千三百六十三頃五十八畝一分一毫加各年陞科又加許公爵田一十四頃七十八畝實田七千三百九十七頃二十一畝九釐一毫共徵米三萬三千一百四十六石一斗五升九合零　豆四百七十五石五斗六升九合零共徵銀四萬五千五百二十九兩四錢八分九釐九毫零徵人丁銀五千五百八十五兩三錢九分一釐六毫零匠班銀二百二十一兩五錢一分七釐二毫零藥材銀一十七兩三錢五分八釐四毫零

一則荒田起科每畝一斗六升五合共田六十三頃五十五畝四分四釐零其每畝荒白銀人丁匠班藥材銀以例而減

據司冊第二則征田六十八頃一十七畝八釐內康熙四年

墾成征田四頃一十畝二分零又十六年墾成征田五十一畝三分零分别歸入實在荒田六十三頃五十五畝四分四釐零徵銀不徵米各項攤徵照册遞减

一則徵地起科每畝二升九合三勺零共地二千五百六十三頃七十二畝四分五釐零其本色米豆折色銀兩并攤徵各項以例而减

據司册第三則共地數與前同共徵米四千九百九十五石二斗八升二合零　豆七十一石六斗七升五勺零餘各項攤徵俱照册遞減

一則荒地起科每畝一斗一升五合共荒地二十八頃四十七畝七分六釐零其平米色銀并攤徵各項以例而增

據司册第四則荒地二十八頃五十四畝二分六釐零內康

熙二年墾成征地二畝九分十六年墾成征田一畝二分又墾成征地二畝五分分别歸入實在荒地二十八頃四十七畝七分六釐七毫徵銀不徵米各項攤徵照冊遞減

一則山起科每畝六合共山三千八百頃七十六畝二分三釐其本色米豆折色銀兩并攤徵各項以例而減

據司冊第五則共山數與前同徵米一千五百一十五石二斗六升零　豆二十一石七斗四升零餘各項攤徵銀俱照冊遞減

一則塘起科每畝一升共四百二十七頃七畝一分五釐其本色米豆折色銀兩并攤徵各項以例而增

據司冊第六則共塘數與前同共徵米二百八十三石七斗八升零　豆四石七升零餘各項攤徵俱照冊遞減

一則蘆蕩草場起科每畝一升共蘆蕩草場二百三十二頃七十畝七分三釐二毫零其本色米豆折色銀攤征各項俱與上一升起科者同

據司冊第七則共蘆蕩二百三十三頃三十八畝二分零內各年改陞田升地又許公爵陞地升田外實在蘆蕩二百一十七頃九十二畝七分三釐零共征米一百四十四石八斗一升二合零　豆二石七升七合零餘攤征銀俱照冊遞減

以上通共田地七則不等共科熟平米六萬二百三十九石零又征荒白米四千四百六十四石八斗一升零照錢糧實數每平米一石折泒征本色米六斗三升六合七勺零共該米三萬八千三百五十七石七斗八升六合四勺零共豆五百七十四石三斗二升一合零每石折色銀八

錢七分三釐零共銀五萬二千六百一十四兩四錢三分八釐零每石攤征人丁銀一錢一分五毫五絲一忽零攤徵匠班銀四釐三毫八絲四忽零攤征藥材銀三毫四絲三忽零總數與石數相乘即得

據司冊七則田地不等共征銀五萬五千五百一十兩五錢五分五釐六毫零共本色米四萬八十五石四斗八合零豆五百七十五石一斗三升零遇閏加編共銀一千三百二十二兩三分零米一十八石六斗二升零

一祼辦牧馬草場田地山塘共三百六十九頃四十二畝八分七毫共征銀五百八十二兩五錢九分零牧馬草場細目在內

匠班五百九十九名征銀二百六十九兩五錢五分

本縣學田八頃七十畝二釐四毫共征租銀二百二兩口錢

五分七釐零儒學三田碑記始末記後

以上人丁田地雜辦通共額數徵本色米豆四萬六百三石三斗四升一合五勺零遇閏之年加徵米一十八石六斗

額徵丁田雜辦等項共銀六萬三千三百五兩二分八毫九絲五忽零遇閏之年加徵銀一千三百二十兩一錢七分六釐零

據司冊人丁田地雜辦共額徵本色米豆四萬六百六十石五斗三升九合零共徵銀六萬三千四百一十七兩七錢八分八釐零

舊志地畝人丁各項共徵銀五萬九千一百四十六兩一錢五分五釐一毫零

本色米豆共三萬九千一百三十四石六斗七升六合六

抄零

續編乾隆十年蘆課轉則田一千四百七十八畝陞銀一

百兩有零尚未刊載賦役全書其地丁草場南米應蠲應

陞應徵補徵各欵自乾隆元年至十六年增減不一俱未

載入賦役全書今據司册補入

併衞册附

康熙十三年三月酌議可裁之冗員據江甯前衞左所後衞

右所坐落句容地方者奉文俱歸併移句容縣徵收屯田

米糧其屯丁大半在本縣北門外倉頭西溝橋頭沙地下

蜀街高家莊大小朱家莊王家莊大東莊等地其田大半

在大圩外圩五圩水圩破湖圩花洞圩烏鴉圩鳳凰圩望

山圩馬家宋家毛家劉家等圩其花洞圩皆沙壓一則其河口江邊之圩皆坍去江心漂沒無有其人亦間有住上元縣觀音門外及丹徒城內水師營炭渚等地俱係江寧前後兩衛之屯丁既裁革兩衛其屯丁屯田變作民田移句容縣徵收歲久轉相變售亦非復向日屯籍人戶矣故曰併衛一冊

併衛項下通共田四十七頃七十九畝八分二釐七毫四絲內一則比田一十八頃六十四畝六分三釐零一則科田六頃四十九畝九分七釐零一則增田六十三畝六分四釐零一則餘田四頃五十九畝六分七釐零一則久荒折糧比田二頃四十七畝八分八釐零一則久荒折糧科田一頃二十六畝九分零一則久荒坍江比田三頃五十

畝一則久荒坍江增田二十一畝三分一則久荒坍江餘田三十七畝一分三釐一則投誠官兵開墾荒田九頃五十八畝六分八釐零約共應徵銀七十兩有零約共徵米二百二十九石零

以上併衛細冊及順莊清冊縣卷猶有存者

先農壇籍田四畝六分額收租穀九石二斗其田應納丁糧俱官收官辦

撫按學三田附編

學田

明隆慶二年令周美雀北觀音院僧宗仁告沒入官田一百五十二畝二分該租銀二十三兩三錢二分九釐六年令張道充買民田一百畝二分該租銀一十三兩四分八釐

萬歷三十四年督學御史楊置買民田一百五十九畝二分七釐零該租銀三十一兩一錢七分三釐共計田四百一十一畝六分七釐零共租銀六十七兩五錢五分零

按田

萬歷三十等年巡按御史宋公陳公各捐俸錢置買民田一十五坵計田二十四畝三分零該租銀一十兩四錢七分

撫田

萬歷二十等年巡撫都御史朱公陳公曹公各捐贖鍰銀兩行縣置買民田共四百二十三畝七分該租銀一百七十一兩

本朝順治十年督學內院藍捐銀五十兩置買民田九畝九分

以上三田俱先賢題定優免不在徵輸之例爲本庠諸生膏

火之資或由本縣徵收或由本學徵收或本學發票諸生自行赴佃取租并有取充月課科舉等費者自萬歷年來至今不改故舊志云前朝德意我

朝因之不廢豈非仁人愛士先後一揆乎

按舊志畝數錢糧古今所徵大略相符上下不過數畝其或由本縣徵收或由本學徵給法亦屢變今永歸本學據租冊額徵銀二百七兩八錢八分一釐

一解司庫七十七兩四錢五分七釐

一完地丁五十四兩七錢八分四釐

一給各項七十五兩六錢四分四釐內月課一十二兩貧生二十三兩八錢禮生四兩花紅三十五兩八錢四分其貢生盤費四兩缸窰草場官銀四兩四錢四分三釐地丁八錢七

分四釐米五斗三升五合俱於花紅項下扣除如遇歲貢作
恩貢之年又於花紅銀内扣除恩貢盤費四兩其缸窰草場
銀米詳載縣治禁窰碑
一完糟米三十九石九斗七升三合八勺
附載邑進士巡按江西監察御史笪重光釐清學宮三田碑
記略云人材造於學校先達每加意焉而遺澤之流於容庠
者則撫按學三田皆前賢捐俸所置也憶余爲諸生時小試
受高等之賞大比有應舉之貲雖由
朝廷經制亦此三租是賴其租不入會計例專爲學宮用故試
賞闈費之餘尙得供貧士膏火邇者軍興浩繁經制裁減諸
生仰給惟此三租邑胥復夤緣掌握出入不由學校任其挪
移占沒致令諸生蒙澤者鮮迨康熙十三年奉檄稽查經承

因舞文對諸生詭言編列會冊而申詳卽冒開多名以罔上租銀遂入私槖矣諸生明知其弊者咸以公事畏避不言其欲言者胥輒能賄之而止自是公肆侵欺莫之顧忌丁巳夏經兩歲試劣則有褫優則無賞師生咸謂宜清三租以光賞格具白其事於學憲邵公曁邑父母林公洞悉旣往議立法以示將來凡三田租銀徵貯學庫令公偕師儒核虛實嚴冒濫庶諸生永有賴焉學博許君縱君率諸生建石

教諭沈虹淸查學田筆記云句邑撫按學三田自雍正十年奉文歸學徵收解給辦賦准前令魯移冊現據按舊志學憲捐置者爲學田撫憲捐置者爲撫田按憲捐置者爲按田此句邑三田之所自始也查邑人笪重光康熙十七年釐淸三田碑記向係在學辦理徵銀不徵米後歸縣辦並無年月可

稽今准冊移田地與舊志大不相同再三牒詰惟稱官吏吏故無案可稽止據現存田地及徵收數目移交反覆核查迄無指實據老佃魯得先云康熙年間因田地鈌少奉憲駁查特委縣丞王淸查造冊申報又據已故老學書劉兆於故紙中尋出縣丞王度移學存冊一案核之前令魯所移大略相同似有可據但添出糧米三十九石零此又句邑三田與舊志所不符而現在縣移之所由來也徵之釐淸三田記中所云是吏胥舞弊在昔已然難於稽考現今在學辦理准縣移徵銀二百七兩零米三十九石零照舊辦理無異絲粟有著但田地瘠薄征收不全查出某某俱係有糧無田之戶積欠不完追訊所由僉稱輾轉相沿人亡產絕具呈請豁不得已於乾隆十四年九月初十日據情牒縣請詳十五年四月十

二日又據各佃呈催復行牒請轉詳在案

按舊志載明前賢題定優免不在徵輸之例賦役全書亦不在丁田項下自萬歷至

國朝藍院續置田畝之後援例免征勒石垂久是三田之本無丁米也自康熙甲寅乙卯因軍需急公將學租充餉因有加征丁米之例由縣徵收軍已而征遂相沿也前此學租未能如限全解學院致奉前學院張咨商督

撫

題定解交藩庫轉解學院并嚴州縣未完處分雍正十年歸學徵收學租銀兩全解於奏銷之前近奉部文年淸年欵在縣地丁亦復不能稍緩而貧生禮生等項歲內俱須分給而各佃尾欠甚多以致歲科兩試所有優等

花紅一項不能給發實屬周章若得十分全數輸完則前賢花紅遺澤多士仍可均沾實惠無如瘠薄之產疲敝已久爲學博者亦兩難措置也附此以明徵發之始末云

草場附載

明初馬厰在通德鄉計二十三畝五分二釐曰北馬厰舊有正廳三間穿堂一間後堂三間門樓三間馬神廟一所東西廄共六十四間弘治七年奉例淸出草場連前一百七十處共計三百七十頃一十畝八分九釐

百培場在句容鄉一等圖計二百一十六畝七分　雙培場在句容鄉一圖計一百畝五分　五培場在句容鄉四圖計二百八十二畝九分　青竹培在句容鄉三圖計五百一十

六畝　烏龍場在句容鄉五等圖計四百一十九畝九分　石卵岡場在句容鄉五百六十七畝　盤龍場在句容鄉三等圖計二百五十畝六分　觀山石頭岡場在句容鄉三等圖計九百一十九畝一分　急流東場在句容鄉十四圖計二百五十九畝六分　急流廟東北場在句容鄉十四圖計二百三十畝五分　急流村張家邊場在句容鄉十五圖計三百七十五畝二分　急流庵南場在句容鄉十五圖計八十四畝一分五釐　姚家邊場在句容鄉十二圖計二百五十九畝九分　淩家莊場在句容鄉十一圖計一百三十三畝　泉水場在句容鄉二圖計六十一畝六分　惡山場在移風鄉一等圖計七百一十五畝　楊塘岡北場在移風鄉九圖計一百八十四畝　楊塘岡西場在移風鄉十五圖計

一百五畝六分　楊塘岡西南場在移風鄉十五圖計三十八畝七分　楊塘岡東場在移風鄉十五圖計二百三十五畝四分　江墳中胏場在移風鄉十四圖計一百九十三畝　江墳北場在移風鄉九圖計九十五畝　江墳南場在移風鄉九圖計二百六十五畝　陳塘場在移風鄉七圖計九百八十四畝　石門大場在移風鄉十一圖計三百十畝二分　石門小場在移風鄉十一圖計二十五畝　萬家場在移風鄉十等圖計三十畝　任墳場在移風鄉二等圖計五百六十七畝　雙橋場在移風鄉十三圖計三百二十三畝　王岡場在移風鄉二圖計十八畝四分　莊湖場在移風鄉二等圖計五十九畝九分　歐巷場在移風鄉七圖計一百二十八畝四分　狗子場在移風鄉四圖計五百六十畝

一分　汝山場即大湖小場在移風鄉四圖計一百二十五畝一分　柘溪場在移風鄉六等圖計一百五畝九分　時塘場在孝義鄉八圖計七十六畝三分　張家場在孝義鄉二圖計五百畝　石山場在孝義鄉二圖計一百九十四畝三分　孔王家邊場在孝義鄉八圖計一百八十九畝　下應西場在孝義鄉五等圖計一百二十八畝　大鴨山場在鳳壇鄉六圖計二百八十畝　岡西場在鳳壇鄉六圖計三百二十六畝四分　塘巷西場在鳳壇鄉四等圖計一百五畝　東巫墅場在鳳壇鄉六圖計二十二畝二分　東馬場即郭墓場在鳳壇鄉三圖計二百五十畝　亭山場在鳳壇鄉一等圖計八畝二分　祝里廟場在信鄉三圖計一百五十四畝　白水場在仁信鄉四圖計二百一畝二分　塔山

場在仁信鄉一圖計三百五十畝　坎潭橋場在仁信鄉四圖計三十一畝二分　禪心寺北場在來蘇鄉四圖計二百二十六畝八分　上蘭場在來蘇鄉五等圖計三百二十畝六分　山南場在來蘇鄉三圖計二百四十二畝五分　王莊場在來蘇鄉二等圖計四百八十七畝七分　謝培大場在來蘇鄉二等圖計一百一十六畝四分　謝培小場在來蘇鄉二等圖計六十七畝四分　磨盤山場在來蘇鄉三等圖計二十畝二分　梁山場在來蘇鄉五等圖計一百二十畝　梁山岡場在來蘇鄉六等圖計九十三畝一分　秋千五里岡大場在來蘇鄉六等圖計二十七畝二分　秋千五里岡小場在來蘇鄉六圖計八畝一分　劉亭岡場在來蘇鄉十五圖計五十六畝六分　鎖山前馬場在來蘇鄉十三

圖計五十九畝二分　鹽場馬場在來蘇鄉七圖計六十九畝二分　南岡場在崇德鄉十六等圖計二百六十六畝八分　老龕場在崇德鄉二等圖計八十二畝一分　老鴉場在崇德鄉五圖計六十六畝五分　西大場在崇德十四圖計二百五十三畝四分　西小場在崇德鄉十四圖計三十二畝二分　王埠場在崇德鄉十四圖計二百八十二畝二分　龍岡場在崇德鄉十四等圖計二百五十八畝五分　周家場在崇德鄉六等圖計二百七十畝　黃宗墓場在崇德鄉六等圖計一百九畝　王璋場在崇德鄉六等圖計一百三畝七分　孤村即連遜場在崇德鄉九圖計五十四畝七分　張家邊即張家庵場在崇德鄉八圖計一百七十八畝九分　毛家邊場在崇德鄉八等圖計三百八畝六分

馬場岡場在崇德鄉九等圖計一百二十五畝三分　亭子東場在崇德鄉九等圖計四百一十二畝三分　小橋場在崇德鄉十八圖計二百八十二畝　亭子西場在崇德鄉一等圖計二百二十一畝三分　五里岡朱家場在崇德鄉十五等圖計一百五十六畝四分　火煉培場在崇德鄉四圖計一百二十一畝七分　小門口場在茅山鄉五圖計三百一畝一分　後王莊場在茅山鄉四圖計四百九十六畝八分　崇元觀場在茅山鄉二圖計一百五十畝　南石岡場在茅山鄉二圖計一百九十一畝　玉晨觀場在茅山鄉二圖計一千八百二十畝　神農岡場在茅山鄉二圖計三百八十六畝七分　靈山場在承仙鄉十六圖計五百五十六畝九分　百沛場在承仙鄉一等圖計三百二十二畝九分

西平地場在承仙鄉十三圖計二百九十五畝七分　百沛南場在承仙鄉八等圖計四百一十畝五分　東平地場在承仙鄉十三圖計三百一十九畝二分　俞塘場在承仙鄉七等圖計三百七十七畝八分　水安場在承仙鄉十二圖計六百二十畝八分　黃梅場在承仙鄉十三等圖計六百四畝　白馬山場在承仙鄉十三圖計五百四十二畝五分　蕎麥場在承仙鄉一圖計一百九十三畝二分　蕎麥西場在承仙鄉一圖計二百九十一畝九分　金墩即青墩場在承仙鄉三圖計三百三十三畝六分　東蕎麥場在承仙鄉一圖計二百六十二畝九分　百岡場在承仙鄉十等圖計一百七十四畝五分　桃樹山場在承仙鄉七圖計七百二十畝　苦鶴場在政仁鄉五等圖計五百一十三畝一分

栗山雙墩場在政仁鄉二圖計六百六十畝七分　沙岡場在政仁鄉五圖計五百三十九畝六分　白沙場在政仁鄉八圖計五十畝　許家岡場在福祚鄉十二圖計九十六畝三分　許家岡東北場在福祚鄉十圖計七十三畝八分　莊家邊場在福祚鄉八圖計三十九畝四分　石子岡場在福祚鄉五圖計七十八畝二分　桃源岡場在福祚鄉十一圖計三十一畝七分　斜岡場在福祚鄉十一圖計五十七畝五分　雞子岡場在福祚鄉六等圖計二百九十七畝　老鴉岡東場在福祚鄉四圖計七十八畝四分　老鴉岡場在福祚鄉四圖計三十二畝　彭山庵場在福祚鄉七圖計二十畝七分　神符場在上容鄉十三圖計二百三十七畝　王毋岡卽西神符場在上容鄉十四圖計五百九十二

畝　小金山場在上容鄉四圖計七十二畝九分　八公大場在上容鄉十四圖計三百七十七畝二分　八公岡小場在上容鄉十四圖計六十二畝五分　西山場在上容鄉十六圖計八十畝六分　郭莊場在臨泉鄉十六圖計一百六十六畝八分　周家岡即泉岡場在臨泉鄉二等圖計一百二十六畝九分　畢家岡場在臨泉鄉一等圖計一百九畝一分　唐家岡場在通德鄉八圖計三十二畝二分　華母岡場在通德鄉六圖計三百八十六畝二分　孫岡場在通德鄉四等圖計二百七十二畝　毛塘淨北場在通德鄉四等圖計三十二畝二分　毛塘淨南場在通德鄉四等圖計四十畝二分　杜家場在通德鄉六等圖計一百三畝三分　許村場在通德鄉一圖計三十一畝四分　西岡場在通

德鄉八圖計二十六畝七分　西廟後場在通德鄉八圖計一百二十畝五分　范家堰場在通德鄉八圖計二十七畝縣北場在通德鄉八圖計二十三畝五分　金干村場在瑯琊鄉十二等圖計五十畝　羅莊顏墓岡場在瑯琊鄉十一圖計七十畝三分　後林村場在瑯琊鄉十二等圖計七十三畝三分　胄寨東場在瑯琊鄉十二圖計一百四畝九分　寶山寺場在瑯琊鄉七圖計六百三十四畝八分　三城場在瑯琊鄉七圖計六十八畝五分　鮑亭羅岡場在瑯琊鄉六圖計二十八畝二分　黃岡場在瑯琊鄉三等圖計一百六十一畝四分　石橋場在瑯琊鄉四圖計二十六畝四分　韓家邊場在瑯琊鄉六等圖計四十一畝　東陽鋪場在瑯琊鄉五圖計七畝八分　窰山嘴場在瑯琊鄉三等

圖計二百三十一畝九分　澗西場在瑯琊鄉九圖計一百二十八畝三分　朱墓場在瑯琊鄉十三圖計六十一畝七分　祁山場在瑯琊鄉一等圖計五十二畝五分　牧馬口場在望仙鄉四等圖計二十八畝九分　筆山場在望仙鄉五圖計四百畝　紀巷大場在望仙鄉二十圖計二十一畝三分　紀巷小場在望仙鄉二十圖計一十三畝八分　孟墓場在望仙鄉二十圖計四百八十九畝一分　彭莊場在望仙鄉五等圖計三十六畝六分　笪店岡場在望仙鄉十五圖計二十三畝一分　孟莊場又名侯莊場在望仙鄉十五圖計一百二畝五分　土墻場在望仙鄉二十圖計二十三畝二分　火燒干場在望仙鄉十九圖計二十七畝一分

大黃山場在望仙鄉十一圖計二百九十畝九分　趙干

場在望仙鄉十四圖計三十八畝六分　大湖場在望仙鄉二十圖計一百六十六畝五分　白土岡東場在望仙鄉一等圖計一百一十七畝三分　觀山場在坊鄉西南隅計二十二畝五分　本縣續清查出丁圩場在福祚鄉十三圖計七十八畝

本縣原額荒熟草場一百七十處通共三萬六千九百八十三畝五分内成熟一萬四千三百四十一畝四分五釐無人承佃荒山二萬二千六百四十二畝五釐萬歷二十八年申請招民承佃給帖執照開墾三年不徵租至二十九年民宣紹廉等承佃成熟草場三萬七千一百有零三十一年徵銀併入條鞭原額每畝科銀四分共銀五百七十六兩有奇逐年徵完解府轉解兵部復以原數通融而均平之悉照民田

地山分爲三項田科銀六分地科銀二分山科銀六釐民競趨而樂業蓋額分而清理故也與往年望空賠納而逃竄抛荒者遠矣舊志

黄冊事宜　按民爲邦本冊乃民數則郡邑賦役之冊厥惟重矣余博采輿論略參管見以冀少祛已前之積弊亦竊惟黄冊十年一造而第十甲里長實督造之每圖書算二名指以科派動輒三五十金通縣之費不啻萬金兹届造冊之期召募書算七十二名官爲攢造每書一名管造冊三里詳允動支稅契銀兩買辦紙張給發工食及廂架繩摃解冊等項一切諸費共止一千四百兩零設立推收單各一紙預有定式聽民將各推收田產自填投縣候齊著戶書按圖集成書冊編審時即取上年之實在作今日之舊管參以推收兩相

磨對而朗然在案矣如此即是歸戶而實徵之册可免重造以杜復起科派之門也又設立圖單甲單各一紙亦須有定式官買紙張印給圖甲仍給以筆墨令各戶親將添除丁口塡註投縣隨據遞到圖單會集公正糧排淸審其諸里排消乏卽與更替丁口消長卽與收除編造之歲舊有里長聽點卯酉羈絆年餘徒爲靡費悉革除之第坊郭無論已而各鄉臨審時里長戶長書算人等聚之一城挨次聽審妨農損財非計也則減損從役嚴禁需索親歷各鄉而計日竣事矣又念小民惑於民間底冊未覩前度舊冊則雖有親供何所考據因令陳之梵宇監以緇流聽民翻閱而人人可以周知十年造册之數至於全册止造一本送貯南京戶部水庫而其他衙門不用造送及造完類解本府申詳勘合不另委吏胥

親送惟令職官總解此皆奉有明例誰得擅自科派蠶食其閭耶句容一邑計二百一十六里人戶共二萬四千有奇余謬當清審之責夙夜兢兢以求逭罪戾者如此舊志

軍冊事宜　按黃冊軍冊均患宿蠹科派爲奸然黃冊猶十年而一造也乃軍冊則本造有清冊每歲有清查奸排奸書表裏盤結自昔彈指興嗟矣句容總會兜底軍冊亦十年一造而十甲一甲里長例督造之每里有圖書一名公行科派盡行汰革別募善書者照黃冊例俱官爲攢造查算總會冊供單紙張並工食等項該銀一百四十二兩一錢零兜底冊龍游紙並工價等項銀四十三兩六錢七分零總之共計銀一百八十五兩八錢四釐四毫俱詳允於稅契銀兩動支完辦約省民間數千餘金仍追軍書原管底冊貯入官庫以絕

愚弄蚩氓張本則本歲免官吏常例之科而每歲免抽豐使費之索又軫恤軍戶既輸軍丁又輸民丁既當軍差又當民差一身兩役其苦尤甚申請憲禁悉立案不行而縣衙不敢無故出票騷擾庶軍民一體安堵無虞矣舊志

句容縣志 卷五

課鈔

國朝原額實徵本色米豆四萬六百三石三斗四升一合五勺零遇閏加徵米一十八石六斗原額實徵銀六萬三千三百五兩二分八毫零遇閏加徵銀一千三百二十兩一錢七分六釐零

起運項欵起解江安糧道衙門漕糧正兌米一萬八千八百九十九石三斗二升二合零加四耗米七千五百五十九石七斗二升九合零　改兌米五千三百五十八石一斗六升三合七勺零加三耗米一千六百七石四斗四升九合一勺零　漕贈五米一千六百七十一石二斗三升三合二勺零

額撥漕項行月米四千六百九十八石九斗六升一合零

解安徽布政衙門南黑豆五百七十四石三斗二升一合零

南兵糧米除額撥漕項米外仍該米一十石五斗七升八合零　前額撥漕項米四千餘石即南兵糧米也如遇被灾統於南米內扣鐲　陞科恤孤充餉米三斗八升一合零　存留恤孤米二百二十三石二斗

雍正年間奉文每漕米一石加漕費脚錢五十二文半給官役半給運丁

以上實符原徵本色米豆之數

起解布政司衙門起存地丁辦料等項共銀五萬一千四兩三錢八分四釐六毫零　均編藥材銀二十一兩五分一釐九毫零閏月加銀八百三十二兩四分九釐零　扛脚銀三百三十二兩五分四毫　江安糧道衙門漕項銀三千五百四十四兩一錢九分五釐一毫零　河庫道衙門河工等銀

二千三百四十兩二錢五分六釐六毫零　存留驛站夫馬等銀三千四百四十四兩一錢三分六釐閏月加銀二百九十一兩四錢八分三釐零　各衙門官役俸工并存留支給等項共銀三千六百八兩八錢七分五釐五毫零閏月加銀一百九十六兩六錢四分三釐零

以上實符原徵折色銀兩之數　米豆各項起存細目已經清載其銀兩各項起存細目仍開後

布政司衙門起運地丁辦料及續陞丈增草場藥材扣回驛站除抵給驛站外實該銀三萬八千三百八十三兩一錢五分二釐九毫零閏月加銀四兩九錢四分八釐六毫零　存留額編兵餉銀一千九百四十兩七錢三分一毫零閏月加銀七十四兩一錢六分六釐六毫零　原舊裁扣優免等項

充餉銀一千三百五十七兩六錢五分一釐二毫零　續裁新裁俸工等銀一千七百四十八兩七錢七分三釐零閏月加銀二百二十三兩五分二釐二毫零　奉裁本色絹疋水脚充餉銀一十兩五錢八分五釐四毫零　節年審增并清查出丁銀四百九十二兩二錢四分六釐　各年陞丈增銀二十一兩二錢四分七釐六毫零　奉裁驛站項下各款銀六千四百一十二兩二錢五分零閏月加銀五百二十九兩八錢八分二釐一毫零

共銀五萬三十五兩四錢三分六釐五毫零內撥辦本色顏料三百五十觔其價銀并鋪墊水脚共五十七兩三錢七分二釐四毫　額辦甲丁二庫銀硃二十五觔銀一十五兩一錢一分八釐　烏梅二十觔銀六錢四分　紅熟

銅八十四觔銀九兩九錢九分四釐　增辦紅銅一百九十五觔銀二十兩七分有零　銀硃一十六觔銀七兩六錢九分三釐二毫　新增銀硃八觔銀三兩八錢四分五釐　共一百一十四兩七錢四分零合前數

起存地丁并陞增改則藥材等項損銀三百三十二兩五分四毫零

江安糧道衙門額撥漕項銀二百七十一兩二錢二六輕賫并丈陞增銀一百八十二兩七分六釐零水脚一兩八錢二分零解費銀三兩六錢四分一釐零　七分折色蘆蓆并丈陞增銀八十四兩八錢八分七釐零解費銀一兩六錢九分七釐零　七分折色楞木松板并丈陞增銀三十兩四錢二分三釐零解費銀六錢八釐零　正改兌一分笪纜并丈陞

增銀二百四十二兩五錢三分六釐零水脚銀二兩四錢二分五釐零解費銀四兩八錢五分零　改兌項下二升變易米銀并陞丈增銀五十三兩五錢七分三釐零解費一兩七分一釐零　六升過江米折并丈陞增銀八百七十三兩一錢三分二釐零　本色三分蘆蓆並丈陞增銀三十六兩三錢八分零　漕贈五銀并丈陞增共銀一千六百七十一兩二錢三分三釐零　協濟安慶倉米折行月銀六十八兩九錢零水脚銀六錢八分九釐零

共該銀三千五百四十四兩一錢九分五釐零

河庫道衙門舊額河工并丈陞增銀一百八十八兩九錢六分三釐四毫零水脚銀一兩八錢八分九釐零解費銀三兩七錢七分九釐零　改派河工車盤并丈陞增共銀一千八

百四十二兩九錢四分八釐四毫水脚銀一十八兩四錢二分九釐零解費銀三十六兩八錢五分八釐零　溜夫工食并支陞增共銀二百四十二兩五錢三分六釐零解費銀四兩八錢五分

共銀二千三百四十兩二錢五分六釐零

存留支給項下編支驛站夫馬工料等銀　雲亭驛原設馬三十五匹每匹日支草料銀六分歲共支銀七百五十六兩閏月加銀六十三兩歲支鞍屜槽鍘等銀四十九兩七錢閏月加銀四兩三錢七分五釐買馬價銀三百二十五兩九錢六分八釐閏月加銀二十九兩一錢六分六釐零馬夫二十一名每名日支工食銀四分共銀三百二兩四錢閏月加銀二十五兩二錢旱夫四十名每名日支工食銀四分共銀五

百七十六兩閏月加銀四十八兩　龍潭驛額設馬三十五匹每匹日支草料并買馬馬夫鞍屜銀皆與上雲亭驛同止少旱夫一宗合前數

共銀三千四百四十四兩一錢三分六釐

又雲亭添設馬十匹草料銀二百一十六兩鞍屜等銀一十四兩二錢買馬價銀五十五兩八錢八分馬夫六名工食銀八十六兩四錢原奉　題准卽於該驛并江寧府屬驛每年扣存建剩銀內支給　又雍正十年龍潭驛添設水夫二十名工食銀二百八十八兩奉准部文每年在於江浦縣扣留夫工存剩銀內支給俱不入地丁編欵

各衙門官役俸工等銀本府員下門子一名銀六兩閏月加銀五錢馬快十名每名連草料銀一十六兩八錢共銀一百

六十八兩閏月加銀一十四兩步快十六名每名銀六兩共銀九十六兩閏月加銀八兩皂隸九名每名銀六兩共銀五十四兩閏月加銀四兩五錢獄卒二名每名銀六兩共銀一十二兩閏月加銀一兩庫子二名每名銀六兩共銀一十二兩閏月加銀一兩斗級六名每名銀六兩共銀三十六兩閏月加銀三兩鋪兵二名每名銀七兩二錢共銀一十四兩四錢閏月加銀一兩三錢

本府同知俸銀一百一十二兩三錢三分二釐步快二名共銀一十二兩閏月加銀一兩皂隸二十八名每名銀六兩共銀一百六十八兩閏月加銀一十四兩轎扇傘夫七名共銀四十二兩閏月加銀三兩五錢　本府通判員下門子四名共銀二十四兩閏月加銀二兩　本府經歷司員下馬夫一

名銀六兩閏月加銀五錢　本府都税司員下皁隸二名銀一十二兩閏月加銀一兩　本府聚寶宣課司員下皁隸二名銀一十二兩閏月加銀一兩　本府龍江宣課司員下皁隸二名銀一十二兩閏月加銀一兩　本府茶引所員下皁隸二名銀一十二兩閏月加銀一兩　本府龍江鈔關員下皁隸二名銀一十二兩閏月加銀一兩　本府遞運所大使員下皁隸二名銀一十二兩閏月加銀一兩　本府江東司巡檢員下皁隸二名銀一十二兩閏月加銀一兩弓兵二名銀一十四兩四錢閏月加銀一兩二錢　本府秣陵司巡檢員下皁隸二名銀一十二兩閏月加銀一兩弓兵二名銀一十四兩四錢閏月加銀一兩二錢　本府江淮司巡檢員下皁隸二名銀一十二兩閏月加銀一兩　湻化鎮巡檢司員

下弓兵七名每名三兩六錢共銀二十五兩二錢閏月加銀
二兩一錢　江東驛驛丞員下俸銀二十一兩八錢二分六
釐零皂隸二名銀一十二兩閏月加銀一兩　本府儒學員
下齋夫一名銀一十二兩閏月加銀一兩門子三名每名銀
七兩二錢共銀二十一兩六錢閏月加銀一兩八錢　廩生
膳夫一名銀二十兩閏月加銀一兩六錢六分六釐零
知縣員下俸銀四十五兩因雍正年間耗羨歸公加養廉銀
一千五百兩門子二名銀一十二兩閏月加銀一兩皂隸一
十六名每名六兩共銀九十六兩閏月加銀八兩馬快八名
每名連草料一十六兩共銀一百三十四兩四錢閏月加銀
十一兩二錢民壯四十名每名六兩加增器械銀二兩共銀
三百二十兩禁卒八名每名銀六兩共銀四十八兩閏月加

銀四兩庫子四名每名銀六兩共銀二十四兩閏月加銀二兩斗級四名每名六兩共銀二十四兩閏月加銀二兩轎扇傘夫七名每名六兩共銀四十二兩閏月加銀三兩五錢鋪司五十八名各編不等共銀五百九兩九錢二分閏月加銀四十二兩四錢九分三釐四毫　修理倉監銀五兩　縣丞員下俸銀四十兩養廉銀六十兩門子一名銀六兩閏月加銀五錢皂隸四名共銀二十四兩閏月加銀二兩馬夫一名銀六兩閏月加銀五錢　典史員下俸銀三十一兩五錢二分養廉銀六十兩門子一名銀六兩閏月加銀五錢皂隸四名每名六兩共銀二十四兩閏月加銀二兩馬夫一名銀六兩閏月加銀五錢　龍潭驛驛丞員下俸銀三十一兩五錢二分皂隸二名銀一十二兩閏月加銀二兩

縣學教諭訓導員下俸銀三十一兩五錢二分乾隆元年奉
文增給銀四十八兩四錢八分各食八品俸銀四十兩齋夫
三名每名一十二兩共銀三十六兩閏月加銀三兩門子三
名每名七兩二錢共銀二十一兩六錢閏月加銀一兩八錢
廩生二十名每名廩糧三分之一銀四兩共銀八十兩閏
月加銀六兩六錢六分六釐零　廩生膳夫二名每名二十
兩共銀四十兩閏月加銀三兩三錢三分三釐零
一均編文廟壇祠香燭祭祀銀七十一兩四錢七分四釐零
內　文廟暨　崇聖　鄉賢　名宦等祠春秋二祭銀四十
八兩一錢二釐　風雲雷雨壇　社稷壇　忠義祠　劉猛
將軍廟　節孝祠　天后宮　龍王廟七壇每壇給均祭銀
一兩九分四釐六毫七絲三忽春秋二祭共銀一十五兩三

錢二分五釐零　邑厲壇三祭銀三兩二錢八分四釐零
龍池及句曲山神每年一祭給均祭銀二兩一錢八分九釐
零　文廟香燭銀二兩五錢七分三釐八毫遇閏加增銀六
分一毫
一撥關帝廟祭祀銀六十兩查此祭品銀兩於雍正八年特
奉添備於解司起存地丁款內撥給
一雜給各款銀兩　乾隆二年奉文通省均給歲貢坊儀銀
二十一兩七錢零　舊舉人會試盤纏銀七十二兩二錢三
釐零　科場銀二十二兩六錢九分六釐零　武場供應銀
二兩五錢　鄉飲酒席銀八兩　本縣走遞皂隸四十名每
名銀七兩二錢共銀二百八十八兩閏月加銀二十四兩
本縣察院并府館門子二名銀六兩閏月加銀五錢　淯化

鎮公館門子一名銀四兩閏月加銀三錢三分三釐零　明道書院門子改給督學察院門子一名銀七兩二錢閏月加銀六錢　白兔鎮公館門子一名銀三兩閏月加銀二錢五分　看守巡撫察院門子一名銀七兩二錢閏月加銀六錢

龍潭墩夫二名每名七兩二錢共銀一十四兩四錢閏月加銀一兩二錢　本縣孤貧六十二名每名給柴布銀一兩共銀六十二兩於乾隆二年奉文通省均給不敷撥補另於俸工冊內造報補給　協濟安慶府倉米折銀六十九兩五錢九分七釐零此款已歸入漕項下　俸工驛站舊裁續裁新裁各項下細款茲不贅錄共裁銀六千四百一十二兩二錢五分零　停辦絹疋顏料共銀一百四十一兩七錢九分一釐零　又句容溧水溧陽三縣輪辦禮部本折色藥材項

下自乾隆三年爲始三縣均編銀二十一兩一錢二分二釐

零

不在全書課税款項

各行貨牙税額徵銀一百五兩六錢

牛税額該銀二十二兩四錢二分二釐

田房税契每年不等約收税八九百兩係儘收儘解

典税每典完税五兩

均徭

句容縣計一十七鄉每鄉一十三圖每圖約平米二百七十石一圖分爲十甲通甲輪充糧戶鄉保經催丁糧名曰現年如遇商工出夫差役之事俱係現年承值一歲一更一勞九逸此句邑徭役之善也其有力者僱人充役亦係貧富相均

彼此悅服上不曠官下不擾民如此至於修築圩鄉堤岸一切與民田各戶自便者俱係計畝均派公辦公修不在現年承值之內其改民解爲官解則自前明邑侯陳公詳請而後應天諸縣咸倣行如例惠德美政誠非淺鮮舊文仍載於左

茅一桂官解志云句容徭役之法自條編而外爲目三十有九其歲額所需故事并以民解最寡者一名多者至十七名而首事者輒稱頭役云其有以十七名解者曰條編曰折色有以十三名解者曰貼解條編有以十一名解者曰二六有以九名解者曰大馬頭有以八名解者曰戶部庫子曰門糧曰太倉曰海防協濟有以七名解者曰南麥絹曰草場有以六名解者曰黃白蠟藾草曰京庫草有以五名解者曰神宮監雜糧曰五款曰貼解鹿頭有以四名解者曰預備倉斗級

日蜂蜜日黑豆日刑部庫子日光祿寺庫子日備用日料價日匠班有以三名解者日供用庫雜糧日課鈔日課程有以二名解者日酒醋局日府俸日光祿米日光祿麥日甲丁二庫日草料日操院兵餉日安慶日淮安日年終有以一名解者日鹽糧日學租日樣米大較名之多寡視其解之輕重爲差而民解百餘年來或傾其蓋藏及鬼薪城旦相藉則以蚩氓起閭閻不盡諳於事諳於法其孱闒者握算無所縱橫乾沒於倩代之手以身罹其辜其悍黠者染鼎爲奸科斂箕細以充其數而間至尙方之供中貴奇貨視之逗遛其收納而骫髒其歸程不厭其谿壑之索不止及返而越限也更坐以侵漁法無貸甚則追呼逮繫蔓連株引斃桁楊縶犴狴者踵相望先後艮有司明知之而叢弊遞承法無敢施久矣當萬

歷之癸巳嘉禾陳公至首詢疾苦知其狀迺召集通邑耆老於庭計輕重揣煩簡確有定裁而尤謂中貴及各部寺之所易齮齕者民而不能横逞者官盡革一切頭役立官解法多則以官少則以掾其或最重鉅而官所不及兼轄者輒命胥吏爲輔謂官吏習知度支且懼觸文網可必無私橐蠹而彼懾於所解之非民必不敢憑其胸臆以逞恣睢公之於奸弊至洞晰也然官與民兩利則法便利民而累官則官且廢革阻抑而奸民必搆連胥吏以撓其制所稱鏤脂刻冰祗飾觀望奚經久實用之與有公又從中議時日之久近增水脚諸費卽於丁糧均派總之千有三百九十餘金以至投領各署文檄動經旬月解官不必親候聽其遣役爲代仍移文各署務期以通邑之力輸通邑之賦歲所計節省浮費八千而羸

碩鼠斂於廥庾而傾貲殞命之禍不起躭逐戢於中貴而叫囂科釀之毒頓弭飛輓安於簿尉而拮据鞅掌之勞無累公大有造於句民當何極也先是議未定時故嘗窟穴於諸賦者譁然稱不便幾爲梗公燕居深念得其計密而捷遂請之諸臺使者下其令衆心卽嗛之莫能格以此見公之慮事遠而爲謀周苦心如此已又恐窮簷介特未及徧曉復鐫碑於邑門復梓之剞劂人頒一編俾寓目者若揭慧炬履康莊下卽有射影含沙之奸上卽有破觚斲雕之吏固毋敢弁髦其舊而易置之也世云有治人無治法非然哉非然哉當道下其議應天諸縣咸倣行如例是爲官解志

按舊志條編行而均徭絕官不役農民矣官解設而頭役革官又悉代農民役矣然猶有蠹而未盡者如在城

五地方之撥差歲役歲更紛紛讐報而坊郭近火之焦
未熄也查所謂釐而未盡者今已弊絕風淸家安人樂
矣又云
本朝第一德政在改民解爲官解至漕兌虐民之弊萬端於十
三年亦改民兌爲官兌恩典可萬世不朽而前朝官解
未定時賢侯苦心創法功德不小因再記以垂遠大
貢輸
前代歲貢土物翎毛八千五百根貉皮一千九百八十六張
茅山蒼朮二百觔
明土物活鹿活雁猪羊鷰雛以及藥材之品蠟蜜銅漆之類
載在舊志者物旣因時有無法亦隨時變易或折銀或銷免
以蒼朮鰣魚之貢實出一方向爲專貢者今已豁免我

朝寬厚之澤亙古未有因無所紀其貢輸矣

句容縣志卷五終

句容縣志卷第六

學校志 學宫 書院 祀典 祭器 樂器

學宫

儒學在縣治南

唐開元十一年建儒學於縣署東舊志

宋開寶中重建皇祐二年太常博士知縣事方峻再建元豐二年令葉表以縣南驛改造即今地省志

葉表記曰元豐二年己未四月予領兹邑祗見吏民且詢風俗客有與而言曰是邑也據華陽地肺之勝因山容句曲之名南揖絳巖北帶長江東達吴會西隸建康編户四萬物産之瑰奇者不可殫紀秦漢而下高尚而羽化者八十餘人實江左之上游六朝之遺風其英靈秀發亦可謂挺特而雄偉

者矣宜其多道義卓越之士風化比鄒魯而其俗乃以儒爲恥自我宋有天下以文致治百有餘年海隅遐陬不識兵革釋耒結綬入爲公卿而此邦之人能以仕進者不過一二豈萬室之衆獨無俊乂如海隅遐陬者哉顧養之之具未全而道之之方未至耳若今不我謀則已今旣謀及敢以爲請縣之南有孔子廟廟貌僅存而學館汙陋不足以容絃誦而常爲虛器廟之南有樊驛荒榛蕪穢不可以寓賓從而徒藏姦妖願遷舊廟之卑下以易樊驛之爽塏而董葺之協卜之吉不亦善乎吾應之曰夫民之不率上化之未孚有學而士不游有館而賓不止微子之言益令之恥上其議於曹曹可其議於府以官錢二萬三千徙而新之不累月而館學成於是士之游其間者數十餘人賓之遠至者如歸嗟乎學校之不

修令之罪既修矣而道不講爲士者宜何如哉是非特所以識廢興且告其邑之人無爲互鄉所嗤也

紹興二十三年令龔濤修府志

編修江賓王記略曰鄉校不可一日廢也尙矣靑衿逸城闕鄭詩以爲刺下車修庠序漢吏偉之蓋申孝弟勵賢才取士論政養老享賓悉由於此故君子於其興廢也有以徵國之盛衰見人之賢否句容舊有夫子廟在縣之東謹按古碑立自唐開元十一載我宋之興文物隆盛元豐二年葉公領縣病其卑陋且惡俗不喜儒相廟之南有驛焉寬閑亢爽面對三峰佳氣勝槩可坐而致於是斷然徙之歷時滋久廟貌昏翳黌舍傾毀非所宜稱東平龔濤仲山履行端方飭吏治以儒術凡有設施知所先後紹興壬申以左奉議郎出宰謁廟

之初喟然歎曰創於前者欲美而彰承於後者欲盛而傳今
鄉校若此有忝厥初人其謂何越明年八月乃率僚屬鳩工
賦役儀門正殿講堂精廬雄深巨麗規模宏偉迺左迺右各
有攸居棟宇屹然可瞻可仰閏十一月丁亥告成集師生賓
佐以落成之且舉釋菜禮奉祭於先聖先師籩豆簠簋列於
殿廡升降進退濟濟蹌蹌父老來觀低徊留之而不忍去多
士欲鐫石記之以無忘令之德猥以見屬賓王忝桑梓義不
獲辭然天下之事務其大者遠者則可書不然徒寫琬琰奚
益春秋之世魯僖公能修泮宮有史克者作頌鋪張揚厲惟
敘其采苛采藻獻馘獻囚而已至若棟宇時制則略而弗傳
意固有在矣矧今日之事哉吾知今之意不在挈楹計工誇
耀一時也葢欲後進方領矩步升堂入室敦詩書說禮樂然

後發策決科致君澤民以繼踵先達益知教化之所自來其所務者遠且大誠可嘉也於是乎書

元至大二年尹趙靖重建府志

泰定二年令程恭延聘名士訓誨生徒遠近嚮慕邑民獻地增廣學宫設唐忠臣劉鄴孝子張常洧二祠於講堂之西至順四年達魯花赤那懷重修明德堂後至元戊寅令李允中教諭劉德秀刻累朝奉誥綸音於石舊志

元縣尹張士貴重建先師廟府志

按趙靖程恭李允中張士貴秩官表皆列縣丞各名下皆註至正間尹豈四丞者先後皆署尹篆後於至正間皆陟尹耶

明洪武十二年己未知縣韓思孝修殿廡置齋室十五年壬戌

知縣韓宗器修明德堂舊志

邑人敎諭朱純記曰皇明受命旣全有天所覆乃大興學校詔天下府若州曁縣置師弟子各有員給旣廩程業藝成造士之域有資則貢之春官考而登之辟雍往往入爲禁闥侍從臣或握憲節出佐藩翰承宣郡縣取人於學校用之不次莫盛於今日句容縣學唐開元肇建宋元豐中更其地而益宏其制焉宋曁元修建不一元季迄今久不修故壞益甚每風迅雨厲則凜然隤壓是懼洪武巳未春河間韓侯思孝宰玆邑嘗以大昕謁先聖顧謂僚屬曰惟學宮隳剝不治咎實在予然民力亦不可亟也視屋之甚圮者吾先施功焉以次而葺之則民不勞而事亦集於是圜視周覽以爲尤壞隤者大成之門爲楹十周殿之兩廡楹三十資於眾鳩工聚材凡

棁柱檳桷之朽蠹敗腐者更易之構締之弛其鑿枘者歸其故而繩直之皆撤其覆蓋之瓦去其毀缺而加塈塗焉爲諸生肄業之所於西偏寢息各有室績垂就侯去官功遂輟越三載沁陽韓侯宗器由太學出仕涖斯邑勉勵諸生益不懈加敬且曰學宮之大莫逾茲明德之堂實維朔望講聖經考德業於是乎惟師帥茲邑弗有所圖其曷辭責卽命修而新之廉隅曲折整飭峻嚴歸然壯觀矣功甫就緖士方相慶適值上命頒釋奠儀下郡縣尤加意祟文縣學祭祀之用與凡養師弟子者歲賜米六百石置吏會計出納亦賦以祿前代故有贍學士田復歸之學歲入不盈其數者益以他名田凡所以留聖心施渥惠者甚厚時洪武十五年五月也父老士咸喜而謂純曰我邑學校之興前後獲兩韓侯有以經始於

前有以成美於後今吾侯方當考室之日而釋奠賜田之命適至蓋誠心體國家盛意故默契若是子其以文鋪張盛事哉純因竊維念古昔自司徒典樂有官而學校立更三代至周法乃大備故周人之詩曰鎬京辟雍自西自東自南自北無思不服說者曰風化出於首善之地則敎行四方矣今京師新國學以爲天下風化之本句容雖縣邑然近在畿甸去京不百里實爲四方環視瞻仰之地非他郡邑比也士大夫來京師經是邑者游觀相繼亦天下首善所係爲遠人視效取法則者學宮之修有裨風化不但百里而已也方盛世勸學興禮以風四方而吾邑連獲二賢令先後合完之其可紀也已且繫之以詩詩曰帝汎八紘作都金陵八紘既徵文治聿興維句曲縣邇在畿甸咫尺聖睠環四方之面庠序既建

壁輝奎絢育我俊彦俗化攸善厥初孰修河間韓侯合而未完値侯去官旣有縣令實維同姓謂學校之政上實有命前功之未竟敢不承以敬乃謀乃理俾完而美屋覆垣峙丹雘有煒茈祀行禮有饛其簋珮衿濟濟陟降堂只稽經諏史克愼諾唯爲臺萊杞李以貢於天子立邦家太平之祉

永樂十年壬辰令徐大安增修十五年丁酉令周庸節敎諭趙學拙重建戟門 舊志

國子祭酒胡儼記曰句容之爲縣以其地有句曲山故名自漢唐以來雖屬置不一然自會昌間升爲望縣至於今民物富庶畿甸稱焉縣之有學始於唐開元十一年在縣之南至宋元豐二年令葉表徙今處紹興二十三年令龔濤增修之元至大二年尹趙靖重修之至正丁亥尹張士貴又修之至

國朝永樂丁酉七十有餘年而廟之戟門傚壞知縣周庸節乃作新之繕工美材皆出己俸於是爲門若干間設戟於門之左右經始是年五月落成於秋七月規模之壯觀丹漆之炳耀儼然王者之宫也庸節以書來徵記按聖廟門準儀立十六戟始宋建隆二年至政和元年增爲二十四戟所以備儀衛示尊崇也嗟夫學校教化所自出其興廢實守令之責然所以爲教化者豈專以廟堂爲觀美哉要之有其本也苟傚壞不治則無以將事既撤而新之此爲政者知脩其職也至於務本則吾黨之士當以勉之昔我太祖高皇帝既定天下首崇學校之政教育人材作新士習貽謀於萬世者遠矣至我皇帝繼承大統繼志述事表章儒術深念天下學者務科目進取致力於章句文詞之間而忘修己治人之術乃命

儒臣取六經四書與諸先儒之奧論所以發明聖學維持斯道者類取成書賜名性理大全頒之天下學校而加惠學者使知務本之意所謂天佑下民作之君師德教超軼千古天下之爲師徒者當知此書美教化而敘彝倫一道德而同風俗胥此焉出非徒科目進取之士也

正統八年令韓鼎建會饌堂立俸廩倉改文昌樓於學之東南十三年復立進士題名碑於講堂之內翰林院學士周敘爲之記舊志

按周記載萬歷舊志今碑與講堂俱廢故另載藝文類

景泰間令浦洪劉義相繼修理東廡齋號三十餘間俱被回祿遂設法新之四年府丞陳宜增置學西民地建立校官廨宇府志舊志

成化十四年令徐廣重建大成殿兩廡戟門規模宏大視昔有加舊志

侍郎尹直記曰學必有廟以祀孔子以行釋奠釋菜之禮以示不忘其學之所自也孔子尊視王者袞冕南向故廟制有四柱屋扁曰大成殿歷代已然崇卑麗陋則係有司賢否而教道之振弛所由徵焉句容學廟自唐開元建立於縣東宋元豐二年徙縣南即今所也紹興壬申元至正甲午修葺僅一再迄茲幾二百載凡更幾令視廟朽敝或漠不介意或力不逮志乃成化戊申曹州徐侯廣以進士來知縣事力敷政化剷割蠹弊訟簡盜息政通人和嘉禾瑞瓜駢出畎畝明年歲大有秋即謀於教諭蔡詳訓導潘淩曰文廟風化所出與學有司首務廟圮若此吾於諸君其敢弗力遂各捐俸經始

於是年仲春之望落成釋菜於仲冬之朔材石堅良丹雘煒煥其高爲尺三十有七深視高加尋廣如深而兩廡戟門以次具舉規制壯偉倍蓰曩昔矣又云昔人謂仲尼之道與王化遠邇蓋化道之行浹於邇斯被於遠勢同然也我皇明尊用孔子之道陶範斯民邇自京師遠至四裔無處無學無學無廟南京尤祖宗興王之所首善之地敎道所從施應天京府也句容應天屬邑去南京不百里而近其沐浴聖敎衣被王化於今百餘祀最先且浹故其士習之隆盛人材之彙興迥軼前古宜廟學之麗壯宏偉甲四方乃今見之侯其賢哉聖神如天洋洋在上凡百襟珮遊歌於斯也覩其巍然偉然肅然於駿奔之時凜然於拜謁之頃感發興起端其所學而不雜誠其所存而不僞高則養正以成聖功次則游藝以取

高第躋顯仕斯不孤朝家教養賢侯作興四方仰止京畿望邑不亦宜乎

嘉靖十六年令周仕修建三十二年應天府通判汪宗之署縣事移名宦鄉賢祠於戟門左右舊志

按察使楊沔記曰夫祀之典大矣無勳德於民者弗祀名實不孚於鄉邦者弗祀故祠名宦示勸官也祀鄉賢昭往而訓來也祀之而必附學宮謂素履無愧於名教故躋之夫子之門牆於諸賢後先相望重其典也其或外飾其貌而內則饕誕虛譽雖隆而行實不愜或席勢於子弟或援手於匪人遂冒焉以舉之斯固聖門之罪人也使其有知將退避且不暇敢復窺其觴享耶吾容爲畿輔首邑民淳訟簡官多循良已山鍾靈代有英傑其令之良者於晉曰超唐曰於陵宋曰濬

曰侶元敎諭曰德秀在國朝令曰鼎曰義曰澄曰信尉曰駿敎諭曰子輔曰信訓導曰浚其鄉之賢者於吳爲固於晉爲洪唐爲常洧爲鄴宋爲南强元爲淵國朝爲炎爲保八爲繼爲逸祀於二祠者合廿有三人外若徐令廣之嚴明曹冢宰義之端愼張太僕諫之剛毅湯侍御鼐之犯顔直諫徐經元欽之學行一令四賢宜祀未祀不厭人望久矣是歲夏京兆判貴溪汪君宗之來署邑事庠諸生首列其行蹟白之君曰是盛舉也遂欣然請之督學侍御方泉趙公曰可爰諏吉題其主增入之夫二祠之祀其來遠矣至我國家尤加重焉祀非其人固不可祀之或遺其良與賢亦非所以奉德意而示勸誡也舊祀名宦十三人今增其一鄉賢十人今增其四舊祀者因之而新祀者無容議也嗚呼其盛矣哉二祠舊在道

義門之左至周令仕各遷於淫祠之廢址與學宫旹不相屬非禮也君既增祀五君子仍移其祠於櫺星門之東西然後主有攸棲祭有常所上之足以徵下之足以應善者足以誘惡者足以警前斯振振後斯繩繩祀典正而勸誡明矣君實有裨於世哉事竣屬洒記之洒生也晚葢遠遡遺芳景仰耆淑亦有年矣烏容辭因次第其始末以表崇祀之意且俾後之觀者知所重焉耳

按二祠歷今二百餘祀名位各有增加詳註各神位

嘉靖四十年應天府通判閔宜郡署縣事修飾文廟 舊志

參議許彦忠記曰句容有學舊矣歲久弗葺京兆判烏程閔君宜郡迺圖修治之君子曰章志貞敎盛舉也始君來署邑事也詣學宮觀焉見所謂齋廡庖湢内外諸門寢以敝毀

憫然若以爲已任未言也已而教諭王子堯卿訓導汪子文郞子維彊率諸生白之君曰吾志也蓋聞上臣報國以人言薦賢也然孰重於養賢之地哉迺審諸贖金之無錯礙者得邑民潘選事堪役理具以請於督學侍御初泉吳公示下報可卽鳩工庀材以繕其事數閱月而工訖蓋君之志殷而落成速也教本敦矣乃進諸士而申告之曰夫學葺其故儆斯固有司之責也而志期遠大者士所當自勵歟故學必立廟以行祀饗聖賢之禮匪直爲報本已也蓋欲士人之遊於是者得於仰止希聖賢以學以資化源爾今國家取士以文而士志於進取者無亦惟工文詞苟以儌於有司而於所謂聖賢之學或莫之省何邪昔者夫子以四教首曰文而繼以行忠信者行修諸身而忠信則存諸心蓋其本也此夫子開示

眞切之訓唐虞有周五教三物之説皆已具其中矣雖堯舜文武之聖皐夔稷契周召之賢學亦非有外於是也而學者之於文苟不本諸忠信之實其流於詞章之陋矣乎孔門七十子之徒皆身通六藝而獨游夏列文學之科然書所載二賢之文不少槩見至夫子春秋之作宋儒乃謂游夏不能贊一詞彼所謂文學者豈亦文藝之習而非聖人經緯天地之文邪偃之學僅見於武城絃歌之政商雖可與言詩而猶云出見紛華盛麗而悅夫二賢者其所得於忠信之學深矣而所造若是豈其局於文學已耶葢夫子獨賢顏淵之德行其不貴文學可知矣士而欲學聖賢之學是豈可徒尚文詞也哉其必由夫子之敎行修乎其身存忠信之心以端其本推而道德性命之奧仁義禮智之原孝弟廉耻之懿與夫天地

古今事物之散殊皆體驗於身心而必忠必信勿忘勿替也夫然後漸漬積習之久英華發而爲文不獨可以應有司之求而經世之猷亦已具備譬之梗柟豫章之材以之棟明堂楹清廟固巍然國器也隨其所用大之庇天下次之庇一郡一邑之民不其樹勳烈而垂名聲邪如或時與志違其忠信之學亦足以修身而見於世若珠潛於淵玉潛於璞下與蜃蛤珉石混而棄者歐陽子所謂先膺美澤之氣輝然特著乎外也豈彼文詞而已者口耳乎帖括剽裂乎佔畢絺章繪句以爲筌蹄雖亦偉然揚乎聲稱夷考其忠信之學或至背馳而突梯滑稽不足以任大而馭繁使臨利害之衝履盤錯之地其氣節薾然索矣若所謂木之離奇液滿空中立枯者而欲梁百尺之觀航千仞之淵鮮不撓折而覆敗者葢學術無

本事業乖陋亦奚裨於用也而於國家立學養賢之意有司修學之心或幾乎荒矣於是師生聽者咸鼓動興起因詣彦忠請記之石嗟乎吾容學敝久矣京兆君雅志藹然首舉而作新之復爲之闡聖賢以廸多士謂之章志貞教者非耶昔文翁治蜀修起學宫士俗之化至比齊魯漢史列之循吏傳蓋優之之也若君豈非所謂其人者乎哉迹其清修端愼忘已下士而尤隆於養賢育材之地焉記曰好賢如緇衣近之矣或曰君承世家之儒風專聖人之學而趨君子之林宜其舉動光明非蹣蹣齷齪者倫也

嘉靖四十五年署縣事應天府推官張夢斗見學宫傾圮且前曠後偪思重營建積楮贖四百金知縣豐城胡師繼之遂移先師廟兩廡戟門櫺星門道義門各前數十步隆慶三年

知縣周美於櫺星門外橫置石欄於巽方建文星樓後巡撫鑑塘朱公移稍西北改名文昌閣萬歷元年知縣商址張道充復於學前開左右掖門濬渠引水曲注泮池三年知縣嘉善丁賓繪飾明倫堂并泮宮嗣後屢圮屢修萬歷四十年提學御史熊廷弼議加高文星樓第三層一時聯發元魁歷位宰輔獲有徵驗至

國朝各漸傾廢順治十年提學侍讀藍閏捐修正殿兩廡戟門文星樓等處知縣葛翊宸力襄厥事堅緻完好稱一時盛舉云舊志

侍郎李喬記曰句邑盤互羣山繹湖汪瀦巖澤所鬱代鍾奇人前此形家者言指爲金陵左臂故其山川人物甲於外邑無疑也學之有廟祀則自唐開元始宋元迄明代有徙建修

緝明季則一修於萬曆甲午及壬子再修於崇禎丙子皆以名卿碩儒爲之記而其時之人文蔚起亦遂輒與期會鼎新以來歲月湮淪風雨剝蝕齋宮寢廟廊廡軒墀日就坍圮茲督學藍公按臨謁廟見之憮然乃召教屬與子衿及邑侯詰以揭虔著肅卽首輸養廉之鏹二百餘金爲一境倡而邑侯葛君賢侯也志重文教亦捐金備前數率諸教屬紳士各捐助有差以共襄厥事卜吉經始溯流取材陶土合甓既營既緝載奐載塗觚稜黼幄及宗彝籩豆所憑而所享者無不一秉初服不數月而廟新儀備公乃齋沐拜禮於華采軒翔之下顧學之東南陬有文星閣實先代賢督用景純青烏之術以立閣成而大拜鼎甲次第舄奕且有魁南宮者公瞻眺色動得所爲傾圮狀雖費不貲亦率令繕治之堅好竟踰往

制公青齊華冑也昔余主齊魯學政曾識其奇於儕伍中知
雒陽才雋乃十年養翮卽爲開代鳳池之選癸巳奉
簡命督學江上之八郡夫江南學政故御史爲監及公以詞臣
主之
國家爲風厲之邦重所寄爾而公開幃課士怦怦然動於心離
離然矚於目以暮夜投者若魑魅之窺於戶而聲影弗敢卽
以懷璞獻者若良工之鑒於庭而膚理悉立彰甲午彙士試
於省往上郡士較下郡士爲孱所舉輒不逮公笑曰亦顧所
選耳不聞戰國秦强而趙弱頗牧率之遂數奪秦壘耶乃錄
士四千與下郡士角藝棘闈而諸士之雋者果爲敵國其弁
冕賢書更爲茲邑之朱子也公煦物如春化士如神操躬如
玉秉衡如鏡釐文之駢蕪而歸於馴雅若宋歐陽之變士八

謂公素行洵可合諸江漢秋陽也巳侯於功竣而請余文以誌不忘昔陽城教士有典柳州爲之鐫碑太史公之明愼無私與陽城峙予文遠遜子厚於邑侯勤勤之請也敬爲之志

康熙十四年乙卯知縣林㝡重修文廟創建櫺星門石坊

巡按御史笪重光記曰

皇清綏定天下道洽澤潤三紀於茲

聖天子勳華光被禮樂翔興薄海內外文治彬彬盛矣爰　勅督學使者檄各郡邑修飭黌宮爲亟而句曲首隸建康上據吳會爲東南之望邑則思樂泮水而懼城闕之譏也不尤汲汲乎容學傾圮有年庚戌辛亥閒前任文宗前任邑侯暨學博許君各捐淸俸率諸生輩重建明倫堂宇矣而一時財竭力殫聖殿猶未修葺也櫺星門柱猶未改觀也泮池曲水猶未

疏通也乃至邑侯林君詣學拜瞻之始愾乎如見先聖於牆而周視中外慨然欲與更始而維新之遂於乙卯秋解俸三百餘金將欞星門易木以石六柱三坊拔地而起飾以青碧焜煌巍乎大觀也哉又前而泮欄鑿鑿濬引元武之水通九曲之渠導入泮池復自左方流出其於句庠蔭庇非淺淺也若夫文廟以虔饗祀年來風雨剝摧頹敝已劇林君復率先捐俸許君勉力助修並諭通學子衿各隨豐嗇共襄盛事於斯時也目擊殿瓦大都破損參差乃爲之盡行揭起始爲掃刷既而塗墍由是板椽之潰爛者悉更節棁之腐朽者輒易戶牖加以丹艧廊廡亦復繕修以及啟聖祠坊久焉垂墜者一皆釐整而聿新猗歟修舉畢備矣記曰美哉奐焉詩曰新廟奕奕又曰高山仰止景行行止予願邑諸生於奕奕新廟

之中仰瞻輪奐之美日生其高山景行之思以不負
朝廷興賢育才培養之澤而副當事者所以造士之意則庶乎
其可也新任司訓縱君適覩經營之德慧與拮据之勤勞自
堪不朽因詳顚末丐予言以誌之敬爲記

二十三年甲子
欽頒萬世師表匾額於天下學宮

四十九年庚寅邑人士重建文星樓

知縣方矩記曰儒學之東南數十步有文星樓焉創自故明
隆慶年間上祀魁星雖爲士子瞻拜之地而堪輿家相陰陽
審形勢補偏救敝以護一邑人文冠冕之微意也句容在明
爲留都首善彈丸蕞爾簪纓輩出內而卿貳外而牧伯史乘
不勝書如李文定公以鼎元登師相尤其最者地靈人傑之

說豈不信哉歲久傾圮鞠爲茂草不知幾何年壬辰三月余承乏兹土斯樓適成廣文兩先生及邑之紳士請予相與飲酒而落之予登斯樓見其方可數丈高可五丈而壯麗弘敞如筆之卓如峰之峙如浮圖之屹立百里山川盡供一覽經營苦心規模久遠殆超越前人萬萬者紳士爲予言曰公知此樓復古之故乎皆駱生一門之力也今樓成而駱生不及見矣幸諸長君善承父志歸然如魯靈光者公其可無記乎余曰嘻田野不治金湯不固守土者之責也津梁不葺茀草不除守土者之責也學宮不修人文不起甯非守土者之責歟顧山陬小邑兼以水旱頻仍民俗愈敝而吏道愈難今之才不如古遠甚且日鞅掌於刑名錢穀之中矻矻焉救過之不暇視官如傳舍又何暇興不急之務爲斯人謀未然之利

哉有心者輒絀於無力有力者坐擁厚貲於營營刀錐之小
其私心無有止時而好禮者甯有幾人駱生不惜數千百緡
錢鼎新斯樓以紓守土者之憂又救學宮之缺將斯地之人
文蔚起菁莪棫樸之化遠軼前修未必不因此樓之基也昔
范文正公之宅術家謂其當代有顯者冠冕不絕而公即以
其地改爲郡庠與衆共之今駱生不驕不吝矢志興復而諸
子姪又能凜凜遵治命善繼善述誠足媲美古人興起來茲
世之擁素封多自與戚戚若不終日者聞駱生之風亦可以
稍勵矣是役也經營於庚寅四月告成於辛卯七月鳩工庀
材閱十有六月而始煥然改觀駱生維持號磐如廪監生成
其志者令嗣國學生如驥兩孝廉豹文鳴騶姪貢生圖呈也
例得備書　附駱如驥敘曰文星之名何昉乎吾聞星官家

言星之爲言精也又云文者精所聚合二說觀之殆猶稱堯爲翼之精舜爲斗之精禹爲參之精湯爲虛之精文爲房之精蕭何爲昴之精方朔爲歲之精諸如此說不可枚舉要皆上應天心玆乃聚天下文人之精思結而爲星故曰文星理或然也然則文星何宿聞以北斗第四星爲文曲斗首第一星至四星俱爲斗魁故魁神之旁置斗即字亦從斗象形也玆星也其指斗魁之文星無疑昔人以文星之明暗卜文運之盛衰且如呂尚夢聞北斗語而遇文王以興周袁郭夢立北斗下而是科及第斗魁之有關於文人不其明驗歟又云文昌六星在北斗魁前其第六星曰司祿即今奉之爲司祿文昌梓潼帝君者是則文昌也斗魁也其職司文運一也常見邑人於文昌則聚類而祀之至魁神則略而無祀亦闕典

也吾邑學宮前文星有樓年久傾圮甚至一瓦一木俱蕩然無遺今春予家昆季四五人發心重建悉解己槖不募他人於上梁日子姪輩向予言曰神得所棲矣而祀典不聞茲樓不徒然乎不肖等欲自祀之恐涉於私意欲於同學中約相契者共其事可乎予應之曰可遂相約而應約者二十有二人但每歲春秋仲月上丁則有事於文廟因共計二仲月之朔旦各具香資登樓奉祀祀畢飲福其禮儀亦與祀文昌同約既定復問敘於予予不揣荒謬僭敘其神之所由名與神之所宜祀者以應之異日者諸君子共相砥礪各殫精思邀神默眷大啟文明不徒為一邑光行且為天下式蔚蔚炳炳予將觀其文之變也夫

雍正二年甲辰邑人士重建明倫堂暨存誠主敬二齋

知縣施廷瓚記曰康熙六十年辛丑春廷瓚來宰句邑恭謁
先師廟見明倫堂傾圮狀存誠主敬二齋且鞠爲茂草不勝人倫墜地之憂竊疑邑人士之見義不爲也閲三載知其風尚古處屢與前學博汪君鈞司訓胡君嶝齡謀整飭之緣歲歉未敢遽及雍正二年甲辰元旦
聖天子詣辟雍 命大宗伯議增天下弟子員頃又追封夫子五代以王爵廷瓚小臣伏而思之我
皇上廣明倫之教以基子衿德業久大其激厲匪淺鮮矣甚哉倫胡可一日不明斯堂斯齋胡可不亟加之整飭也是年又幸有秋爰偕汪胡二君大集紳士而告之曰士君子苟能涵養此心如鏡明水止將觸處洞然何況天倫之固有塊然者堂無庸也若其冥然罔覺悍然不顧乎化日光天尚憒憒若暗

室內之仁義道德之府而不之辨或疑爲未升斯堂也豈理也哉先王念天下人士中材爲多故明倫有堂堂外有存誠主敬二齋俾廣文先生日率多士陳詩書敦禮讓洞屬忠孝友弟諸大義而退居於齋以加體認成他日德業於久大先正有言曰學問到周程功業到韓范不過幾個好秀才耳一失足時便隔千里甚哉倫胡可一日不明斯堂斯齋胡可不加之整飭也廷瓚欲倡斯舉以上副

大聖人作養人材之至意以陰培子弟德業久大之丕基薦紳士夫得無意乎哉太學駱子如驥曰此驥之責也老夫髦矣願竭蹷以趨事其姪別駕殿邦曰乃先子志也邦請繼之孝廉朱子埴曰埴高大父松溪公於明嘉靖間曾以一肩荷矣埴不才敢不敬繩祖武駱子孝廉豹文貢士圖呈思齊及李子

鰲侯選州同知王子階組太學黃子普各各當仁不讓迺共捐金鳩工庀材卜仲秋廿四之吉興工如驥子廩生嘉言埴同懷弟堉等十五人董厥事次年乙巳四月旣望落成其高深廣袤一仍舊制復新道義門爲明倫者從入地西偏存誠齋俞子貢士茂龍太學遴茂才趙子林已先成之矣東偏主敬齋湯子貢士子繼太學紹湘與雍子啟珷力爲嗣響亦不日竣事時司鐸李君舒春戾止已數月以其事上之方伯鄂剌史郭各贈以額諸子不朽矣廷瓚與李胡二君率邑人士登之穆然思囅然喜曰班彪謂禮樂之府詩書之林虞溥謂學者不患才不及而患志不立諸子誠見義必爲哉句人士體此則人文日起矣獨惜前學博汪君日求重建乃赴召玉樓而不克適觀厥成能無人琴之感耶金錢出入數載碑陰

以備考也至泮池堤欄成於貢士俞子茂鯤太學周子憲勳泮宮坊成於茂才汪子湘皆一時義舉侯全學維新另記其學舍側遷修葺備邑乘不書惟查嘉靖碑記兩載修建松溪君闕焉及觀省齋陳計部撰松溪處士墓誌則云豐城胡侯商邱張侯修建學宮俱君董其事更捐己貲以襄厥成意其人殆樸拙不名正墓誌中所稱隱君子者耶故並記此以爲崇文尙義者勸

三年乙巳鼎新大成殿

閩中主事施霖記曰句邑去金陵不百里山川文物甲江左往來冠蓋咸出其途又學使者校士茲土圜橋門而觀聽者不下數千百人此文廟之建所以視他邑爲尤盛也康熙辛丑春長子廷瓚出宰是邑霖時方令宣之西甯旣惴惴焉以

豚兒製錦爲憂又竊自幸以爲此邦人文之盛與夫三茅寶華之蜿蜒聳秀道書所稱洞天福地者可過而訪焉乙巳乞假南旋過句署大成殿正在鼎新及釋菜告成與瞻仰焉見夫堂廡門牖一一皆修舉几筵榱棟煥乎改觀不啻登闕里之堂司馬遷所云低徊留之不能去也廷瓚告予曰茲廟之新始發議於前學博汪君鈞以明倫堂方就圮圖亟修之適崇聖祠奉有

特綸廷瓚爰捐三百金偕前司鐸汪君胡君集邑紳士而告之諸紳士咸踴躍起分任其事自是崇聖祠明倫堂以次修舉及衆議大成殿候補別駕駱子殿邦作而言曰大成殿與明倫堂皆先子遺志也邦既得與明倫堂之役而大成殿弗加葺於心終闕然請與弟飏肩厥事衆議又以大成殿爲奉聖

殿義不可以不任且葺之弗若鼎新更爲可久於是太學生王轍偕姪庠生方授合而言曰若必鼎新轍等兄弟叔姪願竭微力襄盛事瓚復廣爲勸輸自紳衿貢監庠士以暨鄉耆合三十一人鳩金九百一十七兩外候選司馬王子階維附捐銀一百兩均交駱子殿邦王子方授領其事而駱王亦慨任弗辭率其弟姪數子各輸金庀材鳩工集事外而戟門名宦鄉賢祠又駱子殿邦竭力維持一時俱舉其東西兩廡則庠士陳子昕倡首勸募所合而成之者至於程材董率無間寒暑則又宜興通州二廣文並太學生王子輝祖庠士汪子湘等十五人與有勞焉今者二廣文暨首事諸君子請大人爲之記大人其勿辭余曰諸紳士其洵聖人之徒哉聖人之立敎也以嚴義利爲本自二氏敎興士之歧乎其途者逿逿

而有彼將以求福田利益也不知夫子罕言利惟使學者趨於義而已趨於義則竭力以爲子匪躬以爲臣以至恭兄信友夫夫婦婦靡弗各得其所矣在昔唐崇佛宋崇老其於先王典章倫物之懿幾湮沒而弗彰賴前有昌黎韓子竭力觝排後有程朱諸子羣言羽翼所以天地之經至於今不墜今

皇上統馭三才并包六合二氏之學固已存而不論卽位之初卽親詣國學行釋奠禮又加封孔氏五世王爵　御書生民未有匾額懸之闕里遣王大臣致祭焉重道崇儒至斯已盛以故句邑人士聞風競起趨事爭先靡不務義遺利任道自躬矣從茲勉敦正學爲風化先庶幾人才蔚興收實效以上

副

聖天子敎民成俗至意將賴及天下孰有大焉者乎否則茅之

陽華之陰金碧巍峨世人豈不尊而奉之直以洞天福地求利益而已夫豈立教之本歟余故曰諸紳士其洵聖人之徒哉是役也始於雍正乙巳季秋越明年季夏告竣正殿高三丈有八深廣各四丈八尺六寸戟門名宦祠鄉賢祠悉如舊制而加崇焉所需梓材塼埴丹漆工匠合計銀一千四百四十二兩有奇公捐外不敷之數皆駱王二氏所輸而成之者也其姓名銀數已勒石明倫堂矣崇聖祠明倫堂亦另有碑記均不復悉惟明倫堂外垣道義門路徑乃府司訓李君來秉句鐸而增葺之者趨義之舉不可沒故並及之俾後之觀者知所考焉是爲記

四年丙午

欽頒生民未有匾額於天下學宫邑人士鼎建崇聖祠

知縣施廷瓚記曰尊經閣之東舊有啟聖祠爲制卑狹僅容跪拜地又上蠡下穴勢且難葺廷瓚以康熙六十年春視事茲土每春秋釋菜缺然於心今

皇帝初卽位重道崇文百度修舉乃　特諭大臣追封夫子五代以王爵改啟聖祠爲崇聖祠

詔天下府州縣衛學各立主春秋致饗是時句邑方建明倫堂廷瓚與兩學博率邑紳士正議續新大成殿及兩廡戟門伏思崇聖祠方奉

特旨此有司者之任也爰捐金屬明經俞子茂鯤董其事俞子亦當仁弗讓卜日鳩工所需磚瓦木料槩從新購高深廣袤悉廓前規志盛典也一廟分爲五室室南向以肇聖仿始祖之禮居於正北裕聖居左詒聖居右昌聖居左啟聖居右復

稍次而南一遵大總制查公所頒大方伯鄂公條議妥神靈也牆外土地祠舊址三間今改爲四東仍奉土神以其西一間爲省牲所虔祀事也是役也興於雍正乙巳九月至次歲首春觀成共費銀四百六十二兩八錢兩廣文請爲記廷瓚何記哉廷瓚葢深維乎

聖天子孝治之旨揆諸邑人士之所爲其庶幾乎先王有至德要道以治天下莫大於孝而孝之至莫大於尊親自唐宋以暨元明所以推崇夫子者靡弗至矣而究未有追王五代者豈皆禮制未遑乎亦其誠有弗格故耳葢惟聖人爲能尊親敬祖則亦惟聖人爲能尊聖人之親敬聖人之祖而遞及於親之親祖之祖焉此其不匱之思乃武周之達孝而運天下於掌上者也今

皇上方興行育德　詔下期月之間而邑人士咸雲集風馳功成不日之內明倫堂事未竣而大成殿興大成殿甫興而崇聖祠建若廷瓚之萋萋方慮不足以集事乃諸君子毅然自任爭先嚮往並不辭勞惜費如庀其家事者然則平日之讀書求道藝黍稷以孝養厥父母者槩可知矣他日太史採風見夫家絃戶誦子孝而孫慈稱仁讓之俗者其首是邑乎若夫人文蔚起鴻漸鳳鳴以佐和羹而作舟楫此廊廟之光非一鄉一邑事也司牧者何以侈陳爲

八年庚戌營建忠義孝弟祠

知縣胡爲擂記曰今

上皇帝御極之元年湛恩汪濊厚澤覃敷薄海臣民固無不霑濡德敎於光天化日之下矣猶恐窮鄉僻壤忠孝節義之人

未盡表揚日久泯沒無以闡幽光而垂久遠用
詔天下府州縣衛各立祠宇標姓氏於其中歿則設位祭祀使
小民有所觀感　勅部條議維時大宗伯恪遵
諭旨議令分別男婦每所各建一祠一爲忠義孝弟祠建於學
宮之內祠門立石碑一通將前後忠義孝弟之人刊刻姓氏
於其上故者設位於祠中一爲節孝祠另擇地營建祠外建
大坊一座將前後節孝婦女標題姓氏於其上位亦設於祠
中每年春秋致祭仍令各所在有司不時修葺以仰副
皇上奬勸名教至意並不許借設立祠宇名色派累民間
聖天子可其奏制撫下之方伯守令普天率土罔不次第觀成
獨句邑路當衝劇正署席不暇暖未遑竣事已酉仲夏擂以
西晉小儒試用此土至則簿書鞅掌刻晷不甯時檢案牘知

二祠猶未興建因不禁瞿然曰於戲此我
皇上闡幽勵俗化成天下之要道也方伯奉行之以感動乎一省太守奉行之以感動乎一郡牧令奉行之以感動乎一州一邑夫至天下之大無一州一邑不感動於忠義孝弟之人雖身朽骨寒而猶得沐曠代之恩光享千秋之禋祀則凡戴高履厚之人稍有心知血性者其孰不惕然警悟求各勉爲忠義孝弟之人耶於以厚風俗而正人心是何如盛事也會奉行日久而猶不一舉乎爰照前署尹黃丞琮所估費赴藩叅領銀肆拾貳兩零亟爲鳩工庀材又慮營建率略不足以垂久遠復捐俸以足其用卜於學宮明倫堂尊經閣之西偏搆祠三楹高一丈三尺六寸廣二丈一尺深一丈九尺圍垣堅好適與東偏之崇聖祠相望焉是役也始於八年春二月

十六日乙卯成於夏五月十一日戊寅擂等謹參考邑乘諮訪士夫遵將邑中前後忠義孝弟卓卓不朽者伐石以題其姓氏而並紀其經始落成之日月於碑陰至節孝一祠則建於治西之通衢云例得附記

十一年癸丑知縣魯弘瑜捐修大成門石坊

乾隆元年丙辰邑廪生朱垣捐建名宦鄉賢二祠六年庚申貢生周艮柱捐建崇聖祠戟門五間七年辛酉附貢生王廷璟與其弟貢生廷玢捐建崇聖祠東西兩廡各三間是年秋潦浹旬五王殿左一間牆盡傾倒甚至龕位毀裂璟玢兄弟合力修整又與吳趨貢生周大來郡庠生汪湘等疏濬泮池九曲溝使流通一如曩制八年壬戌璟玢又捐修尊經閣並建忠義孝弟祠之大門冬十月癸亥訓導徐堂以前令周應

宿指畫改其署東向大門爲南向周手書顏其門曰西序現在全學鼎新規制詳列如左

先師大成殿三間殿前月臺石版庠士駱崑獨力續甃東配西向復聖顏子述聖子思子西配東向宗聖曾子亞聖孟子東哲西向先賢閔子冉子端木子仲子卜子有子西哲東向先賢冉子宰子冉子言子顓孫子朱子

殿旁東廊五間東廡十一間先賢蘧瑗澹臺滅明原憲南宮适商瞿漆雕開司馬耕梁鱣冉孺伯虔冉季漆雕徒父漆雕哆公西赤任不齊公良孺公肩定鄡單罕父黑榮旂左人郢鄭國原亢廉潔叔仲會公西輿如邽巽陳亢琴張步叔乘秦非顏噲顏何縣亶樂正克萬章周敦頤程顥邵雍先儒穀梁赤伏勝后蒼董仲舒杜子春范甯韓愈范仲淹胡瑗楊時羅

從彥李侗張栻黃榦眞德秀何基趙復吳澄許謙王守仁薛瑄羅欽順陸隴其

殿旁西廊五間西廡十一間先賢林放宓不齊公冶長公晳哀高柴樊須商澤巫馬施顏辛曹卹公孫龍秦商顏高壤駟赤石作蜀公夏首后處奚容蒧顏祖句井疆秦祖縣成公孫句茲燕伋樂欬狄黑孔忠公西蒧顏之僕施之常申棖左邱明秦冉牧皮公都子公孫丑張載程頤先儒公羊高孔安國毛萇高堂生鄭康成諸葛亮王通司馬光歐陽修胡安國尹焞呂祖謙蔡沈陸九淵陳湻魏了翁王柏許衡金履祥陳澔陳獻章胡居仁蔡清

按從祀先賢先儒位次悉遵乾隆七年部議覆准順天學政錢陳羣條奏內稱從祀諸賢位次或因牆垣傾圮

剥落朽壞或因修理廟廡竟至遺失或先賢已躋十哲
而原設之位尚存因陋就簡以訛傳訛即如直隸學宫
兩廡神牌或東或西或多或少書子書氏現有不能畫
一之處應請按照太學所設先後位次通行直省畫一
鼇正敬謹安設
戟門五間東旁左一間爲名宦祠祀晉知縣劉超唐主簿楊
於陵宋知縣丘濬張侶元教諭劉德秀胡體仁明應天巡撫
朱鴻謨陳維芝曹時聘學政陳起龍知縣韓鼎劉義徐廣李
澄王僖徐九思樊垣丁賓陳于王教諭鄺子輔陳信胡直訓
導潘浚典史梁駿
國朝兩江總督于成龍總督河道前江甯知府陳鵬年浙江總
督節制江蘇李衛江蘇巡撫張伯行徐士林江南學政邵嘉

許汝霖邵嗣堯張泰交余正健

戟門西旁右一間爲鄉賢祠祀吳尚書僕射唐固晉關內侯葛洪梁山中宰相陶弘景唐勅旌孝子義臺張常洧尚書左僕射劉鄴宋翰林院編修江賓王東溪先生朱南强元廣東照磨樊淵明儒學教諭朱純儒士戎簡丹陽縣男孫炎孝子唐保八興國知州樊繼南京吏部尚書曹義大中大夫太僕寺正卿張諫誥封福建道監察御史張逸辛未進士授福建道御史陞雲南副使曹景廣東道監察御史湯鼐鄉貢經魁徐欽朝議大夫廣西布政使司左參議許彥忠丁未狀元特進柱國大學士贈太師謚文定李春芳汀州知府笪繼良翰林院檢討孔貞時柱國光祿大夫文淵閣大學士謚文忠孔貞運雲南左布政周泰峙廣西參議曹可明庚辰會元吏科

給事中楊瓊芳
國朝湖廣提學僉事王自新江西巡按監察御史笪重光甲午
解元射洪知縣贈行人司行人朱獻醕常山知縣王明道汧
陽知縣贈刑部郎中王輅
戟門外木欄七架教諭沈虹新設
櫺星門一座石坊凡三　泮池北有石欄　泮宮坊一座
屏牆外東坊曰騰蛟　西坊曰起鳳　崇聖祠正殿五間
東西廡各三間　戟門五間　門樓一座西向
明倫堂五間　東西齋房各九間　學庫在西齋房內
敬一亭一座　尊經閣上下各五間閣西爲忠孝祠門樓一
座東向堂三間南向祀唐太子太師刑部尚書魯郡公贈司
徒諡文忠顏眞卿勅旌義臺孝子張常洧忠臣左僕射劉鄴

宋殉國丞相贈太師益國公諡文忠江萬里義臺移風孝子張孝友明廣東道御史湯鼒孝子戎憲戶部尚書王暐勅旌冠帶義民戴谷安榮旌義門贈太常博士戴睿

土穀祠四間在明倫堂東春秋丁祀即省牲於此

道義門一間　儒學大門三間由道義門至學大門名太平街約十數丈王高文修砌

文星樓一座上下三層在學宮東南隅

節孝祠今在儒學照壁西　祠堂三間　饗堂三間　從房二間　門樓一間北向　節孝後裔周良佐等營建

教諭公署在文廟西　正學堂四間　又旁西一間今教諭沈虹建　第二進四間　第三進四間　又傍西廂房二間亦虹建　大門一間東向

訓導公署在文廟西南　友仁堂三間　又東西兩小間今訓導徐堂建　堂西挹紫齋三間前訓導龍瑞建　第二進三間　又東一間　西廂房一間俱徐堂建　第三進廂房四間　大門一座南向　尊經閣後一帶基址名千柏廊向爲士民葢造市房防護學宮今仍舊

雍正十三年冬教諭沈虹以　召試鴻博入都並赴丙辰南宮之選訓導徐堂署教諭事月朔行香見殿角崩頽牆垣剝落集紳士籌議歲修冀謀久遠於是向之趨事學宮者一時踴躍捐貲壹百陸拾兩有奇除動支修理外所餘不足以權子母維時正貢廩生吳會等公議以元年二年撫租項下應給科試優等生員花紅盤費銀兩益以會所應領正貢盤費銀四兩徐堂亦捐銀四兩共得銀一百二十兩教諭沈南旋

深嘉此舉有裨學宮亦忻然捐銀四兩又續勸捐銀十六兩有奇耗淨平色實存典平典色銀壹百肆拾兩分貯城中各典每年按月止收一分息以乾隆三年三月初一日爲始牒縣詳府簿籍皆請鈐印貯庫並入交代項下不得擅動毫釐雖有要緊公務亦不得妄議權挪自是以後期年一掃三載一修輪奐輝煌丹碧絢麗固諸紳士捐葺之功而督理歲修社學生淩漢馨亦能獨任其勞始終不倦云

知縣張秉仁歲修會記曰凡事之成也不成於既成之後而成於未成之先及其敝也不敝於既敝之時而敝於未敝之日蓋有先時之慮焉後時之悔焉非一朝一夕所致也先時而慮者力省而功倍後時而悔者費大而難成此吾句邑學宮所以有歲修之舉也夫學宮爲千秋俎豆多士絃歌之地

固不可一日不新自前令施公力圖鼎新而落成之閱歲葢已十稔其殿廷之嚴肅廊廡之整齊齋舍之修以潔由今觀之規模猶是也間架猶是也而十年來鼪鼯虺蜴耗其中風日雨雪剝其外已不能無凋敝之形脫今不計後將焉及余固慮之熟矣而廣文沈徐兩先生與余素有同志慨焉興歎毅然以歲修爲任旣而沈君應

召廷試徐君不敢遷延姑待卽疏其說以告通邑大意以不拘多寡務期實數彙萃若干悉畀典庫歲取其息以備不時之需邑之紳衿士庶及商賈賢豪之來游於茲者咸樂與斯會共襄厥事謀始於去冬集成於今夏凡向之剝者耗者凋敝者莫不補綴修葺而煥然聿新除費若干餘付典庫如故嗣後永以爲常庶幾成者不至於敝敝者永保其成力省而功

倍無後時之悔焉是舉也紹施公之績補予之不逮有功學校良非細矣猗歟休哉是可爲法也已抑予於是而益歎徐君之爲不可量也今在一學卽能盡一學之職使異日者膺民社而登廟廊撫痌瘝而宣德化凡所以振偏救弊補闕拾遺者胥於此見之矣用是爲記書之石以詔來者其始終竭力督率其工邑之好義不倦者若汪湘凌漢馨輩殊可嘉也緣附書以埀勸云

訓導徐堂序曰學之設所以奉先師爲學者絃歌之地典甚重也然而榱桷垣墉之固以及丹雘粉漆之飾歲月旣久風雨交侵其不能無損者亦勢也茍至傾圮以謀完好則所廢不貲觀成日遠而始事之難且百倍焉抑余嘗謂事之最可慮者無如狃完好之見而相與忽之夫材雖良必敝物雖堅

必毁而其敝與毁也莫不始於微而積於鉅此補苴罅漏遠識者所貴有預防之策也其在詩曰晝爾于茅宵爾索綯亟其乘屋即此可識修飭之宜勤而謂禮樂之地獨可以一成而不壞乎哉歲甲寅余膺華陽訓鐸之選既來此謁先師畢周覽前後歎其規模宏遠詢所自知前邑侯閩中施公出清俸與邑中諸君子力爲鼎新者也顧今距落成之歲僅十年耳乃或鼪鼯竄逐而簷霤崩頹或爲霪雨衝淋而牆垣剝落心竊憂之而未嘗不苦善後之無術也然予竊聞當時新廟後將裒財公所權其息以爲費名曰歲修會蓋其爲工也省其維持也久立法之善無過於此惜其議之未果行也予素重新廟之功而深慮廟之不能常新且恐歷年久遠致有敝與毁之患因即向時所議亟與邑中諸君子謀之庶幾無負

施公鼎新之盛意而諸君子昔年之緒其亦永垂於勿替矣

按文廟得閎中施賢侯誠懇勸捐邑紳士踴躍趨義又得賢司鐸議籌以善其後洵爲法良意美惟是堪輿家猶嫌尊經閣卑狹不稱前堂之高敞又儒學大門地勢太低士氣不克大振或由於此尚有待於擴充而高大之者焉

乾隆三年戊午

欽頒與天地參匾額於天下學宮

書籍

日講四書二部共四套　周易折中二部共四套

書經傳說二部共四套　詩經傳說二部共四套

春秋傳說二部共四套　十三經註疏一部共十六套

性理精義二部共二套　朱子全書二部共八套
孝經衍義二部共八套　資治全鑑二部共十六套
二十一史全部共五十套　明史一部一百一十二本
樂善堂全集二部共四套　日知薈說二部共二套
欽定學政全書一部八本　學政全書二本
欽定四書文二部共四套　盛京賦二部共二本
上諭二部共二套　條奏一部五本
上諭一部二套　名教罪人詩二本
重刻寶言堂家戒輯聞二部共四本

書院

茅山書院天聖二年處士侯遺於茅山營書院教授生徒積十餘年自營糧食隨奏請欲茅山齋糧田內量給三頃充書

院膳用之資遺址今不可考

句曲書院在縣治西正統二年巡撫工部侍郎周忱改建尋
廢

三友書院在察院西嘉靖戊戌令周仕建尋廢

江左書院在縣治東一里許因過公成山建太師孔文忠有
記謂過公視學南畿士人沐其德教爲書院以祀之是書院
而兼生祠者也始名成山書院過公堅弗肯受謂不敢與姚
江粤海楚黄分席於是更額江左內奧祀成山公存諸生嚮
慕之意詳載全文後廢祀今已并四賢祠中另有紀載

華陽書院舊在都察院東今在督學察院之西舊志載南畿
督學察院往駐金陵萬歷乙未豫章懷雲陳公間至太平或
句容按試各府諸生以奔走爲勞酌其地無如句容便且舊

有書院可建乃復購地大拓其規而成之至萬歷四十年芝岡熊公因舊基重建規模益大督學每駐節焉今考東西轅門之內有大門儀門有考棚東西兩大廈上有大堂爲冰鑑堂天啟丙寅督學賈繼春題又有翼經堂督學邵嘉題後有味書樓萬歷丙辰督學徐鑑題又建有

御書亭係康熙三十六年七月

聖祖賜左都御史張鵬翮懷冰雪三字堂東有燕喜樓西有知本堂爲僚幕閱卷之所規模宏敞無過於此乃雍正十年後歲科兩試學院悉駐金陵而院署幾爲虛置乾隆六年令宋楚望以知本堂爲華陽書院捐俸延師講學其中[illegible]後任趙天爵相繼踵行其地與崇明寺相接浮圖矗天鈴鐸[illegible]韻時來講席前明督學臨川易應昌有詩曰寶塔垂玄鐸玲瓏院署

深月臨無上相風動自然音玉液浮功德金沙鎮古今雲霞長五色烜烜振冥沈又蜀渝簡上題藻鑑堂詩曰東南才藪甲寰中竹箭瑯玕取不窮試竣兩闈心膽碎歷逢六易鬢毛童風波過處占天道衡鑒平時信國工身外浮雲何足論祗將方寸答蒼穹

按書院爲督學署之西偏而督學署則又舊華陽書院之地是句邑書院與督學署本屬一地惟是督學署創建已久間考焦太史竑所撰督學題名記上自洪永下逮　國朝四百餘年接續不繼前則科歲俱臨後則歲科分試知縣方矩詳定歲試在句科試在省勒石遵行乃未幾而歲試亦不經臨僅存華陽書院之名安見院署之規模宏敞堂構堅巨者不歷久而盡朽耶宜都人

士共懷今昔之感云

社學附

五城俱有社學此舊志所載久經廢失者也一曰篤信在縣北街一曰居仁在縣東街一曰執禮在縣南街一曰由義在縣西街一曰沇智在縣北街明洪武永樂間句容等一十六鄉俱立社學此五學爲首隆慶四年令張道充改修南軒書院爲養蒙社學今俱廢　乾隆十一年知縣趙天爵捐俸立四城社學東之白兔鎮西之土橋鎮北之東陽鎮俱有社學延師敎之亦邑父母養育子民之至意然興廢因人未能久而日新也龍潭亦有義學

射圃附

射圃舊誌載永樂壬辰令徐大安立於縣之西南朔望率諸

生行習射禮歲久廢弛後縣治西有空地立爲射圃崇禎十年督學御史楊希旦建屋三楹今屋廢已久惟縣考武童猶校射於此至正統年間縣東久廢之古射圃陳敬宗有記記曰國家建學立師訓廸賢俊敎之詩書六藝以宏博其知識而於射則別設圃於學宮之外寬閑之所以便發矢應天府句容縣儒學舊有射圃邑長學師怠弛其敎久棄弗理遂至迷失其所正統辛酉監察御史徐公巡歷句容乃欲追舉墜典詢諸故老得之於縣治之東又爲邑民所侵居徐公勸率出俸金購復之廣袤十有餘畝方在剷除平治而徐公適值還朝弗果就緒歲己巳秀水浦洪會川來尹茲邑乃克嗣成厥功中建觀德亭而外則繚以垣牆焉每遇朔望邑長貳率厥師生習射於其中射必以耦而進勝者賞負者罰周旋進

退於威儀禮讓之間觀者莫不賛之曰復舊業於旣失之後興墜典於久廢之餘兹皆浦淇之功也何其賢哉於是學之師生敎諭黎自成等相率請言爲記惟射之義廣矣大矣古者天子諸侯卿大夫士皆重之周官司裘共王虎熊豹三侯設鵠此大射之侯也王射三侯五正諸侯射二侯三正卿大夫射一侯二正士射豻侯二正此賓射之侯也而州長射於州序其侯亦同賓射天子熊侯白質諸侯麋侯赤質大夫布侯畫以虎豹士皮侯畫以麋豕此燕射之侯也兹三射之侯以其飾之多寡而别尊卑焉天子射百二十步諸侯九十步大夫七十步士五十步所以明尊者所服之遠而卑者所服之近也其制度有如此者夫射不特施之武事將以習禮樂焉故諸侯之射也必先行燕禮卿大夫之射也必先行鄉飲

酒之禮所以明君臣之義與長幼之序也天子有事於郊廟必先習射於澤宮擇士以助祭焉士者諸侯所貢之士也其容體比於禮其節奏比於樂而中多者得與於祭否則不得與於祭而有慶讓黜陟之典焉所以重有德也諸侯繼世而立矣卿大夫有功而升焉而又試之以射考其德行與其才之高下焉所以愼其封爵也天子以騶虞爲節諸侯以貍首爲節大夫以采蘋爲節士以采蘩爲節節者禮樂之節也必修其節而矢焉則射豈可以藝道觀哉孔子射於矍相之圃賁軍之將亡國之大夫與爲人後者不敢入而惟幼壯孝弟耆耋好禮者得在賓位則躬執弧矢者其賢可知也故曰射之義廣矣大矣夫豈不信句容射圃卽古州長射於州序之禮也浦尹窮經力學且善琴知必資於禮樂而言射非主皮

而已也故於是圃之作惓惓焉亦可謂知爲政之要矣而凡習射於是圃者苟能揖讓進退不失禮節內正其志外端其體操弧挾矢審固而發庶幾乎習禮觀德克合古道且無負賢邑令興學之盛意矣予故歷敘古之天子諸侯卿大夫士禮樂制度以曉之使觀者咸知射禮之重如此而不敢易視之也諸生其敬愼之哉是爲記

祀典

釋奠禮儀祭

先師孔子日期用春秋仲月上丁日蓋二一八屬陰丁屬火取陰火文明之象知縣爲正獻官主爵行三獻禮分獻官以本學諭訓爲之齋戒三日先二日正貢生洗器先一日正獻官省牲習儀至日四鼓諭訓官引諸生先祭

五王殿其儀制與正殿同五鼓正獻官知縣率僚屬併諸生先詣朝班更衣所更衣引贊引正獻官詣戟門西北簷下僉名於祝板正貢奉祝文左右側以新入泮弟子員執燭肩行上殿供祝文新生下

按新生執燭不宜吹滅如遇風雨兩旁更多人護衛防蹉跌致損燭光以占一歲豐歉及鄉薦有無多寡

通贊序班迎神於堦下丹墀中行三跪九叩首禮畢行初獻

禮詣東廡盥洗詣酒樽所司樽者執爵上殿詣

至聖先師孔子前跪獻帛獻爵俯伏正贊詣讀祝位跪衆官皆

跪讀祝文畢俯伏興衆官皆興四配遍獻復位行亞獻禮與

初獻同衆官行分獻禮各引贊引各分獻官詣東西哲及兩

廡行禮各復位行終獻禮與亞獻同引贊引正獻官上殿飲

福受胙復位送神行三跪九叩首禮讀祝者奉祝司帛者奉

帛同詣燎所視燎畢

其後文武祠名宦祠鄉賢祠魁星閣忠義祠賢艮祠四賢祠

節孝祠次第舉行各有新　頒祝文

預出榜文派定職事臨期夜子時按部就班質明而散

祭器附

祭器存庫者大銅爵二十七小銅爵九十七銅海三副連蓋飲福小爵一銅香爐瓶三銅登三新銅香爐瓶三銅簠八十四銅簋八十七銅坫四十銅豆八十二銅籩九銅犧罇五銅象罇四銅瓶四銅匙一錫面盆一鐵香爐九鐵長企燭臺大小三副鐵燭臺五副又鐵香爐五新置木豆七十

樂器附

樂器存庫者明倫堂大罇鐘一大楹鼓一銅編鐘十一石編磬五銅磬一鐵磬一外柷板四

舊志歷考古書所記自唐天寶至南唐後主時於昇州句容縣置官場鼓鑄器物上多有監官花押輕薄罍漆款細可愛歲久亦有微青色世所傳天寶大鳳環其極品也又有云古器有極薄者有極厚者觀製作色澤自見句容所鑄其藝亦

精本縣儒學存庫有樽彝鑪瓶等器由來久矣品式色澤俱與常異想建康得南離之盡故吳王以治城爲鑄劍之所而邑治附屬金陵得其餘氣故古鑄置官今學存器猶是也

至元六年江南諸道行御史臺趙承禧譔句容縣學大樂禮器碑文其略云朝廷尊尙聖道推崇孔子自國都下逮郡府若州縣莫不有學學必有廟祭必用禮樂參酌古今損益時制釋奠禮儀著於令典惟其守宰有哲有愚故其禮樂有舉有廢豈亦以禮樂待人而後行歟按素王世紀漢魏以來闕里雖崇典祀隋唐始詔天下州縣皆立學春秋二丁陳三獻之禮宋政和間始頒大樂禮器許內外族人及縣學生咸使隸習其在句容爲金陵屬邑學創於開元迄今六百餘年興廢不一惟至元二年教諭劉德秀來典學事歎垣宇之弗葺

切切疚懷白縣長佐縣尹李允中然其言僉謀曰學校乃育材之地風化之原禮樂之所從出也宜相與戮力以振斯文遂撙節歲租度材底法以飭宮牆崇廟貌爲先又命立石六趺恭刻皇上勉勵徽章先皇帝加封宣聖考妣及四配豫洛國公之制詞侍御史張起巖爲文紀之丹堊一新講習以盛適縣尹秩滿告行謂同寅曰學校苟完美矣雅樂未修享禮未輯如神之來格何監邑丑驢敦武慨然以爲已任率僚佐各捐已俸倡鄉胥里人相與觀感而樂助焉敎諭幸其成不憚勞勤贊佐之乃制幅巾深衣貳以襴幞角帶革舄會六十襲命銅工爲治造簠簋罍爵禮器凡百五十有一各分職以執其事至於鐘磬笙簫琴瑟塤篪柷敔簨簴之具一務精緻以圖永遠而不靳於貲樂生二十五員遴選儁雅子弟爲之

與羣庠共典禮樂淑習浹月秋丁告成書其實請記於余余聞之先王之制禮樂也有本有文誠敬和易本也器數制度文也本主乎中文著乎外故郊焉而天神格云云其碑陰所紀祭器樂器有元存者有新制者

元銅祭器一百一十八事山尊二著尊二大尊二壺尊二罍一犧尊二象尊二簠簋六俱有蓋杓十二坫二十四豆四十七爵十八俎三十籩五十盥盆一古銅花瓶香鑪一副

錫花瓶香爐一副

新製祭器銅器一百五十一事爵一十七坫一十七豆五十簠二十連蓋簋二十連蓋犧尊二象尊二沙池五盥盆二罍二杓四香爐四登一連蓋鉶一連蓋大香爐一大花瓶二

新製雅樂一部大鐘一架麾竿一龍頭紅羅彩裝全銅編鐘一十六木架飛鳳龍頭流蘇裝畫全石編磬一十六木架飛鳳龍頭流蘇裝畫全塤二篪二管二笙二鳳簫二琴二絃桌全瑟二絃馬架全搏拊二連緌柷一敔一連籈

新製禮服六十副唐帽三十九革帶三十九皂靴三十九雙白北絹襴衫三十九幅巾二十一深衣二十一皂履二十一雙

雍正六年奉

勅修訂丁祭禮儀南省江甯府舊以神樂觀道士充當樂舞者悉行裁革另選身家清白儒童爲佾禮生給與衣頂免其府縣考試送院考入泮隆其儀文以興禮樂雅化凡用一百餘名又備用二十名共一百三四十名行文各學倣行又乾隆

十年新

頒樂章祝文不用相沿舊曲調用高調正禮樂昌明之會也句邑舊無佾舞以本學生員職事今雖有其人而音律儀度未精樂器禮服未備非所以隆聖學追古風也況本邑宋元以來禮樂器數備具現存碑碣可考而知當日肅穆雍和之象與今日振興雅化之風是在有志者增修而講明之耳

祭品罇酒旁設三爵正獻登一盛大羹鉶二盛和羹簠二盛黍稷簋二盛稻粱左籩十二實以榛菱棗栗芡之菓鹿脯形鹽藳魚之乾肉餈糗黑白餅之食右豆十二實以韭菁芹笋之葅兔鹿魚醢之醢飽糝之食豚胉脾肵之肉下則羊豕承之雍正四年各學乃加以太牢然其用太牢亦由來久矣元至大三年享用太牢雖各學皆同而勒石廡下吳興趙子昂

書之則句容所獨也其詔云先孔子而聖者非孔子無以明後孔子而聖者非孔子無以法所謂祖述堯舜憲章文武儀範百王師表萬世者也朕纘承丕緒敬仰休風循治古之良規舉追封之盛典加號大成至聖文宣王遣使闕里祀以太牢於戲父子之親君臣之義永惟聖教之尊天地之大日月之明奚罄名言之妙尚資神化祚我皇元主者施行觀詔碑則享太牢上自漢唐下迄今日雖間有興替不久自復也

各廟祀典附

凡部頒齋戒日期如圜丘方澤朝日夕月祈穀諸壇祭於京師者茲不載惟本邑有廟有神有均編額編祭祀銀兩者俱詳錄於左即土俗所尊與捐俸所祭者俱備載焉

文武二帝閣忠義祠名宦祠鄉賢祠節孝祠四賢祠俱於春秋

二仲月丁祭之辰次第而祭
奎星閣亦於丁祭日祭之
關帝廟五月十三日聖誕及春秋二仲主祭官朝服行三跪九
叩首禮後殿祀
敕封光昭公裕昌公成忠公行二跪六叩首禮自雍正八年頒
編祭祀銀兩載全書賦役志
社稷壇春秋仲月上戊日如制禮行於西壇
風雲雷雨山川等壇同日如制禮行於南壇俱三跪九叩首禮
先農壇每歲須行日期定以巳時致祭午時耕耤主祭官朝服
行三跪九叩首禮詣耕田處捧箱播種扶犁九推畢望
闕謝恩行三跪九叩首禮
天后宫春秋二仲月上癸日如制禮行於北門外倉頭坎橋鎮

行二跪六叩首禮乾隆三年新頒

龍王廟春秋二仲月辰日祭行二跪六叩首禮廟在縣治東隅馬疲岡

火神廟每歲六月二十三日聖誕致祭行二跪六叩首禮廟在縣治

常雩壇在先農壇内例於四月擇日祭行二跪六叩首禮

古八蜡神於臘月上戊日祭行二跪六叩首禮

劉猛將軍廟每歲長至後第三戊日并正月十三日誕辰各祭一次行一跪三叩首禮廟在縣治西郊

邑厲壇於二月清明以代上元七月望之中元十月朔之下元先牒城隍至日如制迎城隍出臨以祭無祀鬼神主祭官行四拜禮

馬王廟在縣治內三月六月九月俱以二十三日祭之小營中
亦有馬神廟主者祭之

土穀祠在縣治內三月十二日誕辰祭之

龍池神與
句曲山神每歲驚蟄重陽二祭各祭於茅山上有額編祭祀銀
兩其來最久句邑所專祀也

城隍廟在縣治儒學左每歲五月十五日行祭舊志每月朔望
知縣率僚屬行參謁禮

東嶽廟三月二十八日聖誕齋戒一日縣官詣廟拈香

按邑中祀典丁祭關帝龍池山神俱有額編祭祀銀兩
其餘社稷先農龍王火神八蜡劉將軍天后邑厲俱係
均編祭祀銀一兩九分零至於馬王土穀城隍則皆捐

俸所祭有從部頒有從民俗人神胥悦以佐治理愈久而不忘也舊志云祈晴禱雨舊有十廟今止存其八因築城而毁者則梁昭明文孝廟陳武烈帝廟此邑之古祠也記曰能禦大災捍大患則祀之今寄祀於龍王廟是有祀而無祀矣將無祀而不能令之有祀乎興廢基繼絶祀是在有民社之寄者矣按此未明言所存八廟爲何廟亦因時俗爲隆替耳

句容縣志卷六終

句容縣志　卷六

句容縣志卷第七

秩官志

官制　秩官表　名宦傳

官制

漢凡縣萬戶以上爲令不滿爲長丞一人尉大縣二人小縣一人本注曰丞署文書典知倉獄尉主盜賊凡有賊發主名不立則推索行尋案察姦究以起端緒後漢書志

句容在漢爲大縣設令一人丞一人尉二人

晉凡縣大者置令一人小者置長有主簿錄事史主記室又建康置六部尉大縣二人次縣小縣各一人晉書志

句容在晉爲大縣置令一人簿一人尉二人

隋大縣爲令小縣爲長皆置丞尉郡縣置吏亦各准州法以大小而制員隋書志

句容在隋爲大縣置令一人丞尉各一人
唐凡縣各置令一人有赤緊望上中下六等之差自令以下有丞有簿有尉有助教縣令掌道風化察寃滯聽訟獄凡民田收授令給之丞爲之貳六典曰主簿掌付事勾稽省署抄目糾正非違監印給紙筆雜用之事尉親理庶務分判衆曹割斷追徵收率課調 唐書志

句容在唐爲望縣置令一人丞一人簿一人尉二人
宋建隆元年令天下諸縣除赤畿外有望緊上中下各置知縣一員熙甯四年言諸路州軍繁劇縣令戶一萬以上增置丞一員開寶三年諸縣千戶以上置簿照戶多寡有差咸平四年王欽若言州屬及江南諸縣各增置主簿建隆三年每縣置尉一員巡檢監務提領因地而置慶歷四年詔郡縣各置學設教授

縣令掌總治民政勸課農桑平決獄訟丞以貳令簿以佐令尉掌閱習弓手戢奸禁暴巡檢閱習武藝以防盜賊教官以經術行義訓導諸生宋史志

句容在宋爲次畿置知縣一員丞一員吏八名主簿一員貼司十名尉一員教諭一員訓導一員茅山巡檢一員東陽巡檢一員縣市監務一員東陽監務一員東陽跕提領一員副提領一員下蜀跕提領一員副提領一員

元凡縣亦分上中下三等每縣各有達魯花赤掌縣之印而以知縣爲縣尹掌判署事上縣置丞中下縣但設簿尉無丞凡路府及上州縣皆置儒學教授訓導以佐之元史

句容在元爲上縣設達魯花赤一員尹一員吏八名丞一員貼司十名簿一員尉一員教諭一員蒙古教諭一員陰陽學教諭一

員醫學教諭一員吏一名縣務提領一員副提領一員昭華望仙驛提領一員副提領一員茅山巡檢一員東陽巡檢一員

明初定縣爲三等糧十萬石以下爲上知縣從六品六萬石以下爲中知縣正七品三萬石以下爲下知縣從七品知縣掌一縣之政凡賦役歲會實徵十年造黃册以丁產爲差如廉能正直者必遣行人賫勅往勞增秩賜金縣丞主簿分掌糧馬巡捕之事典史典文移出納教諭訓導掌教訓所屬生員月課士子之藝業而獎勵之巡檢主緝捕賊盜盤詰奸宄津梁要害處率徭役弓兵警備不虞驛丞典郵傳迎送之事稅課局大使典稅事凡商賈儈屠雜市皆有常征以時榷而輸其直凡民間貿田宅必操契劵請印乃得收戶則征其直百之三陰陽學訓術醫學訓科僧會司道會司俱洪武十五年詔縣設官不給祿明史

職官志

句容在明附南直隸畿內爲上縣置知縣一員縣丞二員後裁
汰一員六房書吏九名主簿二員後裁一員六房典吏十七名典史一員儒
學教諭一員訓導二員司吏一名龍潭巡檢一員吏一名稅課局大
使一員後裁吏一名後裁雲亭驛驛丞一員吏一名龍潭水馬驛驛
丞一員吏一名陰陽學訓術一員醫學訓科一員僧會司一員
道會司一員三茅山元符華陽洞靈官正一員副一員
按明史職官志設總理糧儲軍務兼巡撫應天等處一員
宣德初命侍郎景泰間遣都御史嘉靖間以海警加提
督軍務駐蘇州萬歷中移駐句容巳復駐蘇州今句容有察院
舊署卽此
大清官制同　裁主簿一員　康熙三年裁訓導一員　裁龍

潭巡檢一員龍潭驛丞兼攝巡檢　乾隆元年總督趙
題請句容縣私鹽充斥將縣丞暫駐白兔鎮給巡役十五名
查拿東南一路浙鹽梟販俟屏跡後仍回縣駐劄攝理軍糧
水利事　龍潭驛丞給巡役十名查拿西北一路淮鹽梟販
典史兼攝雲亭驛驛丞事

秩官表

晉

縣令

劉超　琅琊臨沂人有傳祀名宦

主簿　缺

縣尉　缺

五代縣令

宋

沈伯玉　有傳

齊

周洽　汝南人有傳

賈希鏡　襄陵人

賈淵　善文章

孫謙　東莞人有傳祀名宦

陳

程文季　有傳

周羅睺　九江人有傳祀名宦

丞　缺

尉　缺

唐

縣令

大中二年　王　暐有傳

麟德　楊延嘉

岑　植南陽棘陽人有傳

大歷十二年　王　昕

建中四年　呂　倕

貞元　李　質

岑一質

天祐　邵全邁有傳

保大五年　韓繼閎

十四年　查　文

縣丞缺

主簿

楊於陵陝西人有傳祀名宦

縣尉缺

朝代／年號	知縣	縣丞	主簿	縣尉
後周	王　元			張　泊全椒人有傳
宋				張　佖有傳
太平興國	宋　籍			
咸平四年	馬　莊			
天聖	龔宗元吳人進士有傳			
景祐	邱　濬黟縣人有傳祀名宦			
慶歷元年	方　峻有傳			
	曹從善			
	祖　岳			
嘉祐六年	陳　倩			

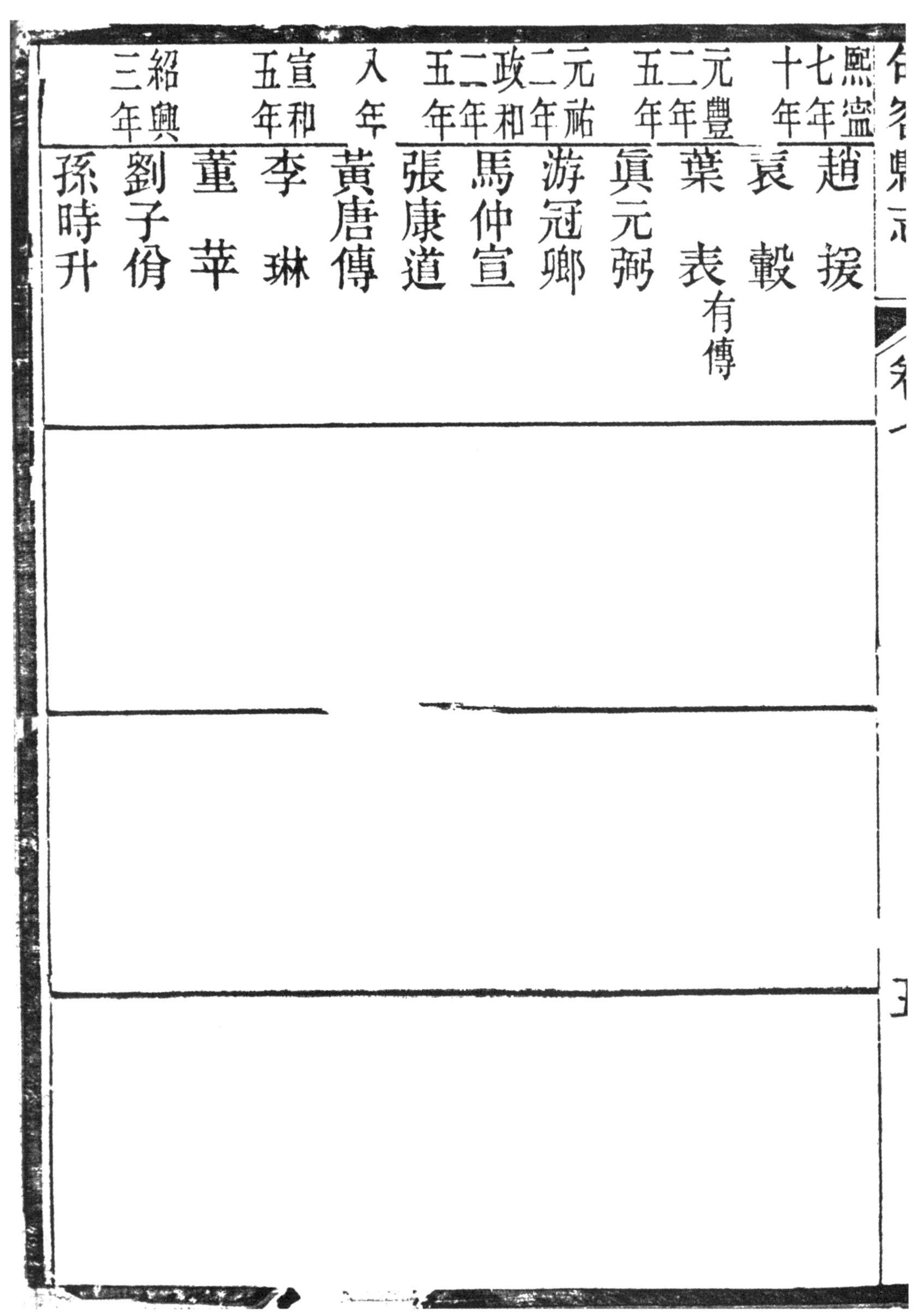

熙寧七年 趙援

十年 袁轂

元豐二年 葉表 有傳

五年 眞元弼

元祐二年 游冠卿

政和二年 馬仲宣

五年 張康道

八年 黃唐傳

宣和五年 李琳

董苹

紹興三年 劉子佾

孫時升

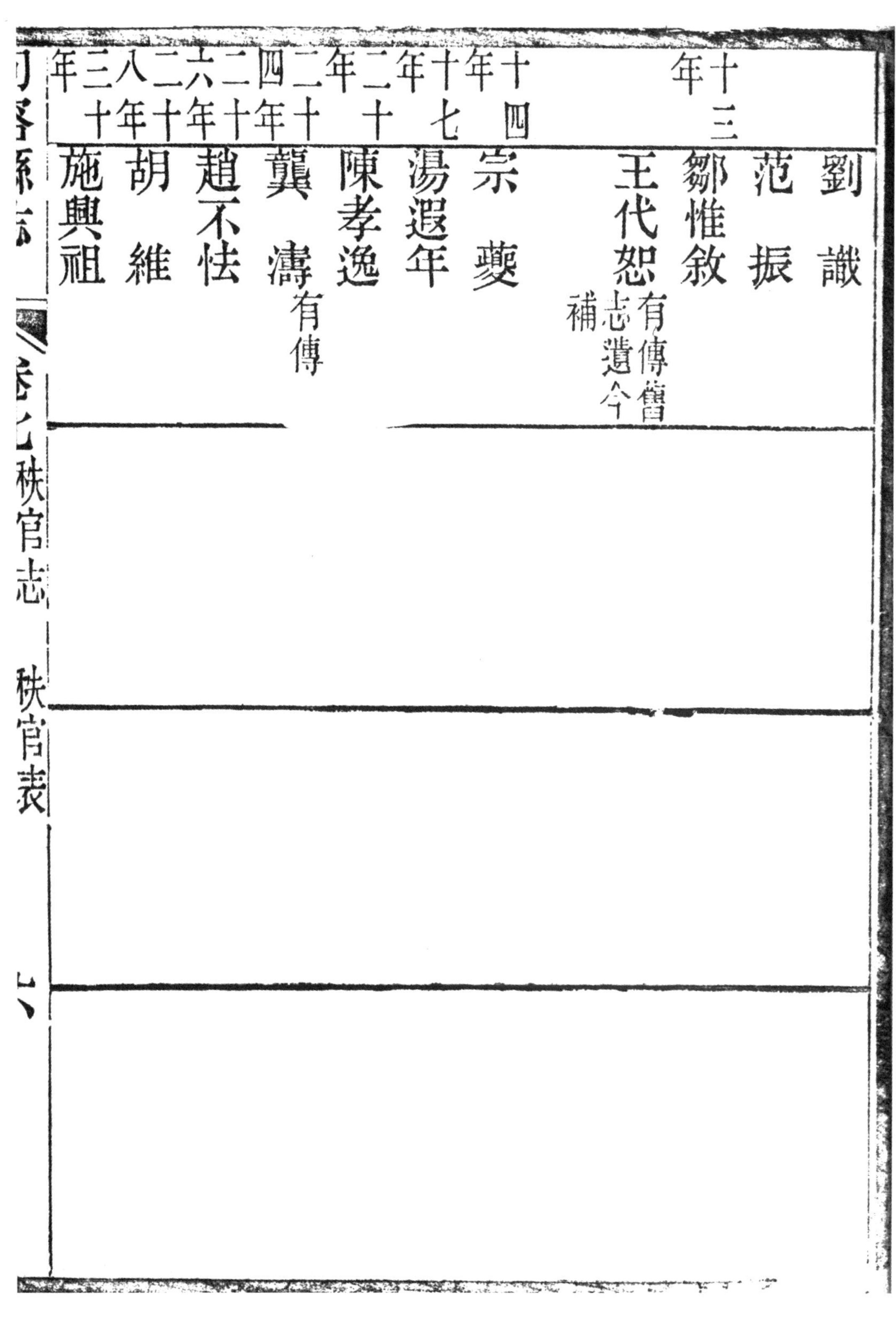

	劉　識
	范　振
十三年	鄒惟敘
	王代恕有傳舊志遺今補
十四年	宗　夔
十七年	湯遐年
二十年	陳孝逸
二十四年	龔　濤有傳
二十六年	趙不怯
二十八年	胡　維
三十年	施興祖

三十二年 范卣
乾道元年 岑义宏
五年 葛郇
慕容邦用
八年 陳文琥
淳熙元年 朱光弼
三年 趙善言
九年 俞洞
十年 向溉
十四年 黃敏德
十六年 孟益

胡崇 徽州黟縣人有傳

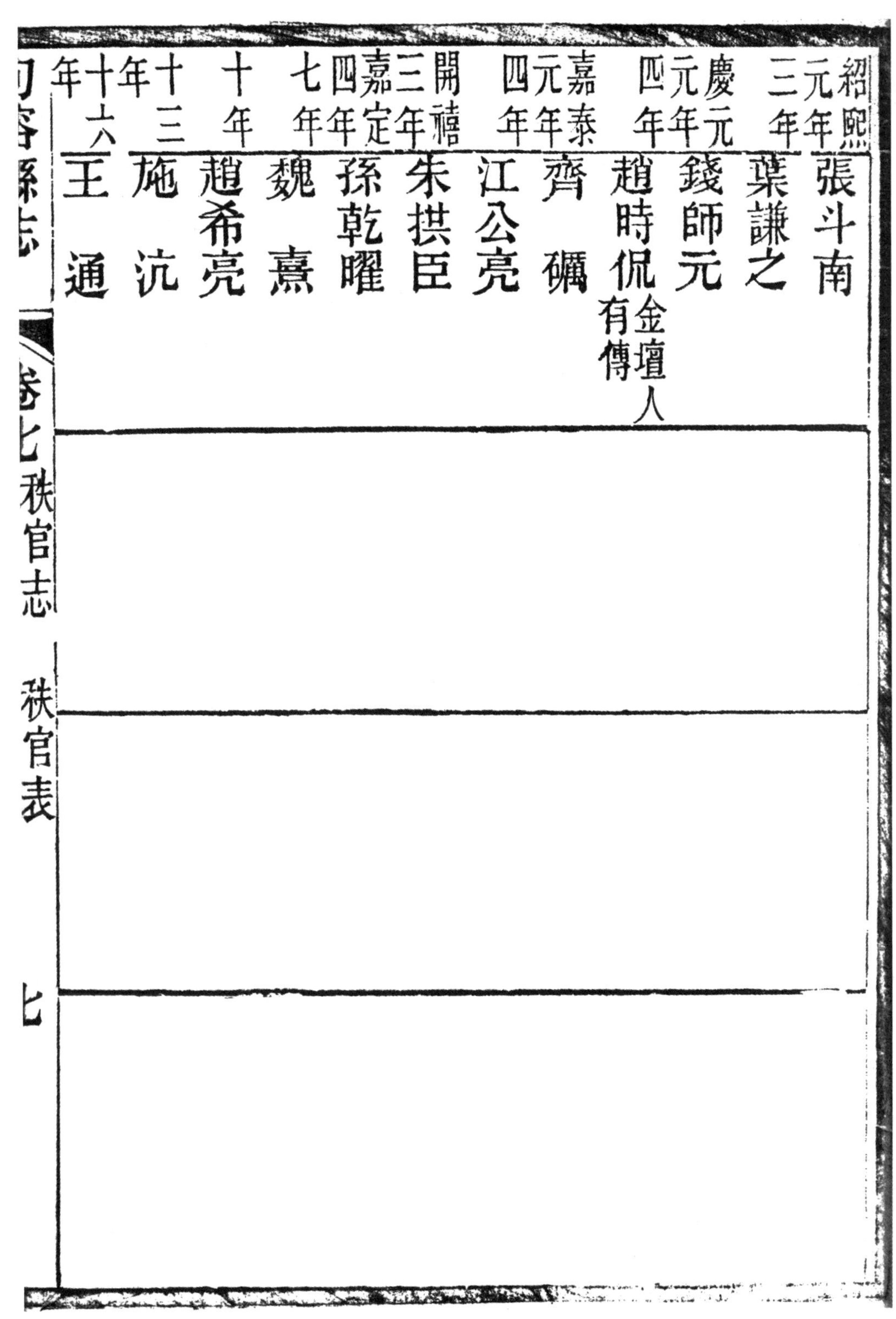

年	人
紹熙元年	張斗南
三年	葉謙之
慶元元年	錢師元
四年	趙時侃金壇人有傳
嘉泰元年	齊礪
四年	江公亮
開禧三年	朱拱臣
嘉定四年	孫乾曜
七年	魏熹
十年	趙希亮
十三年	施沆
十六年	王通

寶慶二年 張侶 邢城人有傳祀名宦

紹定 吳琪 括蒼人有傳

淳祐 張渠 南徐人有傳

咸淳 王子巽 潼川人有傳

德祐 葛秉 有傳

元

達魯花赤

阿里

忙古歹

兀哥赤進義

忽新敦武

兀哥撒敦武

縣尹

趙靖 至大間尹有傳

縣丞

李端辰 將仕

唐正叔 從仕

何源 將仕

葛以哲 缺

完顏著 承事

主簿

蔡勉 缺

王日升 將仕佐

安惟演 將仕佐

劉工正 將仕佐

姚英 將仕佐

教諭

劉德秀 有傳祀名宦

胡玄穆 新安人

胡體仁 縣之

縣尉

王信

孟順 收賊

黃華賞官

馬均 缺

鄒飛 收賊

脫脫 進義	程　恭 泰定	李　璘 承事	張秉禮 將仕佐	坊郭人有傳祀名宦	黃華 賞官
唐兀䚟 徵事	間尹有傳	顏世榮 承事	蕭　善 將仕佐		董　信 缺
王連赤 敦武		朱　全 承事	陳桂發 將仕佐		劉　義 缺
舍剌甫丁		王　堅 承務	張　善 進義		時　茂 缺
塔塔兒 敦武		謝　潤 承務	畢拜都 進義		何燕只哥歹
答迷失 忠顯	李允中 至正	成天瑞 承務	劉　沆 將仕佐		李天瑞 缺
不花 忠顯	間尹	劉　瑾 承務	藏德仁 保義		麻里當沙
倫失海牙 進義		李孛來歹	董　珏 進義		丑　厠 缺
哈剌 承德	李　溥 彰德	孟　禎 承務	衆家奴 缺		李　孜 缺
答思剌 承務	人至正間尹有傳	殷　禎 承務	月列帖木兒 將仕佐		陳獻德 賞官
愛牙赤 承務		李思雍 承德	孫怡老 進義		張　鉉 缺
阿　實 承直	張承務 邯鄲	林仲節 承事	八哈藍沙 進義		倒剌沙 缺

		明	洪武		四年	八年	九年	十年	
那懷進義　丑閭敦武		知縣	黃守正	陳峻德	黃文蔚	柴　恭	夏　常	韓　繼直隸河間人有傳	
人至正間尹有傳	孫　正至正間尹	縣丞	史　顯			文艮舉			劉復仁直隸
		主簿	顧一舉貢出大誥		凌茂德	任　允湖廣桃源人			
陳眞孫缺　孫　琛將仕佐	黃買仕特恩　樊嗣祖進義	教諭	胡　璉江西高安人薦舉				朱　純邑人儒士祀鄉賢		
		訓導	許　渲邑人陞知縣					胡　熟坊郭人儒士	
張　奎缺		典史	趙由道			周孟麟			陳　禮

年						
十四年	韓宗器	揚州人	王翩	樊傑邑人明經		
	王成湖廣蘄春人有傳祀名宦		佘眞			
三十二年	朱彤湖廣蘄州人有傳	盧信浙江臨海人有傳				王福
建文	周舟湖廣益陽人陞大理寺卿					
永樂	胡仲周	高麟	趙啟	戴祥	江源邑人	李瑞
	李濟			鄺子輔湖廣郴州人舉人有傳	儒士	劉元善
十一年	徐大安有傳				搖昌	
十五年	周庸節江西清江人有傳				彭汝弼	

宣德

許聰河南南陽人有傳

郭振

周頤

張文善

周順江西人

王得順天薊州人

羅昇

傅祥

趙學拙湖廣南平人舉人

趙克通

陳信浙江嘉興人陞教授有傳祀名宦

方肇

王春浙江人

錢迪浙江人

正統

張昇浙江杭州人有傳

孫俊直隸寶慶人貢

許瓊福建人

賀賓山東滕縣人舉人

師孟河南人

于中山東

陳玹江西南昌人舉人陞教授

林瑱福建莆田人舉人陞教授

金振湖廣人

十四年
景泰

韓鼎浙江定海人有傳祀名宦
浦洪浙江秀水人貢有傳
姚顯

崔恕
韓誾
劉義

人
程童福建浦城人
賀斌山東人
林烶福建
趙得冉
李儼
金翥
楊立

黎員直隸任邱人舉人

林惟高
蕭敦江西人

王茂山東人

天順

劉義 山東諸城人有傳祀名宦

劉濬 湖廣上津人進士陞御史見襄陽志

劉釗

趙琬 浙江

紀銘 湖廣襄陽人貢

魏可宗 湖廣

張羽

王本原

李聰

雷欽

歐陽倫 江西

游文弼 四川

沈詳 河南

蕭文奎 江西

陳汝圭 福建侯官舉人

徐光大 浙江會稽人明經歷長史

成化

張蕙 山西 忻州人進士有傳　濮壽 山西 人　徐廣 山東 曹州人進士有傳祀名宦　李澄 河南 西華人進士有傳祀

武忠 河南 人　黃原貞 福建 閩縣人　安慶 直隸 滑縣人

藍俊 陝西　林恭 福建 莆田人　李傑 河南 歸德人　孫郁 山東　程通 陝西　陳俊 廣東　黃傑 陝西　賈禎 陝西 安化人貢有傳

徐軫 福建 侯官縣舉人　蔡祥 江西　常清 山東 濟甯人

方雍 浙江 桐廬人　王禎 江西 安福人　栢永 廣東　潘浚 江西 安福人貢有傳祀名宦　石昇 直隸　鄭賢 福建 南平舉人

梁駿 通州 武清縣人有傳祀名宦　李鑑 陝西　段海 順天　魏寅 永平

名宦

弘治

王信 浙江長興舉人有傳

杜槃 山西太原舉人

張瓛 四川郫縣人進士

鍾璠 山東

丘叔麟 廣東

王永亨 陝西河州人

王珉 山東

薛任 湖廣

李滋 直隸眞定人

劉富 直隸眞定人

沈鳳 山東東昌人

喻瑛

張輝

王蒼

陳元 福建莆田縣舉人

曾昇 廣西

陳信 江西新淦人

正德

吳箴 江西永新人

程文 江西浮梁人

章頴 浙江台州人

唐譜 湖廣蒲圻人貢

詹明 浙江松陽人

黎順 江西豐城人

梁澤 浙江

陳珞 浙江

楊雲 河南祥符人

柯禮 福建

劉釗 順天順義縣人
王汝舟 四川華陽縣人進士
簡佐 江西新喻縣人進士
梁鋐 山東蓬萊縣人
李應春 湖廣

曹縣人
葉昂 江西南昌人
郭淮
莫如德 廣西蒼梧人
陳紀 廣東陽山人

劉謙 山西安邑人
王秀 山東博興人
孫彥 廣東吳川人
張縉 陝西咸陽人
黃驥 福建同安縣人
楊訪 直隸清豐縣人

袁一誠 浙江仁和人
耿南忠 山東鄒平人
錢組 浙江鄞縣人

陳蒼 河南泌陽人
胡清 浙江泰順人
林顯 廣東化州人
應振綸 浙江象山人

莆田人
李金 河南襄城人
陳松 福建莆田人
于士龍 江西豐城人

嘉靖

永興縣舉人

紀資 直隸任丘人有傳

羅鐩 江南泰和人

王紳 直隸滄州人進士歷都御史

王衮 湖廣茶陵衛人

齊維熊 浙江湻安人

蔣璃 江西

王瀚 河南滑縣人

曹振 河南襄城人

張載理 直隸衡水人

戈霑 直隸景州人

楚麟 河南歸德人

劉珊 順天三河人

馬呈瑞 福建莆田人

汪法 江西德興人

孫隆 浙江

徐隆 浙江錢塘人

張世卿 山東濟陽人

雷孟春 湖廣嘉魚人

錢傑 浙江慈溪人

鄒魯 直隸濬縣人

陳周木 浙江黃巖縣人

陳滔 浙江太平人

陳文浩福建閩縣人進士
周仕江西廬陵人舉人
徐九思江西貴溪人有傳祀名宦

廬陵人
王金浙江鄞縣人
楊孫元浙江

張嘉會河南河陰人
曹來咨河南鄭州人
楊松遼東人
南鈺陝西山陽人
李夢芳山西嵐縣人
苗倫山西長子人

鄞縣人
楊薰湖廣房縣人
蔡碏江西金谿縣人

張錦山東鄆城人
蔡廉福建晉江人
楊隆湖廣竹溪人
史定直隸定興人
陳俞河南裕州人
楊維春江西東鄉人

龔孟賢湖廣潛江人
張方旦浙江鄞縣人
范艮浙江定海人

況國奇　江西奉新人舉人
樊垣　四川宜賓人進士有傳
孫光　陝西隴西人舉人
甄津　山東魚臺人進士歷參議

慈谿人
梁弼　山東甯海人
田正陽　四川泥溪人監生
嚴治　江西彭澤人
賈中錫　浙江海甯人監生

顧景禎　遼東鐵嶺人
陳天賦　浙江富陽人
賈世盌　陝西隴西人
張文桂　山東沂水人
申一桂　山西潞城人
曹鎧　萬全都司貢

唐朝德　廣西全州人解元陞知縣
楊經　河南衛輝人貢
胡直　江西泰和人登丙辰進士有傳祀名宦

謝章　福建邵武人
藺完璧　河南裕州人
汪文　浙江建德人
鄔維疆　江西新昌人
曾袞　江西永豐人宗聖公後裔
姜慊　江西進賢人

夏淑潤　福建福清人

魯應華　浙江江山人有傳立祠祀之
劉璧　貴州清平衛人舉人
胡師　江西豐城人舉人

劉克己　山東商河人貢
解枚　山東霑化人貢
蕭遜　福建南平人

岳河　直隸邯鄲人知印
余意　四川閬中人
張東岡　江西新喻人知印
周艮貴　江西上饒人
劉定　江西豐城人
劉緒　直隸灤州人

楊淩漢　四川西充人
周武相　廣西臨桂人舉人
王堯卿　河南洛陽人舉人
胡閭　江西新昌人貢

崔雲鵬　雲南保山人有傳
張問明　湖廣石門人

厲贊　浙江上虞人
袁鋐　浙江慈谿人
徐實蓿　廣東歸善人
劉鏜　河南裕州人

隆慶

周美　浙江富陽人有傳

張道充　河南商邱人進士陞御史

萬歷

丁賓　浙江嘉善人有傳祀名宦

沈子來　浙江歸安人進士陞知府

常懷義　山西潞安人

彭大安　四川龍安人

花坤　山西長治人貢

諸民式　湖廣江陵人

李登　直隸任邱人

莫克和　浙江山陰人

蓮相　福建惠安人

章元熊　浙江會稽人

花俶　江西弋陽人

劉蘭　直隸曲州人

張文化　浙江秀水人

沈升　浙江太平人

胡完　浙江餘姚人

施岳　浙江歸安人

錢棠　直隸太倉人

葉廣甯　廣西宣化人

曾祺　江西樂安人

胡允佳　浙江海甯人

張鳴翼　直隸鳳陽人

吳士漢　福建龍溪人

葉可文　浙江山陰人

劉仲選　直隸南皮人

蔡季梗　浙江建德人

王文炤　福建莆田人

二十三年

霍鵬　直隸井陘人進士後除南大理寺評事至布政
徐啟東　浙江上虞人舉人
趙學仕　浙江蘭溪人進士
夏日葵　浙江秀水人舉人
李文熙　北直南宮人有傳

吳允賢　廣東瓊山人
王叢　山東鉅野人
許一善　福建晉江人
陳嘉詔　浙江麗水人貢陞知縣
黎民敏　四川樂至人恩貢

劉圻　順天大興人貢轉知縣
徐文炤　浙江永康人
歐安　河南輝縣人貢
謝天衢　江西安遠人
李應璧　福建建安人
陳指南　浙江會稽人

金見龍　直隸華亭人
呂道炯　直隸太倉人副榜
周時烈　湖廣黃岡人副榜
段弘璧　直隸金壇人副榜
吳士亨　河南泌陽人
茅濡　南直鎮江人

張巽　浙江秀水人嘉靖戊午解元
沈琊　直隸青浦人
金恕　直隸丹徒人
唐文粹　直隸青浦人
吳艮治　直隸當塗人

余師周　浙江會稽人
黃萃　福建龍溪人
楊文科　順天郭縣人
胡廷華　湖廣黃岡人
熊光　江西豐城人
鄭謹　福建福清人

二十五年	二十六年	二十九年	三十年	三十一年
陳于王 浙江嘉善人有傳祀名宦	茅一桂 浙江歸安人舉人陞萬州知州			吳道長 江西
王紹業 陝西崇信人選貢陞知縣			畢元慶 浙江歸安人	
		余日奎 江西南昌人	顧守言 浙江上虞人	
	陽聘 四川人	傅繼隆 南直嘉定人		陸汝植 鎮陵
李復初 河南信陽人		王之夔 丹徒人	鄭汝礪 徽州人有傳	
王得軒 福建甯化人陞主簿		楊騰鸞 江西上饒人陞主簿		

	南康人進士			人		
三十三年		林大東 福建福清人	林繼遂 福建福清人		汪珂 山東臨清人	應期賢 福建崇安人陞巡檢
三十三年	施栻 浙江山陰人舉人			張弘道 武進人舉人		
三十四年	曾士懋 廣東番禺人舉人陞知州	程述頤 廣東南海人舉人陞知縣	潘維新 浙江烏程人		孫續 四川資縣人	
三十五年				沈鍾宿 吳江人舉人		戴承宗 湖南麻城人
三十七年		張應麟 浙江山陰人				
三十八年			方自修 浙江			陸振德 浙江

	三十九年	四十年	四十一年	四十二年	四十三年
	劉聘亮福建同安人舉人		莫嘉義廣西靈川人舉人		
		唐廷徵浙江蘭溪人儒士		婁文晉浙江會稽籍嘉興人陞衛經歷	
新城人陞衛經歷					張有信浙江會稽人
	張明倫江西德化人			趙思禹直隸臨城人	
仁和人陞稅課大使				尹濟卿江西永新人	

四十四年	四十五年	泰昌元年	天啟元年	二年	三年
羅廷光江西清江人舉人陞知州		林曾福建南靖人進士		任天爵雲南臨安人舉人	駱方璽浙江諸暨人進士
			孫廷褒浙江紹興人		楊中誼浙江義烏人
何世達浙江人	李自達江西安任人			胡尚彩浙江淳安人陞衢經歷	
			王師益揚州人		鄧三畏六安人
			張汝舟五河人	吳啟愚瓊山人	羅汝傳宣城人
	馮應龍浙江海甯人		鄭乾直福建福清人陞吏目		

四年　五年　六年　七年

陳嗣清浙江歸安人貢士
魏公韓湖廣黃岡人進士

王汝京浙江山陰人儒士
張天樞浙江山陰人

湯敬中湖廣益陽人選貢
俞伯鵬浙江山陰人

許邦璧福建南靖人舉人
徐懋奎常熟人舉人

常存仁懷遠人有傳
吳來相宣城人
張九錫雲南人
何躍龍太倉人
李進雲南人
李時芬望江人

鄒元復江西臨川籍吉水人
梁來鳳浦江人
施大韶浦江人

崇禎二年	三年	四年	五年	七年	八年
	文廷望廣西全州吉安人舉人	李芳聯四川重慶長壽人進士陞學道			
	吳廷楠浙江仁和人恩貢		辜文俊江西南昌人		王　沖湖廣
袁堯封江西			谷起元河南南陽人	唐日弘浙江仁和人	
	何肇元武進人舉人	王熙載江西人	吳道新桐城人舉人有傳	丁孺端常熟人舉人	邢武齡當塗
高維崧山東益都人	詹仰斗湖廣麻城人有傳	王　胥鎮江人	吳學謨休甯人	李宻中繁昌人	方士偉祁門
樊與能江西南昌人		徐鶴齡浙江山陰人			吳良奎江西

年	知縣	縣丞	教諭	訓導	典史
		鄖陽府鄖縣人恩貢	籍高淳人有傳	人	南昌人；章明奇浙江會稽人
十一年	錢朝彥浙江錢塘人進士	陸伯瑞浙江餘姚人	郭玉鉉亳州人有傳	吳應雷貴池人	欒以燕撫州人
十五年	王學鏡貴州石阡人舉人	方世泰浙江會稽人	徐銘敬華亭人舉人有傳	鄭三烝建德人	畢大望雲南人
十七年	朱議滸江西新建人			吳邦域蘇州人有傳	馬淩瀛雲南人

國朝知縣　縣丞　教諭　訓導　典史

年	知縣	縣丞	教諭	訓導	典史
順治二年	傅觀光山東曹縣人廩貢陞知府	熊兆祥江西南昌人貢士		胡著定甯國宣城人歲貢	

年					
三年	馬瑾 山西長子人進士有傳見名宦		周冕 四川成都府人貢生		鄭淑友 莆田人陞吏目
四年	方鑾 河南汝甯人舉人	柳棟 浙江山陰人貢士	王應旂 鹽城人貢生	張德謙 山東平原人歲貢	
五年	姜輔周 遼陽左衛人貢生	馮佩 陝西人歲貢			趙國英 西安人
十年	葛翊宸 浙江上虞人拔貢	胡萬年 江西南昌人	張九儀 鳳陽蒙城人貢生	王延禧 無錫人貢生	
十三年	叢大爲 山東文登人進士				
十四年	韓有倬 順天		闞世隆 盧州		

康熙元年　三年　七年　十一年　十七年

大興人進士

王玉汝河南河內人拔貢

何歷颺福建晉江人貢生

巢逵翔陝西涇陽人舉人

周歷長汀州人舉人

林最潮州人副榜教習

溫而厲清原

耿起鳳旗人有傳祀名宦

無爲州人舉人

程治山陽人舉人

許庠鎮江金壇人舉人

林翹甯國

縱閎中徐州蕭縣人恩貢

王大經安慶潛山人舉人

	十八年	二十一年	二十四年	二十七年	三十七年	四十二年
人拔貢	董元俊陝西華陰人進士	陳協濬陝西富平人拔貢教習	白艮瑲鑲黃旗人廕監生			張聯芳正白
太平人舉人陞知縣				張發祖鎮江丹陽人舉人陞知縣		于時相鎮江
	施天祥常州無錫人歲貢				陳于堂揚州江都人例貢	

	四十六年	四十八年	五十一年	五十六年	五十八年	五十九年
旗人監生	胡啟敏 鑲黃旗人州同	王曰俞 四川營山人進士	方矩 福建福清人舉人		賈澤潤 鑲藍旗漢軍副榜	
金壇人舉人						汪鈞 蘇州
		龍瑞 安慶望江人例貢		胡嶝齡 甯國涇縣人廩貢		

十六年	雍正二年	五年	六年	七年
施廷瓚福建閩縣人監生		王坦直隸交河人進士	趙元慧福建閩縣人舉人	吳學濂 胡爲籀山西文水人舉人
長州人舉人有傳	李舒春常州宜興人舉人			
	李葳昌通州人歲貢			
			朱宗漢浙江會稽人吏員	

八年	九年	十年	十二年	乾隆二年	五年
	魯宏瑜浙江會稽人附貢		張秉仁陝西綏德州人舉人	周應宿浙江山陰人翰林院庶吉士有傳	宋楚望湖北
	王麟超直隸正定人拔貢			湯廷鳳安徽太平人拔貢	
	沈虹蘇州長洲人舉人				
張斌徽州休甯人歲貢		李恆松江南滙人歲貢	徐堂蘇州元和人廩貢		
				程毓秀大興籍仁和人供事	

	七年	九年	十一年	十三年	
當陽人進士有傳	蔡長澐福建漳浦人廩生保舉	趙天爵鑲黃旗人舉人		孫循徽安慶桐城人舉人教習	
			遲維埶正白旗漢軍副貢	楊士愔直隸鉅鹿人拔貢	唐瀛浙江仁和人州同內閣一統志館議敘
			鮑一蛟大興籍紹興人供事	馮鶴翔浙江慈谿人內閣典籍	

十四年	曹龔先江西新建人舉人教習
十五年	
	程毓秀大興籍仁和人復補

龍潭巡檢司巡檢

李　福　河南光山人
彭　才　順天大成人
張友成　直隸撫甯人
李　義　順天香河人
趙　定　陝西涇陽人
郭守道　陝西華州人
王　驊　四川内江人
霍　玘　山東武定人
李堯卿　山東德州人
禹士豹　山東鄒平人
顏　福　山東高苑人

稅課局大使

毛　受　河南鞏縣人
趙　忠　河南葉縣人
劉　鑑　河南陽武人
邵　銘　陝西咸陽人
俞　通　浙江嘉善人
韓　泰　河南安陽人
楊士通　陝西扶風人
袁　逵　河南西平人
管　騫　山東高唐州人
張　學　直隸安州人
趙　鸞　山東武城人

沙　恆山東甯海人
楊世倫陝西隴西人
朱自祿河南臨潁人
孔德澤山東甯海人
祝文泮江西鉛山人
葉　欣浙江慈谿人
李　臣河南西平人
李得時山東聊城人
胡義之浙江東陽人

范　廷直隸清苑人
羅　聰江西萬安人
馬　芹山東泗水人
牛　滕直隸甯浦人
張嘉眞山東膠州人
黃　祿山東莘縣人
姬　陽河南豐工人
范　祥山東曹州人
楊　璠山東曹州人

雲亭驛驛丞

王士良

羅本貴　湖廣江夏人

張　麒　山東陵縣人

董　振　直隸藁城人

王　雄　山東諸城人

于士講　直隸安肅人

丁　祐　江西豐城人

郭　良　山東恩縣人

張　超

賈　璞　河南滎陽人

蘇　明　直隸博野人

龍潭水馬驛驛丞

徐子介　浙江餘姚人

趙　杲　江西進賢人

朱　鳳　廣西桂林人

周大經　浙江慈谿人

常　祺　山東臨清人

熊秉圭　湖廣麻城人

賴　端　江西豐城人

鄭思登　山東平陰人

盧應桂　四川大竹人

張嘉謨　湖廣永嘉人

黃應昌　浙江餘姚人

蓋　相　山東博興人

顧允謙　廣東南海人

倪用和　浙江烏程人

李　鈿　山東平原人

朱承恩　通州三和人

李信成　江西玉山人

劉　臣　直隸滄州人

石　岑　湖廣麻城人

蔣　沛　廣西全州人

沈孝先　山東章邱人

侯守義　山東曹州人

吳子鳳　廣東大埔人

李繼祿　河南祥符人

黃　鑾　福建莆田人

馮以東　福建福清人

馬宜驄　直隸趙州人

李　誥　直隸天長人

阮　時　湖廣黃岡人

冉　賓　四川奉節人

蔣秉志　直隸武進人

張　立　直隸宿州人

焦尚儒　直隸太平人

戈朝相　直隸廣德人

章文禎　直隸涇縣人

楊成璧 福建龍溪人
張廷采 湖廣黄岡人
陳守已 直隸開州人
戴 葵 直隸無湖人
范崇儒 山東即墨人
洪 儒 浙江昌化人
湯應龍 浙江永樂人
王 悌 鳳陽霍邱人
潭 治 江南蘇州人
葉登俊 江西大庾人
萬正禮 山東平度州人
楊應蘭 福建建甯人

蔣惟明 浙江東陽人
邱述聖 福建建安人
曹良位
王 璋 蘇州太倉人

趙國學山東博興人
朱諫臣江西豐城人
宋尚卿南直太平人
程應龍山西稷山人
吴應春山東青州人
高應禎福建莆田人
徐朝榮福建莆田人
張明禎湖廣黄岡人
熊添元四川長壽人
張　潭順天人
王一堯湖廣長沙人
沈一鯉浙江紹興人

陳仕亮浙江紹興人
蔡如芝北通州人

王大權陝西　人
馬文學浙江會稽人
徐彭華浙江山陰人
朱廷芳浙江會稽人
胡繼先福建永定人

名宦

晉劉超字世瑜琅琊臨沂人爲句容令推誠於物爲百姓所懷常年賦稅主者四出詰評百姓家貲超但作大函使各自書家產投函中依實投課所入有踰常年入爲中書通事郎以功封零陵伯邑人肖像崇祀今縣治東北隅劉明府君廟是也

南北朝宋沈伯玉字德潤溫恭有行文章昭著宋世祖踐祚顏竣請爲司馬出補句容令有能名多善政後爲江夏王義恭太宰行參軍與奉朝請謝超宗何法盛校書東宮

齊周洽汝南人爲句容令廉約無私歷曲門上虞令卒於都水使署無以殯殮吏人爲置棺槨

孫謙字克讓東莞莒人歷佐大司馬太宰二府出爲句容令

清愼强記洞鑒幾微邑人號爲神明歷二縣五郡後徵爲光祿大夫年逾九十二强仕如初末年頭生二肉角各長一寸

梁天監十五年卒於任

陳程文季大將程靈洗之子也高祖永定中時爲句容令後進散騎常侍重安縣開國公

周羅睺字公布九江尋陽人也年十五善騎射好鷹犬任俠放蕩收聚亡命陰習兵書仕陳爲句容令後齊師圍吳明徹於宿豫躍馬突進莫不披靡斬首不可勝計明徹之敗羅睺全衆而歸出爲晉熙太守進爵爲侯仕隋功名甚顯

唐王暐大中二年以禮儀院檢討論郭太后廟制貶爲句容令白敏中亦怒之蓋直臣也

岑植字德茂南陽棘陽人文本孫也以明經擢第授潤州句

容令達時事明治理官政嚴肅不令自化在任加朝散大夫江東道黜陟使源乾曜重之薦於朝張景毓撰德政碑見藝文

楊於陵字達夫陝西人漢太尉震之裔父太清倦宦客朔方死安祿山之亂於陵始六歲間關至江左逮長有奇志十八擢進士調句容主簿時韓滉節度金陵性剛嚴少許可獨奇於陵謂妻柳曰吾求佳婿無如於陵賢遂妻以女後歷官至浙東觀察使越人飢請出米卅萬石濟之政聲流聞入爲京兆尹穆宗立遷戶部尚書爲東都留守數上書乞骸骨不許授太子少傅封宏農郡公俄以尚書左僕射致仕詔賜實俸讓不受於陵器量方峻進止有常度節操堅明始終不失其正大和四年卒年七十八贈司空諡貞孝今崇祀四子景復

仕至同州刺史紹復中書舍人師復大理卿嗣復位宰相

邵全邁天祐間爲句容令廉介不阿剛毅有爲修築城垣愼固封守民多德之

後周張洎全椒人爲句容尉顯德六年九月南唐太子宏冀卒諡曰武宣洎上言太子之德主於孝敬諡以武功非所以防微愼德也改諡文獻擢上元尉

宋邱濬字道源黟縣人天聖中登進士第因讀易悟損益二卦之義遂通數學知未來興廢早歲游華陽洞景祐間求爲句容令秩滿以詩寄茅山道友曰鳴鳳相邀覽德輝松蘿從此與心違孤峰萬仞月正照古屋數間人未歸欲訪唐虞開有道深慚茅許勸忘機明朝又引輕帆去紫朮年年空自肥歷官至殿中丞壽八十三卒今崇祀

張佖建隆二年為句容縣尉上書陳十事其略曰一舉簡大以行君道二略煩小以責臣職三明賞罰以彰勸懲四慎名器以杜威權五詢言行以責忠良六均賦役以安黎庶七納諫諍以容正直八究毀譽以遠讒佞九節用以行素儉十克已以固舊好尤在審先代之治亂考前載之襃貶纖芥之惡必去毫釐之善必為密取與之機濟寬猛之政進經學之士退掊克之吏察邇言以廣視聽好下問以開閉塞斥無用之物罷不急之務此而不治臣不信矣帝嘉納之擢監察御史

龔宗元吳人天聖間進士知句容縣發奸擿伏政稱神明部使者不入其境

方竣慶歷間為句容令廉慎有為愛民興學重修孔廟自為文記之

葉表元豐間爲句容令整治風俗崇尙德化以學舍污漏度縣南廢驛遷造至今儒學皆賴之自爲文以記

王代恕河南通許人爲句容令卒贈尙書兵部員外郎墓在縣之柏子崗歐陽修銘

龔濤字仲山東平人紹興壬申爲句容令履行端方飭吏治以儒術修舉廢墜首先學校士風丕振

胡崇徽之黟縣人登淯熙四年進士第授句容縣主簿制置使吳潛啟爲闖幕委行經界法於溧陽不履畝而人無所欺歷官太常寺丞兼向書右司郎官上書言公田之非忤時相出知台州爲賈似道鄉郡據法行事一無所避似道憾之後以將作大匠召而宋事去矣

趙時侃金壇人慶元四年爲句容令初縣有增科和買之弊

民甚困侃狀其事上之於府乞均豁又修學宮取沒官田隸之以養士時人祀其像於學仕至工部侍郎

張侶邦城人寶慶二年爲句容令勤政愛民百廢俱舉紹定元年開放生池築亭作記是年有五瑞芝產於縣境劉宰記之江千里有跋碑在儒學明德堂內今崇祀

吳琪括蒼人紹定間爲句容令公平正大有守有爲當軍事方殷供應絡繹琪撫綏下民使安田里振興學校恢擴舊制入境有絃歌之化

張渠南徐人淳祐間爲句容令修德行政敦崇儒教製祭服定禮儀歲將大比設文會嚴課應試生徒多所造就邑民感化

王子巽字彥齊潼川人寶祐癸丑進士咸淳間爲句容令持

身清正莅政公平民皆頌德搆堂三間於廳後扁曰清明

葛秉德祐元年爲句容令元伯顏陷建康招諭句容秉兵敗自繫獄死之

元劉德秀至元間爲本縣儒學敎諭善啟迪與令李允中同心協謀重修明德堂刻累朝封號綸音於石今崇祀

胡體仁字長卿邑之坊郭人品格端方經史該博由薦舉再任本縣儒學敎諭學宗濂洛敎比蘇湖無忝師表今崇祀

程恭泰定間爲句容令以撫字爲政除民所不便者治後有廢址恭植桑萬株民趨效之有古循吏風立鄉賢忠孝二祠以勵俗士人多向慕焉

趙靖至大間爲句容令到任首建學校上司常歲科紅花靖乃力辭以爲非土産獲免民至今德之

李溥字叔敬彰德人至正間為句容令臨民簡重作事果敢興賢育材遠近咸愛戴之

張承務字士貴邯鄲人至正丁亥為句容令才識超邁行政裕如當盜賊猖獗供應克期令惟以撫綏黎庶篤義儒林為急務

明韓繼字思孝河間人洪武十年為句容令居官廉明不事苛察民多德之

王成字國用湖廣蘄春人洪武初為句容令存心公恕為事果毅賦役均平獄訟明決邑人以廉幹稱之

朱彤字彥功湖廣蘄州人洪武三十二年為句容令秉持公直政尚寬平學校壇壝多所修理後陞浙江紹興府通判

盧信字信忠浙江臨海人洪武三十二年任縣丞愷悌仁恕

苛刻不行後累官至刑部郎中

徐大安永樂十一年爲句容令廉守有爲凡有廢墜竭力修舉民皆慕之

周庸節江西清江縣人永樂十五年爲句容縣令持身廉謹臨民公恕振興士類屏除奸邪後陞膠州通判

鄺子輔湖廣郴州人永樂十八年由舉人任句容儒學教諭質直老成不事阿佞生徒傾仰莫不以師道共尊今崇祀

陳信字秋鴻浙江嘉興人宣德間由舉人任句容儒學教諭博詩史工草書善吟咏縉紳多推之後陞南京武學教授

許聰河南南陽人宣德二年爲句容令臨民簡易處事果決均平賦役作興學校後陞浙江鹽運使通判

張昇浙江杭州府人正統初由御史出宰句容練達治體政

教兼舉邑民感化

韓鼎浙江定海縣人正統七年由舉人爲句容令存心正大行政簡要吏民多所畏服卒於官祀名宦

浦洪字會川浙江秀水人正統十四年由監生爲句容令廉靜簡易愷悌慈祥尤善於琴大學士李賢薦陞大理寺寺副

劉義字循道山東諸城縣人景泰元年由舉人任句容丞廉明公幹愛民如子天順初巡撫尚書李旻疏其績陞本縣知縣除奸革弊訟無停獄撫字勤勞仁聲益著常設社倉賑民婚喪禁止奢僭民皆化之成化四年滿任去邑民送者遮道有兩任句容二十秋攀轅臥轍莫能留之句今肖像祀之

張蕙字廷芳忻州人由進士爲句容令矜嚴自持吏民畏服政平訟簡公庭肅然暇則以詩酒爲樂隨處題咏歷任三年

臺憲屢加奬勸成化八年擢監察御史

徐廣字居仁曹州人由進士爲句容令剛果有爲恤貧化暴尊崇學校重建大成殿修葺兩廡戟門吏部侍郎尹直作記成化十七年行取赴部未及擢用而卒今從祀

李澄字天映西華人由進士爲句容令仁恕清勤遍書訓詞勸民爲善捐俸市藥以濟貧病買地立阡以瘞窮乏之行取赴部擢監察御史從祀名宦

潘浚字道本江西安福人成化間由貢生任句容儒學訓導能傳家學善敎後人每於諸生講論必誘掖奬勸士游其門者日益衆不數年間士風丕變巡撫侚書王恕以材能行咨吏部陞當塗縣儒學敎諭卒於官今從祀

賈楨字廷瑞陜西安化縣人成化二十一年爲句容主簿涖

任三月平易愛民時值亢旱徒跣三茅山迎龍禱雨往返拜跪一念之誠期於格天行至城隍祠下偶罹暑毒卒縉紳士民感愴不已皆形諸歌咏以哀輓之

梁駿通州武清縣人成化間任本縣典史秉性剛直持身廉介居官八載始終一轍督造黃冊分毫無染吏民無不敬服

王信字太和浙江長興人弘治初由舉人爲句容令廉勤自持存心愛民下車遇旱禾稼將枯徒跣懇禱三日甘雨如霔因獲有秋士民形諸歌頌興賢育才積穀備荒尤加意焉

紀資直隸任邱人進士剛直廉介人咸稱之爲包孝肅公有遺愛祠以祀之

胡直字正甫江西泰和人由舉人署句容教諭蘊藉淵源操履端恪立敎本身心之學談經闡性命之源中嘉靖丙辰進

士累官福建按察司副使卒蒞官七任清廉飭己道學名時公舉崇祀

徐九思一名九經江西貴溪人由舉人爲句容令清介愛民嘗圖一菜於壁上曰爲民父母不可不知此味爲吾赤子不可令有此色報政將遷民詣部遮留再三考惠洽民安政詳祠祀今刻菜於石移置縣堂之西

樊垣字伯師四川宜賓人由嘉靖癸丑進士授句容令英敏善政鋤暴安良尊崇學校人才蒸蔚時值倭寇四熾三吳橫遭焚溺容無城公懼莫可爲守乃請諸當道設法創建倭以五十六酋由容邊界走小丹陽直犯京師公率衆登陴晝夜捍禦卒免蹂躪之禍至今利之大學士李公春芳爲之記百姓立祠城隍廟左春秋祭祀

魯應華浙江江山人由舉人任句容令約已愛民不期年以丁憂去邑民相與泣請當道保留不得立祠祀之名曰廉惠事見祠記

周美浙江富陽人由進士甫下車令量田造魚鱗冊賠累之民積數十年一旦清釐免苦民咸德之立祠祀焉

丁賓字廷禮號改亭嘉善人隆慶辛未進士爲句容令首建義倉行鄉約清田賦減繇役豁羨餘歲省民供本折各七千七百有奇治七年以擢異入爲御史歷陞南都察院提督操江革債弁科減月糧之弊除上江二邑廂房僉役之條濬浦口諸河以利涉廣京口外塲以通漕復鎮江石橋勒船禁以救溺疏丹陽朱港濫泥河洪以溉田治南北四百里孔道甃石蔭榆柳以便行旅其居官實政大約如此又捐田以賑學

宮力行同善會歲無虛月年九十有一三受存問卒贈太子太保謚清惠今從祀

李文熙號純臺北直南宮人由進士爲句容令清介嚴肅力除吏弊人不敢以私謁秩滿去蕭然一寒士也擢監察御史士民至今思之

陳于王浙江嘉善人仁人善政恩澤四境明察果斷清廉足法丁邑侯之後相繼踵美也歷任四川布政使司祠名宦有碑記見藝文

鄭汝礪南直徽州人秉性醕篤爲句容訓導待士子一以仁厚謙抑爲度且學探河洛著述甚富尤工於書法倣鍾太傅有圖經心傳二卷行世

常存仁鳳陽懷遠人開平王後裔爲句容訓導天性仁厚篤

愛士林恩義兼盡有無相通舊有去思碑植道義門左今移置聖門

崔雲鵬雲南保山人正德間爲句容訓導造士有方五教兼舉庠士沐澤甚衆後卒於容路遠不能歸殯諸生爲買地葬於城西郭隅歲時諸生輪值祭掃方崔甫葬畢聞有舊僕晝夜繞墳不食而死又有平時所畜一犬亦依墓死人感其義皆崔之德有以致此亦俱附埋於墳前石下教諭沈升爲之立石以表墓後數十年訓導鄭三杰建德人卒無以歸亦祔葬於此至康熙間崔孫某以武大魁官至總兵特至容訪其祖墓因其地吉不爲遷徙爲之跪謝邑士之值祭掃者又助貲於學宮以爲永久馨祀之計至今春秋值祀儒學給胙九觔取於猪行中又給祭費錢五分以佐之士人行之不衰

詹仰斗字七襄湖廣麻城人淹貫百家尤精於春秋與諸名家竝奮競力晚就句容訓導猶終日鍵戶士或質以經濟學業及時務詩詞者輒娓娓不倦

邢武齡當塗籍高淳人賦性長厚有古君子風修葺學宮表率士林取與一介不苟蒞任二年以內艱歸隱不仕

郭玉鉉亳州人端方律已寬恕待人循循謹飭卓然有師表之尊惜年不永卒於任

吳邦域蘇州人醕謹性成親賢愛士律身行已以古自期尤工書片楮隻字士人皆視爲拱璧後卒於任

吳道新字湯日桐城縣人舉丁卯亞魁博洽多聞落腕輒數千言四方之士爭嚮慕焉遊其門者俱在春風化雨之中著述甚富任甫及期以憂歸

徐銘敬字武脩松江華亭人品行端方詩文並著每日惟以文義與同志相勗絕口不及塵俗事因念母老未第遂輿捧檄之思比蒞容復以時事切衷歸里省親蓋忠孝乃其性成也

附載 巡撫朱鴻謨陳維芝曹時聘鴻謨山東益都人清操卓識端嚴威重南國仰之萬歷間移鎮句容三年節省俸金羨餘七百餘金悉置撫田造冊貯學永爲諸生膏火施垂恩澤至今沾沐嗣後陳公維芝曹公時聘亦相繼各捐俸置田若干畝共成遺愛田畝俱載冊中庠士奕世戴德請置主春秋並祀

國朝馬瑾字公瑜山西長子縣人由順治三年進士爲句容令惠心清德剖決如流泣涕禱旱澤布四境愛民禮士之心一

以眞篤爲主方興之始百姓如驚鴻初附瑾與民休息相闗不啻卓魯惜蒞任未周一載而卒容民莫不隕涕思之

耿起鳳旗人康熙間爲句容丞有才幹赤心愛民時有鄉民負薪售市路被軍人要掠撻楚幾死耿値之即詰問民以强撻告耿即擒軍人而上訴其旗主遂不敢復縱其權勢其膽壯敢爲如此民肖其像於姜公祠後致崇報焉

汪鈞字右衡一號寶石博通今古善屬文章幼從其族父琬受漢書未兩月盡通義類後更涵濡諸史百家爲文宏深淵博有眉山父子風爲諸生時與兄份共操選政名傾海内振絶天下文風莫不翕然帖服康熙壬午舉於鄉晚就句容教諭猶手不釋卷立程則以課士數年士習丕變莫不樂其教而敬其品時學舍傾圮言之上官與邑父老估計輒更新之

尤篤於愛士邑生劉某以他子弟與人毆人死被誤控生父生恐父被刑以身代繫獄公爲雪其寃遂獲免死賑饑東鄉公爲協理釐剔奸弊不使胥吏侵漁所全活甚眾至今人感其德設長生位歲時拜祀致愛慕焉公蘇之長洲人盡孝友之道課子弟之方吳中士大夫咸以汪氏爲則效

周應宿字念山浙之山陰人以名進士授翰林庶吉士乾隆二年出爲句容令甫下車即值暵旱公即進賓佐集紳士籌度救援之法因出別項官銀若干與邑中之樂善者爲之轉移選篤實一人走川廣運米預爲貯備民方待哺而市價平民未及飢而蠲賑繼公親履蔀簷分別老弱孤獨慮其途苦度村墟遠近設五粥廠以相待藉以活者九萬有餘口猶慮不繼請發常平倉粟以濟之設法開西塘水利築官道數百

丈脩城浚濠使民之壯者得藉其力以度口日數千指六閱月而麥告熟民安以甯薦飢若無飢也由是上游聞風者以爲周令獨得救荒善政表彰之以爲通省之備災者勸次歲各鄉村果得兩歧麥不一而足甚至有五歧者進諸公公歎然不敢受而上聞者已咸知公化之所及稱瑞以達

天聽也公素以文著愛士尤先明折獄鮮無情之辭後因庫被盜黜官咸以爲數厄吾民而奪吾令也相與泣涕將之後得減議居容數載惟日以文章相啟迪先之以父母之慈而繼之以師友之誼至今有遺頌焉

宋楚望字恆齋湖北當陽縣人乾隆五年由進士選爲句容令一以禮教化民歲庚申夏秋大旱三月不雨民情皇皇公夙夜焦勞步禱十數次猶不雨一日移城隍像於郊外謝士

庶却從吏獨與神露處衆感公誼以暑氣露宿之不宜伏請保躬公流涕曰吾民已皆病矣吾即膺疾猶不能塞責敢愛身乎況與神共處不爲無侶衆泣而退邑士某以夜半慮公飢亟持茶點二器一祀神一進公及郊漏下四鼓適公以命案馳驗他去惟神在焉跪獻茶器於神前倏聞神長歎一聲不覺股慄毛悚愈加畏敬因是知公之誠能格於神而神之力亦窮於天故有此歎也不數日大雨如霔公即單騎馳勞四郊農民沾足公進紳士讌慶慰勞之恍如蘇公之記喜雨亭也公登賢書第一精藻鑒課試士子皆拔其尤辛酉充江南同考官得知名士七人捷南宮者二皆其蘊蓄深故能知人也至聽訟折獄鋤暴安良一以愷悌慈祥委婉周摯著有

聖諭廣訓士語每逢朔望詣城鄉約所曉諭愚民互相懲勸

壬戌調繁穀陽公念歲儉食艱懇請上憲暫留倡捐賚賑勸紳士粜米七千餘石分設九廠鄉城就食不一假手吏胥米歸實用民無枵腹事竣揭捐助姓氏於額其將去猶不忘民如此公才能夙裕經綸展播正未有艾在句言句亦僅窺豹一斑云爾

句容縣志卷七終